ILONA JERGER

MARX DANS LE JARDIN DE DARWIN

Traduit de l'allemand
par Bernard Lortholary

ÉDITIONS DE FALLOIS

PARIS

Titre original :
UND MARX STAND STILL IN DARWINS GARTEN

Pocket, une marque d'Univers Poche,
est un éditeur qui s'engage pour la préservation
de l'environnement et qui utilise du papier fabriqué
à partir de bois provenant de forêts gérées
de manière responsable.

© 2017 Ullstein Buchverlag GmbH Berlin
Carte des pages 292-293 : © Dirk Holzberg
© Éditions de Fallois, 2019, pour la traduction française
ISBN 978-2-266-31074-1
Dépôt légal : août 2020

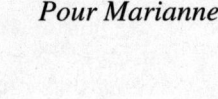

Pour Marianne

Châtiment de l'hérétique

Charles, au moment où il aperçut ces trois silhouettes près de la clôture, était en train de réfléchir à ce que pouvait ressentir un Accenteur mouchet, *Prunella modularis*, quand il copule en un dixième de seconde plus de cent fois par jour. Cette question continuait de peser sur son âme, car il n'avait pas le moindre doute sur la capacité des animaux à éprouver des sentiments. Seulement, comment faire pour le prouver ? Lorsqu'il avait considéré d'une part la masse encore inexploitée de ses notes et listes de relevés, et d'autre part son âge avancé, il en avait eu des sueurs froides. Sans parler des protocoles inachevés concernant le comportement des coléoptères aveugles au moment de la pariade.

Mais voilà qu'il avait soudain d'autres soucis, car il assistait à l'intrusion de parfaits inconnus franchissant sa clôture. Dieu du ciel, qu'est-ce que cela pouvait bien signifier ?

Pendant que ces trois individus s'aidaient mutuellement pour que leurs redingotes et leurs pantalons ne restent pas accrochés à la clôture, Charles voulut essuyer ses gouttes de sueur et il s'étonna que sa main restât sèche, alors qu'il sentait nettement l'humidité sur son front. C'était déconcertant. Manifestement – Charles s'expliqua ainsi ce phénomène étrange – c'est qu'il était distrait. Tandis que les autres rajustaient leurs vêtements après leur escalade, il était étendu sur la chaise longue de son bureau, et il avait froid et chaud à la fois.

Il tâtonna pour saisir sa couverture en cachemire et tenta de la remonter jusque sous son menton, mais avec ses pieds il s'empêtra dedans au point de s'en retrouver prisonnier. Une sensation affreuse.

C'étaient deux hommes et une femme. Le regard fixé au sol, ils étaient curieusement penchés en avant, pour ne pas dire courbés, et ils s'engageaient sur l'allée sablée. Une allure sinistre. Ce qui tenait peut-être aussi à ce que vêtements et chapeaux étaient noirs.

Ils s'arrêtèrent tous les trois près des noisetiers et se concertèrent. Charles vit la femme faire le signe de croix, et le plus petit des deux hommes – un paysan trapu, sans cou, en habit du dimanche – fit un geste vers le chêne. Après quoi ils se dirigèrent, d'un pas nettement plus rapide, vers l'entrée de la maison. Immobilisé et frissonnant, Charles s'avisa qu'on était dimanche et qu'aucun jardinier n'était là pour les rappeler à l'ordre. Emma sa femme et Joseph le majordome étaient à la messe. Peut-être que même les servantes étaient à l'église. Et il se retrouvait absolument seul. Bien sûr qu'au coup de sonnette il n'irait pas ouvrir la porte, et si Polly – au fait, où était-elle donc ? – faisait entendre ses aboiements aigus d'excitation, ces trois individus – vraisemblablement des mendiants irlandais – tourneraient sûrement les talons, y compris par égard pour les dents du fox-terrier.

10

Peu avant d'arriver jusqu'à la maison, le plus grand et mince des deux hommes eut soudain un geste montrant la serre. Instantanément, ils changèrent de direction. Charles se débattit avec sa couverture, manquant de suffoquer. Qu'est-ce que ces gens lui voulaient, à sa serre ? Ce n'étaient pas des mendiants. Aussi bien, c'étaient des voleurs.

Ensuite, tout alla très vite. À peine furent-ils à l'intérieur de la serre que la femme tomba à genoux, se signa, se releva et aida le trapu dans son travail. Tous les pots, aussi bien suspendus que posés sur les tables, furent jetés à terre.

Chaque fois que le grand maigre donnait un signal, les deux malfaiteurs s'interrompaient, baissaient la tête et semblaient prier. Puis c'était l'acte suivant de cette destruction. Elle n'épargna pas la moindre petite plante. Charles comprit tout d'un coup que l'heure était venue : des chrétiens orthodoxes étaient en train de s'emparer de sa propriété.

Sa gorge était sèche et lui brûlait comme après une traversée des feux du purgatoire. Un cri de détresse rauque s'échappa de ses bronches contractées. Ce qui l'effraya fort. Son cœur cognait, il voulut se lever, pour sauver au moins les fèves mises à tremper dans l'ammoniaque, sinon il lui faudrait recommencer à zéro l'expérience qui l'occupait depuis des semaines. Mais ses jambes ne lui obéirent pas.

Il songea un instant à tirer la couverture et y cacher sa tête, pour qu'ils ne puissent pas le trouver. Où était Polly ? Il n'en savait rien. Et elle lui manquait cruellement. Des larmes allèrent couler dans sa barbe. Peut-être qu'il allait la raser, un jour ou l'autre ? L'idée de révéler son visage, de dévoiler sa peau pâle, comme il avait dénudé jadis les strates de roches et de terres lors d'expéditions géologiques, pour en établir l'âge et la nature, lui parut tout d'un coup tentante. Il éprouva le besoin de se voir dans une glace. Mais ce n'était pas le moment.

Il entendit alors la poignée grincer en tournant et la porte s'ouvrir d'un coup. Impossible que les trois malfrats aient pénétré dans la maison par l'entrée principale. Vraisemblablement, c'était le personnel de la cuisine qui n'avait pas fermé la porte de service. À peine furent-ils dans la pièce que la femme se jeta à genoux. Les deux hommes l'imitèrent. Le regard tourné vers le plafond, ils se signèrent sept fois. Puis ils se relevèrent. La femme et le trapu s'approchèrent du bureau. Un livre encore non coupé y était posé. Le trapu le prit et, saisissant un couteau, se mit à déchiqueter furieusement le volume en poussant des grognements, tandis que la femme déchirait en petits morceaux toute feuille qui lui tombait sous la main.

Entre-temps le grand et mince avait découvert l'armoire à tiroirs et il ordonna au trapu de se mettre au travail. Ce qu'il fit immédiatement. Il ne se tint plus de joie lorsqu'il découvrit les masses de papiers délicatement classés, et comprit qu'il pouvait détruire là les fondements de la théorie sacrilège.

Soudain il y eut un bruit de verre brisé. Un pinson conservé dans l'alcool tombait par terre, la femme ayant heurté de son derrière un rayonnage. Elle eut peur et, en se retournant maladroitement, le déséquilibra tout entier. Chutèrent d'abord des bocaux un à un, puis plusieurs en même temps. Le tintamarre fut épouvantable.

Paniquée par tous ces poissons morts, ces embryons de lapins et de pigeons, ces préparations par douzaines d'yeux de mouches et de bourdons, elle se mit à brasser l'air en tous sens, si bien que le second rayonnage se renversa aussi, celui des animaux empaillés. Tout d'un coup la femme s'effondra et se mit à pleurer bruyamment.

« *Memento mori* », laissa échapper le grand et mince. Et sans tarder, les yeux fixés sur le brouet d'alcool où nageaient les cadavres d'animaux, il ajouta avec une voix de prophète : « *Media vita in morte sumus.* » Charles avait dans l'oreille à la fois le bruit de son pouls et celui de l'alcool gouttant des étagères.

Tout d'un coup il fut pris d'un doute. Et s'il était en train de rêver ? Le trapu tira de sa poche des allumettes au soufre et en gratta une avec un vilain sourire. Lorsque la flamme jaillit, l'homme eut le visage tout éclairé de rouge, de jaune et d'orange. Charles prit peur. Il connaissait cette face grimaçante qui rougeoyait.

Son pinson, sur le sol, prit feu. Curieusement, ce ne furent pas les plumes qui brûlèrent, ce fut le bec. La flamme montait verticalement de son extrémité. Il se promit de faire une expérience pour savoir si la corne de différents becs de pinsons avait des combustions différentes. Pour cela, il faudrait vraisemblablement qu'il retourne encore une fois aux Galápagos pour tirer de nouveaux pinsons à la carabine.

L'alcool, sur les étagères, dans le tapis et dans les papiers déchirés, flambait comme un feu de paille. Il fallait qu'au moins la première édition de son *Origine des espèces* ne soit pas la proie des flammes. Une douleur fulgurante, dans sa poitrine, l'empêcha

13

de sauver le livre et lui arracha un cri déchirant. Pendant ce temps, les intégristes braillaient en chœur : « Coupable, coupable ! » Puis les cris détonèrent, en résonnant d'autant plus fort. « Coupable, coupable ! » La chaise longue prit feu, Charles frémit et sentit qu'il allait mourir brûlé.

Il se réveilla.

Trempé de sueur, le cœur battant, la tête lourde, il s'assit. Il y avait bien longtemps qu'il n'avait plus fait ce cauchemar. À certaines périodes, il le subissait comme une vraie persécution. Il en connaissait chaque étape dans le détail, et chaque fois il gardait dans le nez, pendant des heures, ces effluves d'alcool et de corne brûlée. Ce qui le contrariait de surcroît, c'était que déjà pendant le rêve il soupçonnait que ce n'était qu'un rêve.

Et chaque fois, sur la ligne de rupture entre sommeil et éveil – à cet endroit diabolique où les humains ne sont pas encore maîtres de leurs pensées, mais où celles-ci ont d'autant plus de pouvoir sur le dormeur qui s'éveille –, il voyait s'inscrire sous ses yeux la phrase : *Voilà le juste châtiment qui frappe le chapelain du diable*.

Le ver de terre

Il était assis dans son lit, transi de froid, la tête dans les mains, et il gémissait. En un tel moment, seuls les vers de terre pourraient atténuer ses souffrances. Charles chercha à tâtons les allumettes, alluma la bougie sur la table de chevet, regarda sa montre de gousset et s'en voulut une fois de plus d'avoir jadis bradé la montre en or de son vénéré père pour s'acheter un billard. Il s'efforça aussitôt d'empêcher que pareilles pensées ne fassent tache d'huile, puisque aussi bien elles portaient sur des comportements passés qui, par nature même, étaient impossibles à modifier. Si ces pensées avaient la moindre occasion de déployer dans tout le corps leur effet déprimant, elles vous rendaient difficile de voir à nouveau la vie sous un jour plus plaisant.

Charles se demandait avec étonnement pourquoi, au cours de ces nuits gâchées par des cauchemars et des insomnies qui le punissaient déjà bien assez, il avait de surcroît tendance à s'infliger des reproches et ne pouvait s'empêcher d'ajouter à cette désespérante inquiétude nocturne encore d'autres pensées oppressantes. Et tout cela en s'attendant avec angoisse à se réveiller

15

rompu de fatigue le lendemain. C'était terrible. L'étude scientifique du sommeil, ou en l'occurrence de l'insomnie, avec tout ce que cela entraînait dans le corps humain, lui paraissait constituer un immense domaine que la science laissait en jachère. Mais c'était à d'autres qu'il revenait de le labourer, lui était attendu, à l'étage inférieur, par les vers de terre et leur activité silencieuse, consistant à rendre fertile la terre arable.

Il vit qu'il était trois heures, il se leva et, luttant contre le mal de tête, chercha dans la pénombre son châle de laine, puis entreprit de descendre l'escalier en faisant le moins de bruit possible. Tout en s'appliquant à se tenir de la main droite à la rampe, il calcula combien de jours il devrait encore attendre la prochaine visite du Dr Beckett. Cette fois le délai serait un peu plus long, car le docteur attendait de recevoir un nouveau remède contre les maux de tête dont on pouvait espérer, avait-il annoncé, qu'il serait efficace contre les migraines chroniques, en particulier liées à de fortes nausées. Ce simple espoir suffit à procurer à Charles un léger soulagement. En outre, les visites à domicile que lui rendait le Dr Beckett lui faisaient toujours plaisir et, des jours à l'avance, le mettaient d'humeur plutôt confiante. Il aimait bien converser avec son médecin, parce que celui-ci s'intéressait au progrès scientifique, et aussi parce qu'il essayait avec un vrai courage les thérapies nouvelles.

Charles s'avança à tâtons dans son laboratoire, en prenant bien soin de ne pas ébranler le sol. Et surtout de ne pas trébucher sur l'un des récipients. Les vers auraient été perdus pour l'expérience en cours. Pour cette nuit en tout cas. Peut-être qu'au moment de passer commande de tous ces pots il aurait dû donner des instructions plus précises. Car en blanc on les aurait mieux vus, dans cette obscurité. Quelques semaines auparavant, il avait demandé à la fabrique de céramique en Étrurie de lui expédier un stock de faïences ; mais après tout, sa femme Emma était la fille des porcelaines Wedgwood. Dans une lettre à la direction, il avait écrit qu'on lui envoie du rebut, qu'il avait besoin de récipients de toutes sortes pour de nouvelles expériences. Il s'était bien gardé de dire que cette fois il ne s'agissait pas de clématites et de primevères. Mais enfin il est probable que les Wedgwood auraient volontiers sacrifié leur « Queen's Ware » et leurs copies ratées de vases étrusques même pour des vers de terre, car en ce début de printemps 1881 Charles Darwin était depuis des décennies un homme célèbre. Ses livres étaient lus dans toutes les parties du monde, et cela se voyait au sac postal apporté chaque matin : dans les îles des mers du Sud des botanistes prélevaient des racines dans le sol, au Brésil un naturaliste collait des ailes de papillon sur du papier à lettres, en Laponie des autochtones mesuraient les bois des élans. Des quatre points cardinaux affluaient des découvertes et des questions. Certaines valaient la peine, beaucoup l'importunaient. Les observations sur l'articulation d'une patte de pigeon ou bien la minutieuse description de la crinière d'un singe de Calcutta, tout atterrissait à Down House. Et bien sûr, dans beaucoup des lettres qui lui parvenaient, il était question de l'existence de Dieu : dans un monde régi par les lois de l'évolution, avait-on encore besoin d'un Créateur ?

« La moitié des imbéciles du monde entier m'écrit pour me poser les questions les plus stupides », voilà ce que Charles avait grommelé encore la veille, au dîner. Quand le mal de tête était particulièrement violent, il arrivait que le correspondant se fît rembarrer sans ménagement : « J'ai le regret de devoir vous informer que je ne crois pas à la Bible comme révélation divine, ni par conséquent à Jésus-Christ comme fils de Dieu. »

En tout cas, quelques jours après que Darwin eut fait sa demande, était arrivée à Down House, de chez Wedgwood, une voiture à cheval chargée de trois grandes caisses où tintait de la vaisselle. Et désormais, pendant ces heures d'insomnie, Charles pourrait éclairer ses vers avec une lampe à paraffine. À la lumière d'une bougie, la nuit précédente, ils n'avaient pas réagi nettement. Certains s'étaient réfugiés dans la terre, d'autres non.

Charles prit sur sa table ses listes de vers et disposa, prêts à l'emploi, son chronomètre et de quoi écrire. Il voulait enfin savoir si et comment ces oligochètes, avec leur peu de soies, réagissaient aux stimuli lumineux au cours de leurs déplacements nocturnes, même limités par les récipients Wedgwood. Qu'ils étaient sourds, il l'avait déjà prouvé. Les vers n'avaient même pas réagi au sifflet à roulette de son petit-fils Bernard, qui avait la passion de ces expériences et qui guettait, les joues rouges, l'ordre que lui donnerait son grand-père. Dans son excitation, il bloquait sa respiration afin de pouvoir, au moment décisif, mettre toute l'énergie de ses poumons au service de la recherche. Et chaque fois il était amèrement déçu que les vers ne réagissent pas, si fort qu'il eût soufflé.

Cette évidente surdité, Emma la prit avec davantage de détachement. Charles lui avait mis, sur une table à côté de son piano, deux bocaux couverts d'une fine plaque de verre, pour qu'aucun courant d'air ne vienne perturber l'expérience. Qu'elle jouât du Schubert ou du Händel, les vers n'entendaient absolument rien. Aussi bien, pourquoi aurait-on voulu que le Seigneur eût doté d'oreilles un être qui ne faisait que se nourrir de terre dans l'obscurité ?

Il y avait longtemps que Charles ne répondait plus à ce genre de questions, il souriait et se taisait. Mais lorsque, avec un sourire malicieux accompagné d'un petit baiser sur la joue, il eut posé les bocaux directement sur le piano, ce qu'on espérait se produisit. Emma frappa un *do* dans les graves, et immédiatement les vers se réfugièrent dans leurs trous. À peine s'apprêtaient-ils à en ressortir que Charles, d'une main tremblante, intervint avec un *sol* dans les aigus, et à nouveau les vers regagnèrent bien vite leurs galeries. Charles regarda son chronomètre, exulta, ce qu'Emma trouva un peu excessif, et griffonna les résultats dans sa liste, à la seconde près. Ils répétèrent plus d'une fois l'expérience, ce fut toujours le même scénario : le ver de terre percevait manifestement des vibrations et des secousses qui parvenaient jusqu'à son épiderme de ver, provenant du couvercle de la table d'harmonie et traversant le bocal et la terre humide ; mais il était plus sourd que Beethoven lui-même, comme Emma le constata avec satisfaction. Car des vers dotés de l'ouïe, dans le royaume bien ordonné par Dieu, c'eût été à ses yeux une absurdité.

À la pâle lueur du quartier de lune penché au-dessus du comté de Kent, qui donnait un aspect inquiétant à ce laboratoire, plein de tous les instruments d'un chercheur méticuleux et d'échantillons anatomiques

baignant dans l'alcool, Charles ôta précautionneuse-
ment l'abat-jour et le verre de la lampe à paraffine.
Il alluma la mèche et attendit que la flamme, cessant
de vaciller, prenne une belle forme ovale. Il aimait
cette transition et il se sentit tout imprégné de cette
lumière paisible. La tumultueuse agitation qui le chassait de son lit depuis des lustres, cet âpre mélange
d'insomnie, de troubles digestifs et de migraine, commença dans l'instant à se modérer.

Charles s'approcha d'un premier ver en mouvement, qui disparut immédiatement dans la terre dès
que la lumière l'éclaira. Le ver suivant ne réagit pas.
Celui d'après non plus. Puis un autre disparut à l'instant. Le résultat n'était pas satisfaisant.

Charles examina calmement les excréments de ses
petits protégés, et se mit à réfléchir. Il répéta de nombreuses fois son expérience, il avait besoin d'avoir
suffisamment de résultats chiffrés. Or, même quand
les animaux ne se dérobaient pas tout de suite, au bout
d'un moment ils finissaient toujours par le faire. Mais
ces indolents avaient alors un comportement qu'il
observa avec un intérêt tout particulier : très lentement, comme pour ne pas en faire toute une affaire,
ils soulevaient du sol la fine extrémité de leur corps,
trahissant par ce mouvement que leur attention était
attirée et qu'ils ressentaient une sorte de surprise.
Cette idée du ver hypersensible cherchant la cause de
son émotion plut à Charles, et il considéra ces noctam-
bules avec gratitude.

Dépourvus d'yeux, parfois les animaux déplaçaient
leur corps d'un côté à l'autre comme s'ils cherchaient
à tâtons un objet. Oubliant son mal à la tête, Charles
griffonna dans son carnet de notes : « Le ver de terre

est un être craintif. Comme ces animaux n'ont pas d'yeux, nous devons supposer que la lumière traverse leur peau pour solliciter d'une certaine manière leurs nerfs. De ce fait, ils sont capables de faire la différence entre le jour et la nuit. Les vers exposés à une lumière se réfugient sans exception dans leurs trous en l'espace de cinq à quinze minutes. »

Pendant toute la nuit, les animaux continuèrent à se comporter ainsi. Aux petites heures du matin, Charles fut témoin de l'amour entre vers de terre. Il balaya de vagues scrupules et se mit à braquer la lumière sur le petit couple. Il constata avec plaisir que la passion sexuelle était assez forte pour supplanter leur crainte de l'éclairage. Dès le moment où ces deux s'étaient fait la cour, ils ne s'étaient pas montrés disposés à laisser la lumière les détourner de leur affaire.

Charles s'était confortablement installé dans son fauteuil avec son chronomètre et, pendant que celui-ci comptait les longues minutes que dura l'accouplement, il bâillait de contentement. Il posa la lampe à paraffine près des deux vers qui étaient ventre contre ventre, il frissonna légèrement et arrangea son châle, et il eut tout loisir de considérer sous l'angle de l'évolution le coït de ces roses citoyens de notre terre.

Des années auparavant, il avait déjà localisé au microscope puis dégagé les testicules et les ovaires dont était doté à parts égales chaque individu de l'espèce lombric. Il savait donc depuis longtemps que ces êtres étaient hermaphrodites et même tout à fait capables, même si le cas était rare, d'avoir une activité sexuelle solitaire et donc de féconder leurs ovules avec leur propre sperme. Et d'obtenir ainsi des copies d'eux-mêmes. Très tôt, il avait consigné dans ses notes que pareils solipsistes étaient beaucoup moins prometteurs, pour la perpétuation de leur espèce, que les individus plus sociables recherchant un partenaire ou, mieux encore, plusieurs, de telle sorte que leurs joyeuses copulations réunissent leurs patrimoines génétiques, les mélangent et créent ainsi du nouveau.

Il avait consacré la moitié de sa vie à démontrer pourquoi certaines espèces finissaient par disparaître tandis que d'autres parvenaient à relever le défi de nouvelles conditions de vie et à s'adapter. En tout cas si l'on considérait les choses à l'échelle de longues périodes ; ce qui, de toute façon, correspondait mieux au caractère de Charles que de procéder rapidement et spontanément. Sa lenteur se traduisait aussi tout naturellement dans sa façon de travailler : avant qu'il ne publie une idée, sans même parler d'un livre, il lui fallait des années de réflexions, de recherches et d'hésitations.

Tandis que les deux vers se prélassaient en silence à la lumière de la lampe, Charles saisit sur le dossier de son fauteuil la couverture de laine qu'on y avait soigneusement pliée, s'en enveloppa les épaules où il sentait le froid, et laissa libre cours à ses pensées. Les vers ne suffisant pas à le distraire par leur activité monotone, il se mit à suivre son discours intérieur, passablement foisonnant et touffu. Dans le silence de ses nuits sans sommeil, il lui arrivait régulièrement de passer en revue les connaissances qu'il avait acquises, à des dates si éloignées fussent-elles. Comme si le vieil homme voulait s'assurer que toutes ses idées devenues célèbres étaient toujours en lui.

Et à la lumière de cette lampe à paraffine aussi, il sentait que sa théorie de l'évolution de toute vie était non seulement cohérente et logique, mais aussi d'une grande beauté naturelle. Pour lui, l'idée de l'évolution continue avait quelque chose de réconfortant. Si tout s'écoule. Si rien n'est jamais achevé. Si le voyage se poursuit toujours, si la nature se trouve en constant changement. Cette transformation ininterrompue n'offrait-elle pas sans cesse la possibilité de l'amélioration ?

L'idée lui plaisait que notre globe aussi ne tournât pas autour du soleil comme une masse figée une fois pour toutes, mais qu'il modifiât continuellement ses formes par des éruptions volcaniques, des raz de marée et des éboulements de roches. Jamais il n'oublierait le choc qu'il avait éprouvé, dans le sud du Chili, lorsqu'il avait été témoin d'un puissant tremblement de terre. Lorsque, dans cette étape de son tour du monde, il avait vu de ses yeux la côte être soulevée à jamais par la violence du séisme. Cela datait de quarante-six ans, et les sensations qui l'avaient alors secoué s'étaient au fil des ans déposées dans ses membres comme un sédiment. Charles aimait examiner à la loupe les différentes couches de ces dépôts, comme s'il parcourait le terrain avec le petit marteau du géologue et y prélevait des échantillons de son propre passé.

Cela s'était passé le 20 février 1835, à onze heures et demie du matin. Une inquiétante oscillation du sol lui avait donné comme le vertige. Cela ressemblait au mouvement d'un bateau pris de travers par une petite houle, seuls peuvent le décrire les gens qui ont le mal de mer. Soudain il se retrouva roulant par terre avec le cheval qu'il montait. À peine relevé, il fut aussitôt jeté au sol à nouveau. La bouche pleine de poussière, les heurts se succédant. Le pays parcouru de grondements de tonnerre. Partout des gens marchant à quatre pattes et esquivant des poutrelles qui volaient. Les secousses ne durèrent que deux minutes. Après cela : la berge parsemée de meubles. À côté de chaises, de tables, d'étagères, il y avait des toits presque entiers. Des rochers ruisselants encore couverts de moules avaient été arrachés du fond de l'eau et projetés jusqu'en haut de la plage. La mer était démontée. Le sol, en beaucoup d'endroits, avait des crevasses d'un mètre de large, orientées nord-sud, et le ciel était obscurci par un nuage de poussière.

Partout des feux partaient, des gens criaient. Peu après déferla une vague énorme, d'une force irrésistible, qui emporta les maisons et les arbres. Les gens couraient comme s'ils avaient eu le diable à leurs trousses. Des vaches et leurs veaux étaient emportés vers le large. Un bateau fut jeté sur la plage, puis emporté aussi, puis à nouveau projeté sur le sable, et puis emporté à nouveau. Ensuite, deux explosions dans la baie. Une colonne de fumée monta de l'eau, une autre ressembla à ce que soufflerait une baleine gigantesque. La mer parut bouillir, elle noircit et répandit une affreuse odeur de soufre. Qui n'aurait pensé à l'enfer ?

Pourquoi Dieu faisait-il une chose pareille ? Ou s'il ne le faisait pas lui-même, pourquoi le Tout-puissant permettait-il que tant de gens endurent ces souffrances ? Des questions qui devaient nécessairement être posées. Par les riverains, face à leur baie rehaussée présentant un nouveau tracé. Par les pêcheurs, qui devraient à l'avenir trouver de nouveaux repères, parce qu'une force dont ils ignoraient l'origine avait fait sauter des récifs et dégagé des rochers naguère recouverts.

Parce que de grands champs de moules, vers lesquels il fallait plonger la veille encore, s'étalaient à présent à trois mètres au-dessus du plus haut repère de marée haute et commençaient à pourrir au soleil.

Hagards et fascinés face à leur pays bouleversé, les gens criaient : « *Misericordia !* Ô Seigneur ! Nous demandons grâce, ô Dieu tout-puissant ! » Mais ni les prières à haute voix ni les dévotions plus discrètes ne pouvaient dissimuler que l'on doutait désormais de la toute-puissance de Dieu. Ou de sa justice.

Ils étaient donc debout, par groupes, sur leur plage dévastée, gens du lieu qui avaient encore un toit ou qui l'avaient perdu, discutant avec des marins effarés et des curés pris de court. À tous leurs doutes, qui aurait pu apporter une réponse satisfaisante ? Ils interrogèrent le gentleman anglais dont on disait qu'il était instruit, mais il se retint de fournir des explications.

Le jeune Darwin – quelques jours plus tôt, bien loin de l'Angleterre, bien loin de sa famille, il avait eu vingt-six ans – s'imprégna de toutes ces images et se jura que jamais il ne relâcherait ses efforts pour comprendre les lois naturelles qui en étaient les causes. Même si les résultats qu'il obtiendrait devaient un jour être en désaccord avec l'idée de Dieu qu'il avait eue jusque-là, et avec les trente-neuf articles de foi de l'Église d'Angleterre, auxquels il avait souscrit par serment pendant ses études de théologie à Cambridge.

Dans cette nuit silencieuse à Down House, près de la cheminée refroidie d'où émanait l'odeur des bûches de hêtre qui se consumaient, Charles ressentait encore la confusion des sentiments qu'il avait alors éprouvés, lorsque la nature avait montré les dents. Il était amer et humiliant de voir démolis en une ou deux minutes des ouvrages qui avaient pris tant de temps et de peine à être érigés. D'un côté. Mais en même temps il y avait là, pour le naturaliste, un immense bonheur à s'être trouvé témoin d'un moment de l'histoire de la terre.

Il avait été aux premières loges pour assister à une grande scène que jouait notre globe. Il avait vécu le drame qu'était la collision meurtrière entre différentes plaques rocheuses. Il avait ressenti les forces primitives à l'œuvre quand la croûte terrestre change sa structure, quand s'ouvrent des crevasses, quand des strates de terre éclatent et que des tensions se lâchent dans les entrailles de la planète. C'était bouche bée et l'esprit aux aguets qu'il avait absorbé ces impressions. Cela avait été le spectacle le plus terrible et le plus intéressant qu'il eût jamais vu.

Charles détacha son regard des vers qui s'accouplaient sans bruit et leva les yeux vers la lune qui, telle une tranche de pomme légèrement embuée, mettait une tache pâle derrière la fenêtre du laboratoire. Comme la scène d'amour se prolongeait, il décida d'avancer les comptes qu'il tenait des excréments du lombric. Car le rôle joué par ce producteur d'humus dans l'histoire de la terre, et surtout dans la forme qu'elle prenait, était d'une importance tout à fait capitale.

Cela faisait des années qu'il tenait des listes des petites billes d'excréments préalablement comptées avec patience. Ver par ver, cela allait de soi. À la table du lunch, récemment, il avait déclaré que tous les vers de terre d'Angleterre et d'Écosse réunis avalaient quelque 320 milliards de tonnes de petits graviers, les faisaient transiter dans leurs corps à la faveur d'une patiente digestion pour les expulser ensuite finement réduits à l'état d'humus. Emma s'était efforcée de se concentrer sur le potage lorsque Charles avait ensuite précisé sur quelle période de temps (qui faisait mentir la Bible) : 320 milliards de tonnes de terre en un million d'années. Il s'était ensuivi un silence de mort entre mari et femme. Ce que le petit-fils Bernard supportait plus mal que personne. Ce n'était pas la première fois qu'une ambiance de ce genre le faisait dissimuler ses larmes derrière sa serviette.

Charles allait s'assoupir un peu lorsqu'une bûche encore en braise bascula dans la cheminée. Les vers étaient toujours ventre à ventre. Charles trouva particulièrement réussi le *S* qu'ils formaient ensemble. Au cours de tant d'années d'observation, il ne lui avait pas échappé que ces étreintes n'arrivaient pas chez tous les vers à la même perfection formelle. Chez les lombrics aussi, il y avait de subtiles différences de couleur, de mobilité et d'élégance.

Charles frissonna. Tandis qu'il rattrapait le plaid à carreaux verts qui avait glissé, et qu'il resserrait autour de son cou le châle de laine, il pensa immanquablement à la brutalité avec laquelle survenaient les ères glaciaires. Malheur au mammifère qui, le froid venant, n'avait pas réussi à faire pousser sous sa robe de poils un sous-poil laineux, ou bien à recourir à des abris et au feu. Il se carra dans son fauteuil et se dit qu'Emma avait raison : c'était peut-être bien une sorte de manie que de voir toute sensation, la moindre des observations, du point de vue de l'évolution. « Ah, Charles, disait-elle dans de tels moments, mais c'est une passion ! » Et toujours il répondait : « Je n'en ai qu'une, c'est toi, chérie. » Et il l'embrassait tendrement. Même quand Joseph était à proximité –, et aussitôt, pour ne pas gêner, se trouvait quelque chose à faire. Enveloppé dans sa couverture, Charles se blottit dans son fauteuil, sourit, et eut envie d'être près d'elle. Peut-être devrait-il monter ?

Il regarda l'heure, cinq heures, pas le bon moment pour réveiller Emma. Il jeta un coup d'œil vers Polly, qui dormait dans son panier près de la cheminée et par moments bougeait les pattes. Rêvant sans doute de chasse.

Lorsque les deux vers regagnèrent enfin leurs trous, emportant chacun du sperme de l'autre dans son réceptacle séminal, Charles arrêta le chronomètre. En notant le temps écoulé – une heure et vingt minutes, que le couple avait donc passé à s'exposer à la lumière et à l'amour –, il se réjouit d'avance des petits vers qui bientôt, dans son laboratoire, percevraient la lumière de ce monde à travers leur peau délicate. Il éteignit la mèche de la lampe et décida de faire encore un petit somme dans son grand fauteuil.

Emma et les pigeons

Emma avait bien dormi, comme toujours. Il était six heures et demie lorsqu'elle se leva et passa son peignoir de soie, brodé sur le sein gauche d'une petite colombe gris argent. Elle traversa le couloir, les membres encore un peu raides, et fut contente d'avoir acheté, quelques jours auparavant à Londres, le tapis persan qui était maintenant si moelleux sous ses pieds nus et étouffait les craquements du plancher. Les cheveux libres, avec leurs mèches d'argent, elle entra sans bruit dans la chambre de Charles, poussée par ce qu'elle appelait son amour matinal. Et par le souci d'apprendre quelle nuit avait passée son Charley.

Le lit était vide. Elle tâta sous la couverture pour savoir s'il y restait une trace de chaleur. Mais il était froid. L'oreiller froissé et le drap tout fripé, laissant voir le matelas, disaient assez quel combat avait mené Charles pour trouver le sommeil. Au fil de leurs années de mariage, Emma avait appris à interpréter ces traces. Cette nuit, une fois de plus, il avait dû perdre assez vite la bataille. Sur la table de chevet, le petit flacon d'alcool de menthe, dont il se frottait les tempes contre les maux de tête, n'annonçait rien de bon. Elle le referma soigneusement.

Pour éviter de croiser des domestiques préparant déjà le petit déjeuner et tisonnant le feu, Emma descendit bien vite l'escalier et se glissa dans le laboratoire de Charles. Il somnolait comme un bienheureux dans son fauteuil, entouré de ses bocaux de vers de terre. Elle fit demi-tour, ne voulant pas le déranger. Depuis des années, elle se réjouissait de chaque minute où il avait pu dormir. Et puis voilà qu'il murmura : « Je suis réveillé, ma colombe. Mais tu vas prendre froid, avec tes pieds nus. »

Emma referma la porte en disant qu'elle allait demander qu'on mette enfin un peu d'huile à cette poignée qui grinçait, mais sachant bien qu'elle n'obtiendrait rien, car son époux tenait à ce petit bruit, il lui donnait un sentiment de sécurité. Personne ne pouvait pénétrer dans le saint des saints sans causer un bruit qui l'alerterait, si plongé qu'il fût dans son travail.

Charles écarta un peu le fauteuil de la table et souleva la couverture de cachemire. Emma se glissa dessous avec un ronronnement de plaisir. Le fauteuil émit un gémissement, il n'était pas fait pour deux. D'autant qu'Emma, avec les années et ses nombreuses maternités, avait pris un peu d'embonpoint. Ils décidèrent d'aller se mettre sur le divan. Une fois là, elle posa les pieds sur les genoux de Charles, qui se mit à lui masser les orteils. Lui aussi aimait bien ces petits matins où Emma n'était pas encore prise par la routine quotidienne.

« Tu n'as pas pu dormir ? demanda-t-elle doucement, tandis que le soleil se levait derrière les collines de Downe.

— Non. J'ai un peu travaillé.

— Sur les vers de terre ?

— Oui. Et j'ai remué des souvenirs.

— De quand on s'est connus ?

— Non, du tremblement de terre au Chili. »

Emma poussa un petit grognement. Charles massait le petit orteil, recourbé par l'âge, tout en savourant le charme de ce début de journée.

« Ah, Charley chéri ! J'ai peur.

— Et de quoi donc, ma colombe ?

— De ne pas savoir combien de temps nous avons à passer encore ensemble.

— Mais c'est une chose qu'on ne sait jamais.

— C'est vrai. Mais ai-je besoin d'expliquer, au plus illustre des savants actuels, comment évolue la probabilité que dure encore longtemps notre séjour commun sur terre ? »

Darwin haussa ses sourcils blancs, devenus récemment très broussailleux et qu'Emma trouvait rigolos, et il poussa un grand soupir en poursuivant son massage. Les premiers rayons de soleil atteignaient le divan et effleuraient le doux visage encore ensommeillé d'Emma, si bien que Charles y déposa quelques baisers.

Emma sourit lorsqu'il se mit à lui caresser les chevilles.

« Et qu'est-ce que tu redoutes ? »

Charles restait dans le vague et parlait maintenant à contrecœur, car il connaissait la réponse. Il aurait préféré savourer ce petit bonheur matinal sans qu'il soit troublé par de graves pensées.

« Que nous soyons séparés à jamais. »

31

Emma dit cela en pâlissant, bien qu'au même moment un rayon de soleil mît en valeur ce nez que Charles aimait tant. Elle éternua. Et mit dès lors un terme à ses paroles enjouées, bien qu'elle sentît les mains de Charles lui caresser à présent les mollets, ce que d'habitude elle aimait particulièrement.

Charles aussi cessa de parler. Aussi bien, qu'aurait-il pu lui dire sans la blesser ? Ce n'était pas la première fois qu'ils abordaient le sujet de la mort qui les séparerait.

« Je le sais, que tu ne crois pas au paradis. »

Emma mit ainsi fin à ce silence pénible, tout juste interrompu par Polly se refaisant une place dans sa corbeille devant la cheminée, pour se rendormir aussitôt tranquillement.

« Mais sais-tu bien ce que cela signifie pour moi ? »

Charles resta muet.

« Je les reverrai tous. Mes parents. Mes frères et sœurs. Et surtout nos enfants morts. Toi seul, tu manqueras à l'appel. » Et sans retenir plus longtemps ses larmes, elle ajouta : « Dès l'instant où l'un de nous deux mourra, ce sera une séparation à jamais. »

Charles tira un mouchoir de la poche-poitrine de sa chemise de nuit. Il lui essuya les joues, l'une après l'autre, qui lui parurent moins pleines que jamais. Il observa toutes ces petites rides allant du coin des yeux aux tempes et qui, inondées de larmes, évoquaient comme le delta d'un fleuve.

« Comment veux-tu que je supporte cette séparation, s'il n'y a aucun espoir ? »

Silence de Charles

« Depuis des années, tu ne m'accompagnes plus que jusqu'à la porte de l'église. Me ferais-tu la joie, dimanche prochain, d'y entrer avec moi ?

— Ah, Emma…

— Je t'en prie !

— Qu'est-ce que cela changerait ?

— Que Dieu pourrait voir qu'au moins tu fais un effort. »

La voix d'Emma s'était faite plus insistante.

« Toute ma vie, j'ai fait des efforts. »

Silence d'Emma.

Silence de Charles.

Emma s'apprêtait à argumenter, et Charles redoutait ses phrases, car, comme toujours dans ces cas-là, il sentait déjà dans quel coin elle allait chercher à le coincer.

« Il me semble que tes recherches t'ont conduit à ne plus considérer chaque problème que d'un point de vue scientifique. Et que tu n'as plus eu le temps ni la patience, à côté de tous ces pigeons, ces cirripèdes, ces bourdons et ces vers, de poser encore d'autres questions importantes. Et moins encore de prendre en considération les soucis de ceux qui t'aiment. »

Charles restait muet.

« Mais j'espère que ton opinion n'est pas encore définitivement arrêtée. »

Silence de Charles.

« Je désirerais tant que ton habitude de chercheur, de ne rien croire, mais absolument rien, tant que ce n'est pas prouvé, n'ait pas trop fortement influencé ton esprit. Je parle de ces choses qu'on ne peut pas disséquer de la même façon qu'on dissèque des crustacés. »

Charles poussa un soupir.

« Charley, nous sommes vieux. Nous n'avons plus beaucoup de temps. Tu es parvenu à tout ce que tu désirais. Dieu te pardonnera si tu te tournes maintenant vers Lui. Il sera clément si décidément tu t'apprêtes à Le chercher. »

Charles toussa et resserra son châle autour de son cou. Il avait froid à la tête. Il palpa brièvement son crâne chauve comme pour en vérifier la température. Puis il dit, un peu impatiemment :

« Ah, Emma, je ne suis pas doué, sur ces questions.

— Mais tu n'as pas besoin d'être doué. Tout homme qui est prêt à chercher sera récompensé. »

Silence de Charles.

« Chéri, c'est notre futur que tu rejettes ! Tu rejettes tout ce qui pourtant t'importe aussi ! À moins que tu ne veuilles plus revoir ta fille, ni me revoir, moi ? »

Silence de Charles.

« Bien sûr que je ne peux pas te *prou-ver* (Emma accentuait le mot avec dédain) que le paradis nous attend. *Prouver* au sens froidement scientifique où tu l'entends. Mais il ne s'agit pas de cela. Comprends donc enfin qu'en matière de foi il n'est pas question de preuves. »

Au bout d'un moment, elle dit avec une véhémence inhabituelle, le regard vers le plafond : « Dieu tout-puissant, aide-moi, que je puisse me faire entendre de mon propre époux ! »

Elle reprit sa respiration.

Charles l'assura timidement qu'il l'entendait très bien. Et il n'avait qu'une envie, c'était de fuir. Emma s'enflamma :

« Pour moi il n'y a aucun doute qu'à l'instant de la mort nous tournons la poignée d'une porte qui nous fait accéder à un autre espace, à l'espace divin qui nous accorde la vie éternelle. Et ce lieu te restera à jamais fermé si tu récuses la Révélation. Car quiconque refuse

34

de reconnaître le caractère divin du monde en est chassé, et se fait exclure de la vie éternelle. La Bible, jadis, a tant compté pour toi, tu l'as étudiée. »

Charles ne répondit rien.

Emma se tordait les mains, et ce frottement désespéré faisait un bruit insupportable pour Charles. Comme de feuilles mortes froissées. Il eut soudain froid.

« Si tu ne la partages pas avec moi, la vie éternelle ne sera pas un cadeau, mais un châtiment éternel.

— Ah, Emma, ma colombe. »

Charles toucha du doigt la petite broderie qu'il avait fait faire sur le cœur d'Emma il y avait bien longtemps. Plus précisément, avant la période qu'Emma appelait « la phase de l'horreur », celle des années cinquante, où Charles avait travaillé comme un possédé et où l'élevage des pigeons l'enthousiasmait plus que toute autre chose. Tandis qu'Emma débattait avec le prêtre de Downe pour savoir si elle avait le droit de broder le dimanche, Charles, lui, poursuivait ses recherches à Noël et à Pâques. Car pour assurer les fondements de sa théorie, il lui fallait prouver que la nature produit des myriades de changements minuscules, et ce faisant il perdait toute mesure.

Emma avait été à l'époque témoin d'étonnantes conversations que son mari – vêtu d'un trop grand tablier bleu de jardinier et coiffé d'une casquette verdâtre à visière censée l'abriter des déjections – avait avec les pigeons et avec lui-même, sans jamais lâcher crayon et carnet de notes.

Il s'exaltait en suscitant des amours entre oiseaux, en accouplant selon des programmes de plus en plus sophistiqués certaines dames avec certains messieurs, et veillait soigneusement, peu de temps après, sur des œufs plus ou moins gros, blancs ou brunâtres, ou encore couleur crème, pour lesquels il avouait avoir une préférence.

Il était capable de rendre des pigeons plus minces, leurs becs plus gros, ou aussi de créer comme par magie des crêtes originales. Débordant de sa fierté d'éleveur, il proclamait qu'il n'avait rien à envier aux couturiers les plus modernes.

Si seulement il n'y avait pas eu ces montagnes de cadavres… En comparaison, les roucoulements qui réveillaient toute la famille à des heures impossibles étaient un moindre mal. Car après l'élevage venait l'abattage.

Dans une lettre à son cousin Francis, il avouait : « J'ai commis le forfait de mettre à mort des petits paons de dix jours. Je te le dis, c'est dur de voir ces poussins aller et venir comme de petits anges, encore tout raides sur leurs pattes, et l'instant d'après de décider de leur faire inhaler de l'acide prussique et de les voir tomber. Même si c'est au nom de la science, ce nom sacré ! Cher Francis, tu ne reconnaîtrais pas mon laboratoire : c'était un bureau, c'est devenu une chambre des tortures. »

Y gisaient alors, en effet, les plus jolis poussins de paon, mélangés à des pigeons adultes dits boulants, en décomposition. Cela ne laissait pas froids les enfants. Et comment Emma aurait-elle encore accepté d'être appelée « ma colombe » ?

L'abattage terminé, suivait la cuisson. Qui permettait de dégager un peu plus facilement les squelettes. Des nappes de vapeur, échappées d'anciennes marmites, envahissaient Down House et donnaient la nausée. Durant cette période, même Joseph le major-dome, pourtant si accommodant et sachant se tenir dans les pires situations, allait fréquemment respirer à fond devant la porte.

Tuer, faire bouillir, désosser, c'était le prix que Charles avait à payer. Et en mesurant les os, en décrivant les plumages ou en comparant les becs, il se posait toujours la même question : à quel moment est-ce une espèce nouvelle qui naît ? Quand, exactement, passe-t-on d'infimes variantes chez une même espèce à une espèce nouvelle ?

Depuis ces expériences, il s'était écoulé un bon quart de siècle. À son soixante-dixième anniversaire, Emma avait ressorti le peignoir à la colombe qu'elle avait à peine porté, et aucun des deux ne fit de commentaire. Charles la serra dans ses bras pour la remercier. Ils restèrent longuement enlacés. Et Emma eut l'impression que dans la barbe de Charles glissaient quelques larmes.

Tandis que le soleil du matin illuminait le laboratoire, Emma retira ses pieds. Polly se leva de son panier, se secoua tant qu'elle put, alla vers le divan et posa la mâchoire sur le bord du coussin. Emma soupira. Sa main droite, machinalement, grattouilla la tête de la chienne. Mais sans que ce soit consciemment, et Polly eut un grognement de déception. Emma se leva, rejeta ses cheveux en arrière, les fit passer derrière son épaule d'un mouvement de jeune fille qui vous défie, et sortit sans un mot.

Au grincement de la poignée de porte, Polly monta d'un bond sur le divan et s'installa sur la place chaude. « Ah, Polly », dit Charles, et il décida qu'il était temps de se mettre à sa toilette du matin.

Pendant une bonne semaine, Charles poursuivit ses expériences nocturnes sur les vers de terre et localisa, en disposant des morceaux de papier noir sur telle ou telle partie des vers, des endroits sensibles à la lumière. Emma avait interrompu pour quelques jours ses visites matinales. Et elle se promit de prier pour lui, au lieu de lui infliger des conversations qui restaient de toute façon sans effet.

Charles, ces jours-là, fut plein d'attentions pour sa femme, il se montra même extrêmement prévenant, il lui apporta des bouquets de la serre et la complimenta pour ses broderies. Mais principalement il compléta ses listes de vers en y ajoutant les mesures au millimètre des déjections recueillies dans l'herbe. Il calcula ce que cela donnait en tonnes par an sur la superficie du Kent, et eut d'avance peur des difficultés syntaxiques, car il lui faudrait coucher sur le papier toutes ces observations, en vue du livre qu'il avait en projet, consacré aux vers.

Il différa cette corvée de rédaction d'encore quelques jours, qu'il passa à tendre aux animaux, avec une pincette, des boulettes de coton imprégnées de parfum ou de jus de tabac. Les animaux n'en tinrent aucun compte. En revanche, ils dévorèrent allègrement des feuilles de chou et des oignons. Le radis noir était parmi leurs mets préférés, seules les fanes de carotte leur plaisaient encore davantage.

« Imagine, s'ils avaient des yeux, disait Charles à Emma en prenant le thé. Ils les rouleraient de plaisir en grignotant des feuilles à demi flétries de *Phlox verna*. » Emma comprit qu'une fois de plus il était tombé amoureux. Après les orchidées, les pigeons et les cirripèdes, voilà que c'était le tour de ce bienfaisant terrassier qui créait d'importantes formations géologiques et qui, pour les paysans et les jardiniers, rendait la terre meuble. Elle laissa faire Charles, même si ses pots encombraient les rebords des fenêtres et si, une fois distribuée la pâture, il traînait un peu partout des bouts de viande crue et des trognons de choux qui, s'ils n'étaient pas découverts à temps par le personnel, se mettaient bientôt à sentir.

Une fois, tout de même, elle intervint : en voyant Charles brandir un tisonnier chauffé au rouge pour tester la réaction à la chaleur de ces animaux pourtant si mal lotis en organes des sens. Le petit Bernard aussi avait protesté, en larmes, inquiet pour la peau tendre de ces pauvres petits vers. Pour l'enfant de quatre ans, ces locataires du laboratoire et de la salle de billard faisaient depuis longtemps partie de la famille. Cela tenait peut-être à ce que *Lumbricus*, le ver de terre, avait réussi à tirer le grand-père de son état d'abattement, au moins pour un temps. Emma elle-même, qui avait toute sa vie toléré que des expériences envahissent non seulement la cuisine mais la salle à manger, s'était prise d'affection pour ces petites bêtes, peut-être aussi parce que, d'expérience en expérience, elles avaient révélé de plus en plus de personnalité et avaient même fini par passer avec succès un fort astucieux test d'intelligence.

Charles avait mis sous le nez de ses cobayes des petits bouts de papier, et passé des semaines pour finir par constater que 80 % des vers les saisissaient entre leurs lèvres par leurs extrémités en pointe et les tiraient jusque dans leur trou en les prenant donc par leur plus petit côté. Extrêmement satisfait, il avait noté : « Ils méritent d'être qualifiés d'intelligents, car ils se comportent d'une manière quasiment identique à celle qu'aurait un être humain dans des conditions analogues. »

Pour le coup, Emma trouva cela exagéré ; elle ne pouvait approuver que son époux, par ailleurs adoré, ne pût s'empêcher, même s'agissant du ver de terre, de faire une comparaison avec l'homme.

Ce genre de comparaisons lui valut bien d'autres ennemis. Qui prenaient surtout très mal qu'il n'eût attribué à l'homme, dans l'arbre généalogique de la vie, qu'un simple petit rameau, comme à tous les autres animaux. On peut presque dire que ses ennuis aussi bien que sa gloire datèrent du griffonnage qu'il fit, en 1837, dans son carnet B – qui était secret –, d'un petit arbre anémique et tordu. « *I think* », je pense, avait-il écrit au-dessus de ce premier arbre généalogique, déclenchant ainsi tout un jeu d'idées appelé à changer à jamais la nature même de l'homme.

En vérité, ce que personne ne soupçonnait, c'étaient les doutes qui l'avaient assailli cette nuit-là, quarante ans en arrière. Car s'il prenait au sérieux cette esquisse, peut-être lui deviendrait-il impossible d'étudier la nature comme il l'avait jusque-là espéré.

« Je ressens au plus profond de moi que toute cette matière est trop insondable pour l'intellect humain », écrivait-il dans une lettre à son cousin Francis, qu'il consultait souvent dans ces moments-là.

« Autant demander à mon chien de spéculer sur la naissance des étoiles.

« Francis, mon ami, quelle confiance méritent des résultats ainsi obtenus ? Je me demande avec effroi si les convictions de l'esprit humain, qui est issu de celui des animaux les plus simples, peuvent avoir la moindre valeur. Quand on se tient dans l'objet même, peut-on le considérer avec recul ? J'ai le sentiment d'être un prisonnier, et cette pensée me donne mal au cœur. Bien sûr, je n'ai jamais douté que les lois de l'évolution s'appliquent aussi à ma personne, mais je n'avais jamais réfléchi à ce que cela pourrait signifier pour mes recherches. Ah, Francis, sauras-tu m'écrire à ce sujet quelque chose qui me réconforte ? »

À peine avait-il commencé à réfléchir sur les limites de la connaissance qu'il fut pris d'un affreux vertige. Pire encore que pendant son voyage autour du monde à bord du *Beagle*, lorsqu'il avait été anéanti par le mal de mer. Il se cramponna des deux mains à sa table de travail, à s'en faire blanchir les phalanges. Lorsqu'il se sentit un peu mieux, il se remit à écrire :

« Quelle chance y a-t-il pour que l'intelligence humaine, qui s'est développée pour tailler des coups de poing en pierre, résolve nos grandes questions ? Comment voudrais-tu qu'un cerveau de mammifère, nourri à la même source que les nerfs d'une filaire, puisse jamais être omniscient ? Est-ce que quelqu'un irait se fier aux convictions d'un cerveau de singe ? La question est insoluble. Mes pensées sont enfermées dans un cerveau construit comme il l'est et pas autrement. Il n'y a que là qu'elles peuvent circuler. Et pourtant ! Est-ce qu'il ne s'ouvre pas toujours une fenêtre de connaissance ? Je pense à Copernic, à Galilée, à Newton ! Cela me réconforte. Réponds-moi bientôt, je t'en prie. Affectueusement. Ton cousin Charles. »

C'est cette nuit-là que le scepticisme avait planté ses serres sur Darwin, pour ne plus jamais le lâcher. Même aux moments de ses plus grands succès. Il avait rangé sa personne dans la longue série allant de l'organisme unicellulaire, en passant par la filaire, l'escargot, l'orchidée et le ver de terre, jusqu'à Newton et à la reine Victoria. Dans ce ruban de vie qui relie tout et tous depuis des millions d'années et qui restreint chaque individu à ce que la nature a mis à sa disposition. Aucun chercheur n'avait le privilège d'étudier la nature avec d'autres moyens que ceux que lui avait accordés la nature elle-même. Et lui aussi, Charles Robert Darwin, en était donc réduit à se plonger dans l'étude de l'évolution avec le cerveau que l'évolution lui avait donné.

Francis Galton, qui se trouvait à ce moment empêtré dans des histoires d'amour, n'avait répondu qu'à la va-vite : « Mon cher Charles, hélas tu as en tout point raison. Nul réconfort ne nous est apporté. Sauf celui que nous offrent les femmes. Mais pense à ceci : même si toutes les passions du monde se sont développées à partir d'un ver comme la filaire, te réservent-elles pour autant moins de joie ? Il en va de même pour les sciences naturelles. Elles te captivent ! Regarde comme la langue est intelligente : elle sait aussi que fascination et captivité sont indissociables. On n'est pas libre, quand on aime. Mais qu'est-ce que j'écris là ! Mon esprit, en ce moment, a du mal à être logique. Arrête de te creuser la tête et remets-toi donc à tes recherches. Tu es un type futé. Que tes os du crâne te limitent ou pas. Affectueusement, ton cousin Francis. »

Le patient allemand

Lorsque le Dr Beckett, par cette grise journée de l'automne 1881, tira la sonnette du 41 Maitland Park Road, il était loin de soupçonner dans quel état se trouvait le patient auprès duquel on l'envoyait de toute urgence. Couché dans son bureau, souffrant d'une bronchite avec fièvre, le malade avait une respiration sifflante.

On mettait de grands espoirs dans ce nouveau médecin. Le précédent avait en effet déçu la confiance qu'on lui avait longtemps faite. Et en sens inverse aussi, les relations s'étaient détériorées, car après d'innombrables visites à domicile au cours des dernières années – les occasions n'avaient pas manqué – le docteur en avait eu assez de cette famille allemande sans le sou. Cela ne le regardait pas, mais enfin les opinions communistes du maître de maison ne lui avaient pas échappé et son diagnostic était qu'apparemment elles ne lui avaient valu ni enrichissement ni aisance. En tout cas, les notes d'honoraires n'avaient jamais été réglées dans les délais d'usage. Et puis ces perpétuels reports de traites non couvertes, ces attentes de l'argent d'un ami, ces prétextes qu'on attendait le paiement imminent de deux éditoriaux dans un journal américain… le médecin en avait été excédé.

Là-dessus, Friedrich Engels, le mécène de la famille, avait chargé le Dr Beckett d'aller examiner ce pauvre Marx et de prendre immédiatement toutes les mesures qui s'imposeraient, si coûteuses soient-elles. Beckett lui avait été recommandé parce qu'il jouissait dans Londres d'une réputation tonitruante et que ses thérapies non conventionnelles faisaient beaucoup jaser. Le télégramme par lequel Marx avait alerté son ami Engels disait : « *Dear friend*, besoin *medical help*. Risque de mourir étouffé. Pas un rotin. Ton Maure. » Engels avait réagi immédiatement et dépêché le médecin, à ses frais.

Le Dr Beckett gravissait donc, muni de sa vieille trousse en cuir, les marches grinçantes de l'escalier, couvertes d'un tapis rouge vif. Le bureau se trouvait au premier étage, et Marx était couché sur le divan, dont un amoncellement de couvertures et d'oreillers laissait voir par endroits le cuir et témoignait d'une fort mauvaise nuit. Apparemment, le malade était aussi peu présentable que sa literie, il avait refusé qu'on peigne sa grande barbe et ses longs cheveux. Lenchen, l'employée de maison que tout le monde adorait, avait pourtant proposé à Maure de le faire, aussi pour que le nouveau docteur découvre une famille bien tenue.

La large fenêtre de cette grande pièce donnait directement sur le Maitland Park. Elle était ouverte, ce qui apportait un peu de fraîcheur au patient fiévreux dont les poumons manquaient d'oxygène. Mais le médecin fit aussitôt fermer la fenêtre. Il recommanda à Lenchen d'éviter qu'un malade à la respiration si rauque ne soit exposé, les prochains jours, à cet air d'automne déjà froid, et surtout aux courants d'air. Sinon, l'état de ses bronches ne ferait que s'aggraver encore.

« Vous n'imaginez pas comme il peut être autoritaire quand il se sent mal », répondit tout bas Lenchen, pour ne pas risquer de fâcher le malade.

Le Dr Beckett regardait discrètement autour de lui. Il était impressionné par l'aspect peu ordinaire de ce cabinet de travail. De part et d'autre de la cheminée comme de la fenêtre se dressaient de hautes bibliothèques pleines à ras bord et, de surcroît, chargées jusqu'au plafond de liasses de journaux et de paquets de manuscrits. Sur la cheminée s'empilaient des livres en diverses langues, et des presse-papiers immobilisaient des hordes de paperasses. À la cheminée faisaient face deux tables couvertes, elles aussi, de papiers, de monceaux de livres et d'extraits de journaux. Au centre de la pièce, il y avait une petite table de travail toute simple, avec un fauteuil en bois, où l'on voyait des livres ouverts, une jolie lampe à pétrole avec un abat-jour en cristal rouge sombre, et une poignée de crayons mal taillés. Le plateau de pin autrefois clair était marqué de ronds plus ou moins grands, laissés par des verres de vin rouge et des encriers.

Le Dr Beckett trouva que ce savant en mauvaise santé traitait ses livres comme des esclaves. La plupart d'entre eux avaient l'air d'avoir été écorchés, malmenés, estropiés. Plus d'un volume avait perdu la beauté de son vélin. Sans égard pour les formats, les reliures ou la qualité du papier, des pages étaient déchirées, des coins cornés, des tas de passages étaient soulignés et annotés. Partout était manifestement à l'œuvre un bourreau de travail auquel les écrits n'avaient qu'à obéir. Marx ne pouvait visiblement pas s'empêcher de mettre en marge des points d'exclamation et d'interrogation, il fallait que dès la première lecture il approuve ou contredise les auteurs. Le Dr Beckett, qui avait une belle bibliothèque personnelle, qu'il entretenait et enrichissait d'année en année avec amour, fut saisi d'horreur à ce spectacle et en tira ses conclusions sur le tempérament et la constitution du malade.

Ce que Beckett ne pouvait pas savoir, c'était que la plupart de ces feuilles et de ces notes étaient promises à un destin mouvementé, passant des années sans vraiment trouver leur place dans l'œuvre complète. Marx les déplaçait dans tous les sens, les fourrait dans des boîtes en carton pour ensuite les en ressortir. C'était un champion de la mise en fiches. Chaque idée devait toujours être retravaillée et fignolée, être écartée et ensuite réintroduite. Le monocle vissé à l'œil gauche, il passait ses nuits penché sur ces notes dont la masse enflait sans cesse. L'existence précaire de ces écrits fragmentaires était de surcroît compromise par le fait que beaucoup d'entre eux, voire la grande majorité, avaient été rédigés d'une façon à peu près illisible. La première victime de cette mauvaise écriture n'était autre que madame Jenny, à qui incombait la mission de recopier tout cela sous une forme qui fût présentable aux rédacteurs de journaux et aux éditeurs.

C'était ce sale temps qui lui avait manifestement fait prendre froid et qui avait aggravé sa toux *from day to day*, chuchota Marx avec son fort accent. Et l'air empesté qu'on respirait à Londres, fait de brouillard et de suie, donnait le coup de grâce à ses voies respiratoires déjà irritées.

Lenchen osa ajouter qu'en plus il ne dormait pas, qu'il n'avait plus d'appétit et qu'il sombrait dans la mélancolie. Le Dr Beckett plissa le nez, trouvant bien sévère la condamnation de l'air de Londres. La bronchopathie du patient lui semblait bien davantage liée à tout le tabac présent dans la pièce sous diverses formes.

Le Dr Beckett soumit Marx à un examen approfondi. Jamais il n'avait posé son stéthoscope sur un torse aussi velu, chaque pore semblait héberger un poil, même le dos des mains et les oreilles portaient des touffes de poils noirs ou argent. Le docteur tapota et ausculta, appuya et percuta encore, il renifla l'haleine et observa la transpiration, il se donna beaucoup de peine. Il apprit de Lenchen que le patient avait soixante-trois ans, qu'il souffrait fréquemment d'une maladie de foie qui était dans la famille, et que depuis toujours il avait des furoncles récurrents qui le faisaient beaucoup souffrir.

Pour un intellectuel qui, à la différence de beaucoup de ses patients, n'avait pas eu à imposer à son organisme un travail physique pénible, l'état général était désastreux, laissa tomber le Dr Beckett, plissant le nez pour la deuxième fois, ce que Lenchen trouva déplacé. Même une constitution exceptionnellement robuste ne servait à rien, quand on imposait à ses organes de grosses quantités de tabac et d'alcool. Cela dit en plissant encore le nez. Le docteur diagnostiqua, outre une bronchite chronique, une pleurésie déjà avancée, et s'inquiéta d'un foie anormalement gros.

Ayant envoyé Lenchen à la pharmacie, il dit sèchement à Marx qu'il fallait veiller à ne pas continuer comme ça. Au bout d'un moment, il eut un geste un peu plus hostile en direction de la cheminée, sur laquelle des cigares de différentes tailles, un à un

47

ou en boîte, et quantité d'allumettes et divers pots à tabac témoignaient d'une vie de gros fumeur. Dans la situation présente, ce vice était tellement à proscrire qu'à son avis le mieux serait de jeter tout ça. Marx hochait très docilement la tête. Il eut un regard vers les photographies de ses filles, de sa femme et de son ami Friedrich Engels, elles avaient du mal à trouver leur place au milieu du matériel encombrant la cheminée. Ces êtres chers semblaient lui arracher la promesse de cesser, par égard pour eux aussi, de se ruiner la santé.

Depuis l'époque où il avait passé ses nuits d'étudiant à mettre en fiches le philosophe qu'il avait commencé par vénérer avant de le mépriser, Hegel, Marx était un gros fumeur. Un très gros fumeur. Il vivait dans une épaisse fumée. Et la pire époque, en la matière, avait été ces longues années où il avait péniblement produit le premier tome du *Capital*. Friedrich Engels, lui-même plutôt bon vivant, aimait à citer la phrase qu'avait prononcée une nuit Maure, au milieu d'un épais nuage de fumée, en ouvrant une nouvelle boîte de cigares : il avait dit que *Le Capital* ne lui rapporterait jamais autant de *money* que ce qu'il lui avait coûté, en cigares, pour le penser et l'écrire.

À l'époque, les deux hommes, exaltés par l'imminence de la Révolution et par plus d'un verre de cognac, avaient ri de bon cœur à cette plaisanterie. Marx d'un bon gros rire – il n'était pas rhénan pour rien – et Engels, enfant bien élevé d'une famille de piétistes, un peu moins bruyamment. En duo leurs voix s'accordaient admirablement. D'une façon générale, on ne pouvait penser à eux séparément. Leurs existences, constatait madame Jenny Marx sans la moindre jalousie, étaient à tel point imbriquées l'une dans l'autre qu'elles constituaient quasiment une seule vie.

Quelque vingt ans après cette nuit copieusement arrosée autour d'une boîte de cigares cubains, la révolution ne s'était toujours pas produite, mais la prophétie de Marx concernant sa *money* s'était avérée. Ce qui n'empêchait pas Maure à la respiration sifflante de continuer à tout miser sur l'espoir d'une société humaine plus juste.

Dans la triste lumière de cette froide journée de l'automne 1881, tandis qu'à la pharmacie Lenchen attendait que fût préparé le *Collodium cantharidatum*, le Dr Beckett considérait, sur le tapis, une trace d'usure aussi nette qu'un sentier dans une prairie. Il se demandait ce que cela pouvait bien signifier. Avait-il affaire à un patient présentant des symptômes maniaques ? Une telle piste de course, seule explication possible, il n'avait jamais vu ça dans une chambre de malade ni dans un bureau. Aux deux extrémités du sentier en question, il découvrit d'étranges trous dans le tapis. Il préféra, en dépit de sa curiosité, ne pas importuner le patient, dans l'état où il se trouvait, par des questions trop nombreuses et éventuellement gênantes.

Après avoir rangé le stéthoscope dans sa trousse, en avoir extrait un petit pinceau qu'il nettoya à l'alcool et posa prêt à être utilisé, il laissa son regard parcourir la pièce, un peu impatiemment car il savait le nombre de malades qui l'attendaient encore. Soudain ses yeux s'arrêtèrent sur la petite table en bois. Était posé là un livre qu'il connaissait bien, et il en fut tout heureux

Son nouveau malade s'intéressait manifestement à Darwin, car, autant qu'il pût le voir d'où il était,

L'Origine des espèces avait été travaillé et lardé de petits bouts de papier. Son diagnostic à distance : le livre, couverture comprise, avait connu un usage intense qui l'avait laissé en aussi piètre état que les volumes de Hegel et d'Adam Smith qui se trouvaient par terre non loin du divan. Pour un peu, il aurait cédé à l'envie de questionner Marx sur Darwin, mais au dernier moment il se retint. Cela lui parut prématuré. Compte tenu de la fièvre et du fait qu'ils venaient tout juste de faire connaissance, le docteur se prescrivit davantage de discrétion et ne dit mot. Mais une question l'intriguait : que pouvait bien dire un communiste du fait que les primates, à la faveur d'une sélection donnant toujours des vainqueurs et des vaincus, avaient produit des ouvriers et des capitalistes ?

Lenchen revint tout essoufflée de la pharmacie et tendit la préparation au docteur, qui prit son pinceau et s'empressa de badigeonner de *Collodium cantharidatum* la poitrine et le dos du malade. Il expliqua à Marx, sur un ton pas trop autoritaire, qu'il s'agissait d'un traitement dont l'efficacité était prouvée, mais qui était hélas douloureux, un procédé pour désintoxiquer le corps. Marx ne put s'empêcher de tousser. Le docteur précisa que le révulsif étalé sur la peau favorisait l'irrigation sanguine et accélérait la circulation des humeurs. Marx toussa à nouveau. Beckett ajouta que l'extrait éthérifié obtenu après séchage et broyage de la mouche espagnole – en fait un petit coléoptère, dit vésicant – allait progressivement étendre son effet bénéfique.

Marx toussa encore et, fatigué de se tenir assis, fut pris d'une telle quinte qu'on put croire tantôt qu'il allait s'étouffer, tantôt qu'il allait vomir. Lenchen courut chercher une bassine, le médecin appliqua ses mains chaudes sur les contractures du dos endolori par la toux et la position couchée. Il parla plus lentement et un peu plus gentiment. Dans huit à douze heures, la peau se couvrirait, aux endroits badigeonnés, d'une éruption de petites cloques, ce serait une inflammation certes désagréable mais nécessaire, car, à la faveur de cette excrétion de liquide, les tissus seraient purgés des poisons fâcheusement accumulés dans la poitrine.

En regardant Lenchen, il ajouta qu'il ne fallait surtout pas que le patient se gratte. Et qu'il repasserait demain pour crever ces pustules et poursuivre le traitement. Contre la toux caverneuse, il faudrait que Lenchen recoure si nécessaire à une ou plusieurs cuillerées de sirop du flacon bleu, qui, contenant de l'opium, calmerait aussi l'agitation due à la fièvre.

La nuit suivante, Marx rêva de sa femme. S'efforçant de serrer Jenny dans ses bras pour la consoler au moment de sa mort, il était sans cesse obligé de la lâcher au mauvais moment, parce qu'un élancement dans la poitrine lui faisait si mal qu'il n'aurait pu que la laisser choir. Cela dura toute la nuit. Il levait sa Jenny de son lit, puis il ne pouvait que l'y étendre à nouveau. Elle ne semblait guère s'en rendre compte, elle était étrangement absente. Sa tête pendait au bout d'un cou devenu beaucoup trop mince.

Comme il l'avait annoncé, le Dr Beckett revint le lendemain vers huit heures. Avec ses lunettes embuées, ses mèches rousses mouillées qui gouttaient sur son trench-coat noir, c'était comme s'il faisait entrer dans la chambre du malade toute la tristesse d'une journée de pluie britannique.

Encore couché, le patient faisait pitié à voir, il paraissait aller nettement plus mal que la veille. Lui-même qualifia son état de *very bad*. Et il le dit d'un ton plaintif. Il avait la sensation d'avoir l'épiderme trop court et trop étroit, comme si d'un instant à l'autre son corps allait le faire éclater. Quand il bougeait un peu trop vivement, cela faisait crever les pustules dans son dos. Cela faisait un mal de chien. Et puis sa chemise était trempée, son drap aussi. Marx avait la voix tellement éraillée qu'on le comprenait à peine.

Le docteur hocha la tête, apparemment avec satisfaction, donna ses instructions, et Lenchen apporta du linge propre et de l'eau chaude. Beckett entreprit un examen minutieux, percuta, ausculta, et à nouveau trouva, en profondeur dans le poumon gauche, cet endroit qui déjà la veille ne lui avait pas plu.

Sans parler il se mit au travail, perçant les cloques, essuyant, tamponnant, passant de la teinture d'iode, Marx aboyant de temps à autre. Lenchen, préparant le nécessaire en bonne assistante, tressaillait souvent. Jamais elle n'avait vu son Maure affaibli à ce point.

Lorsque séchage et badigeonnage furent terminés, le médecin pansa tout le torse du patient et expliqua que la moindre négligence dans le traitement des plaies pouvait provoquer de dangereuses infections. Par conséquent il passerait régulièrement et il entendait, pour le moment, se charger lui-même de tous les gestes qu'exigeait cette « saignée blanche », comme il désigna cette procédure. Puis il donna à Marx une cuillerée de sirop du flacon bleu. Il dit que le patient avait maintenant besoin d'un repos absolu, qu'il fallait continuer à s'abstenir de se gratter, y compris en se frottant le dos sur le drap, et – ceci dit à l'intention de Lenchen – qu'il fallait boire beaucoup, pour que le corps soit bien hydraté. Il repasserait dans la soirée.

Lenchen apporta un thé avec une bonne dose d'eau-de-vie, Maure vida la tasse d'un trait. Il ferma les yeux, sa respiration devint rauque, et il se mit à dérailler. Des bribes de phrases s'échappaient péniblement de sa bouche. Lenchen se pencha sur lui et lui épongea le front. Elle crut comprendre que la plèvre, rugueuse et écorchée, bougeait de-ci de-là dans la poitrine du malade. Et comme ce va-et-vient disputait sa place au poumon, l'étouffement menaçait. Marx saisit la main de Lenchen. Il était effrayé par ces visions de l'intérieur de son corps. Peu à peu il se détendit, l'opium faisait son effet, encore un peu aidé par l'eau-de-vie qui répandait dans sa gorge sèche une chaleur bienfaisante. Puis il s'endormit.

Lorsque Lenchen descendit l'escalier d'un pas fatigué, rapportant la tasse vide, le Dr Beckett était debout devant la porte de la cuisine, le col déjà relevé pour affronter la pluie, mais elle crut sentir qu'il l'attendait. Elle fut surprise d'une telle politesse, elle n'avait pas escompté qu'il prendrait congé d'elle, alors qu'il était pressé.

« Me permettez-vous de vous demander encore deux ou trois choses ? »

Lenchen fit oui de la tête et lui offrit de prendre une tasse de thé. Ils entrèrent dans la cuisine. Le Dr Beckett posa sa trousse de médecin sur la chaise en mauvais état. Et il resta debout. Sucrant abondamment son thé tout en rassemblant ses idées, il balançait son grand corps d'avant en arrière. Cette curieuse habitude avait déjà agacé plus d'un patient, elle leur faisait craindre qu'il ne perde l'équilibre et s'affale sur leur lit.

Dans la lumière glauque de la cuisine et dans son manteau sombre, il ressemblait à un grand pin sinistre planté dans le vent et la pluie qui auraient ébouriffé sa cime.

Lenchen dit soudain : « Vous savez, docteur, tout n'est que misère, dans cette famille.

— Qu'entendez-vous par là, exactement ?

— Ah, vous savez, tout manque. Il manque la patrie. Il manque l'argent. Et il manque Dieu. Et maintenant il manque aussi la confiance. »

Disant cela, Lenchen fourrait ses deux mains dans les poches de son tablier et les en ressortait aussitôt. Elle était nerveuse, cela tenait aussi à ses nuits de veille au chevet de Maure, elle manquait de sommeil.

« Depuis quand connaissez-vous Mr Marx ?

— Cela fait plus de quarante ans. Je le connaissais déjà en Allemagne. Où nous sommes tous nés. Depuis qu'il a épousé sa Jenny, j'ai toujours été chez eux. Vous savez, n'est-ce pas… – elle hésita –, qu'ici à Londres il vit en exil ? »

Elle se demandait jusqu'à quel point elle pouvait parler franchement. Elle ne voulait pas trop s'avancer, car aussi bien ce nouveau médecin avait, comme déjà le précédent, des opinions politiques d'un autre bord, et du coup il mettrait moins de sollicitude dans les soins prodigués. Mais elle prit son courage à deux mains et poursuivit bravement :

« J'espère que son métier ne vous gêne pas. Vous savez, il écrit sur l'injustice dans le monde. Et sur la façon dont les travailleurs peuvent se défendre contre elle.

— Cela ne m'est pas inconnu, dit le Dr Beckett avec chaleur. Mr Marx est l'auteur de quelques écrits très intéressants. Certes, je ne suis pas sûr qu'il ait raison en tout. Mais qu'il s'engage ainsi pour un monde plus juste, c'est tout à son honneur. Très à son honneur. »

Lenchen fut rassurée. Et dit, avec déjà davantage de courage, que ce n'était pas seulement à son honneur, mais que c'était terriblement nécessaire. Qu'elle connaissait les affres de la misère. Qu'elle savait ce que c'était de ne pas pouvoir acheter de pommes de terre à des enfants affamés. Mais qu'eux, ils avaient ce que n'avaient pas les ouvriers d'usine à Manchester, à savoir encore au moins un ami qui avait de l'argent et pouvait de temps en temps leur venir en aide. La voix de Lenchen était plus forte de phrase en phrase.

« Votre anglais est étonnant », lui dit le Dr Beckett.

Lenchen fut ravie de cet hommage et commença d'aimer bien le docteur.

« Nous avons d'abord appris le français à Bruxelles et à Paris, et ensuite l'anglais ici à Londres, en même temps que les enfants. À vrai dire, les trois filles n'ont pas tardé à nous surpasser, nous autres adultes. Et, comment dirais-je, Maure a beau connaître par cœur des pièces entières de Shakespeare, dans la vie quotidienne il a du mal.

— Il connaît Shakespeare par cœur ? Diable !

— Oui, et Heinrich Heine. C'est un Allemand.

— Un poète allemand, je sais.

— Entre nous, nous continuons à parler allemand, naturellement. Ces derniers temps, Mr Marx apprend d'ailleurs des langues slaves. Surtout le russe. Je ne sais pas à quoi ça peut servir, et je ne suis pas sûre qu'il le sache lui-même. Mr Engels et son éditeur sont les premiers à pester, disant qu'il ferait mieux de finir les livres qu'il a en train. Mais au fait, que vouliez-vous savoir de moi ? Vous disiez tout à l'heure que vous auriez encore des questions à me poser. »

Le Dr Beckett tira de la poche de son manteau un bloc-notes auquel était attaché un petit crayon. Il y inscrivit quelque chose et dit :

« Des petites choses très banales, qui m'intéressent pour choisir mes médications. Mr Marx préfère-t-il les mets sucrés ou salés ? »

Lenchen ne s'attendait pas à des questions pareilles.

« Oh, là je n'ai pas besoin de réfléchir longtemps : il aime les deux ! Sachez, docteur, que Maure est un bon vivant. Uniquement quand il n'est pas malade, naturellement. Et quand le porte-monnaie nous le permet. Alors je fais la cuisine d'après le livre de recettes de ma grand-mère. Même pendant notre fuite et nos nombreux déménagements, j'ai toujours fait bien attention de ne pas le perdre. Je sais trop comme il aime la cuisine allemande. En particulier quand il est mélancolique. Par exemple le filet de porc au riesling, et… »

Lenchen était lancée, visiblement heureuse que le Dr Beckett s'intéresse à son domaine. Mais lui voulait déjà passer à autre chose, sans s'attarder sur le répertoire des plats allemands. Il lui coupa la parole :

« Vous parliez tout à l'heure de furoncles. En a-t-il fréquemment ? Et où ? Où sont-ils situés ? »

Il fallut quelques instants à Lenchen pour passer de la gastronomie à la furonculose.

« Je crois qu'il en souffre depuis que je le connais. Pas toujours de la même gravité. Mais sans cesse il lui en vient sur tout le corps, de ces affreuses grosseurs.

Aussi au visage. Souvent dans le dos. À certaines périodes… (elle eut un petit rire d'excuse), il en avait à des endroits… à ne pas pouvoir s'asseoir pendant des semaines ; il était obligé de s'étendre sur le côté pour écrire. Du reste il ouvrait souvent ses furoncles lui-même. Avec un rasoir bien affûté, quand on n'avait pas de quoi payer un médecin. Ou bien aussi quand ils étaient à des endroits qu'il trouvait gênants. Alors il me demandait de l'eau chaude et une serviette propre, puis il me laissait naturellement à la porte. Quand je m'écriais qu'il risquait l'infection, il me riait au nez, plongeait le rasoir dans l'eau-de-vie et entamait l'opération. Après, il n'en pouvait plus, il me racontait comment ça avait giclé. »

Le Dr Beckett écoutait attentivement, non sans plisser le nez plusieurs fois. Mais à présent il semblait à Lenchen que, plutôt qu'un signe de mécontentement, c'était une méthode pour remettre en place ses lunettes qui glissaient. Elle n'en était pas sûre.

« On prend soin de sa peau, donc. Est-ce qu'il y a, en plus, des vomissements ? Des malaises ?

— Oh, oui, hélas. Vous savez, Maure a aussi des douleurs violentes derrière le front. Du côté gauche, je crois. Et dans les moments où ça ne va pas, il se plaint toujours aussi d'oppression dans la poitrine. »

Le docteur nota encore quelques mots, puis remit son bloc-notes dans la poche de son manteau et dit :

« Mr Marx aurait besoin de granules anti-chagrin. »

À ces mots, Lenchen eut les larmes aux yeux. Ce qui confirma le diagnostic qu'avait fait le médecin : Lenchen n'était pas seulement la cuisinière.

« Je vais m'occuper de trouver le bon médicament, et vous l'apporter le plus vite possible. Il faut pour cela que je consulte quelques livres. Et vous, il faut d'urgence que vous dormiez davantage. Sinon vous serez mon prochain malade. Permettez-vous, pour finir, que je vous pose encore une question ? »

Lenchen opina, tout en se mouchant.

« Vous avez dit tout à l'heure que Dieu manquait, dans cette famille. Qu'entendez-vous par là ?

— Ah, dit Lenchen sans répondre d'abord, puis elle reprit : Vous savez, docteur, un peu de religion ne ferait pas de mal. Au milieu de tout ce malheur. Cela fait froid au cœur, quand on ne peut rien espérer du tout. »

Le Dr Beckett plissa le nez.

« Vous voulez dire : après la mort ?

— Oui, c'est ce que je veux dire. Et je ne suis pas sûre du tout qu'en la matière, avec ses idées sur la religion, il ait raison. »

Soudain elle regarda le docteur droit dans les yeux et dit :

« N'avoir plus d'espoir me tourmente, surtout maintenant que nous devenons vieux. »

Elle replia soigneusement son mouchoir, alors que d'autres larmes coulaient encore sur ses joues pâles, et au bout d'un moment elle ajouta :

« Le ciel est vide, a dit un jour Maure. Si c'est vrai, je trouve ça pire que l'enfer. »

Pour un peu, Beckett aurait pris Lenchen dans ses bras, tant elle avait l'air triste. Et puis elle murmura, en baissant les yeux :

« Craindre un peu Dieu, cela ne ferait pas non plus de mal à Maure. »

Le Dr Beckett pensa qu'on pouvait en rester là pour aujourd'hui, et il prit congé.

Médecin sans Dieu

Peut-être que la stature du Dr Beckett évoquait plutôt un cyprès qu'un pin. Du moins quand avec son trench-coat sombre il portait son pantalon noir aux jambes étroites et le chapeau gris dissimulant ses cheveux blond-roux. Pour sa part, il aurait sûrement préféré d'être comparé à un cyprès, vu qu'il adorait l'Italie et y avait déjà fait plusieurs voyages.

À quoi ressemblait la vallée de la Moselle, il n'en avait qu'une vague idée. Peut-être bien que lors d'un voyage de plus sur le continent il visiterait ce terroir viticole. Ne serait-ce qu'à cause des filets de porc au riesling.

Quoique aimant la bonne chère, le Dr Beckett était plutôt d'une minceur un peu dégingandée. Et ses yeux étaient plutôt myopes. Quand il éprouvait le besoin d'y voir plus clair, il tirait, de la trousse qui ne le quittait jamais, un étui qu'il ouvrait d'un geste impatient et il mettait ses lunettes à monture métallique, non sans rectifier leur position en plissant le nez. Ce qui lui donnait pour un instant la physionomie d'un lièvre, le temps que sa lèvre supérieure laisse voir ses incisives un peu trop longues.

Pour lire, jamais il ne lui serait venu à l'idée de mettre ses lunettes. Il préférait réduire la distance entre ses yeux et le livre en se penchant sur lui d'une façon qui contrastait avec son maintien habituel. Et quand il était dans le train ou en voiture, il laissait généralement ses lunettes dans sa trousse. Il aimait limiter ses regards aux objets proches et pouvoir ainsi réfléchir et mieux se concentrer.

Dans les derniers semestres de ses études de médecine à Cambridge, il avait commencé à se plonger dans les œuvres de savants contemporains et, à mesure que s'accumulaient les notes qu'il prenait, l'étudiant croyant se mua en médecin libre-penseur. Si le fonctionnement de son atelier intellectuel était resté discret, cette évolution à elle seule n'aurait pas suffi à provoquer le violent conflit où il se trouva avec la direction. Mais il n'avait pu s'empêcher de proclamer partout son incroyance.

Le jeune Beckett prêchait l'athéisme au chevet des malades, parce que, leur disait-il en introduction, il voulait les débarrasser de leur peur de la mort et de l'enfer. Au *tea time* aussi, il fallait qu'il aborde des questions sur la condition humaine, et cela tapa de plus en plus sur les nerfs des autres médecins. Ce qui l'accabla. Car il rêvait d'avoir des échanges avec ses collègues et il était convaincu qu'eux aussi cherchaient des réponses aux questions angoissées de malades près de mourir. Il n'arrivait pas à comprendre que tant de gens en soient encore, intellectuellement, au Moyen Âge, au lieu de saluer le progrès, de philosopher, d'explorer des choses neuves.

Il arrivait que le jeune Beckett sorte en courant de la bibliothèque du British Museum, à la recherche de quelqu'un à qui faire part de ce qu'il venait de lire.

Quant à la mort à l'hôpital, il était convaincu de l'effet apaisant de son message d'athée : si l'on se rendait compte qu'étant sorti à la naissance d'un état d'inconscience on ne faisait pour finir qu'y replonger, on n'avait pas à redouter quoi que ce soit. Combien de gens, regardant en arrière, avaient peur du brouillard d'où ils avaient émergé en naissant ? Personne ! Donc pourquoi, regardant vers le futur, avoir peur du même état, sachant que le corps ne faisait que se retransformer en matière inconsciente ? Sachant qu'il retournait dans l'espace brumeux de l'éternité, retournait en somme chez lui, avait-il envie de dire ?

Lors de discussions animées, le Dr Beckett aimait à puiser des arguments et des chiffres dans l'essai intitulé *Études statistiques sur l'efficacité des prières*, qui avait fâché à jamais l'Église anglicane, tous ses évêques et tous ses fidèles. L'auteur, Sir Francis Galton, s'était imposé d'aller fouiller, sur près d'un siècle, dans les biographies des membres masculins de la famille royale britannique, afin de savoir si leurs nombreuses prières publiques avaient eu un effet. Résultat accablant : aucun effet. Dans la famille royale, on se faisait même moins vieux que le commun des mortels. S'agissant des églises, le tableau était analogue : elles étaient frappées par la foudre tout aussi souvent que les autres bâtiments. Le Dr Beckett ne pouvait s'empêcher d'arborer une mine triomphante quand il citait cet essai dans le cadre de l'hôpital.

Chaque fois que, pour le thé dans son service, il apportait des petits gâteaux, ses confrères comprenaient qu'il était d'humeur à philosopher et que, par exemple, il voulait savoir quelle image à leurs yeux, en théorie, était la plus appropriée pour symboliser l'éternité sans conscience : brouillard, vapeur, ou obscurité ? Tandis que les autres gardaient le silence, visiblement agacés – la plupart espéraient aller au paradis après leur mort –, le chirurgien de l'hôpital lui répondait que tous les sujets n'exigeaient pas d'être enjolivés.

Ce chirurgien était le seul à prendre quelque peu en considération les idées de Beckett, mais une fois dans le couloir il lui recommanda de ne pas faire la même erreur que commettait l'Église depuis des siècles : illustrer des choses et des situations dont le pauvre esprit humain ne pouvait rien connaître. Pour le jeune Beckett, un tel scepticisme envers l'intellect était incompréhensible. Il était fermement convaincu que les sciences étaient en passe de résoudre les énigmes de la vie.

Ce qu'il ignorait à l'époque, c'est que Francis Galton était un cousin de Darwin et qu'il n'éprouvait qu'enthousiasme pour les sciences modernes. Pour autant, ce Sir Francis n'avait rien contre la prière. Il priait même assez fréquemment et il estimait que, face à beaucoup d'épreuves de la vie et quand s'approchait l'ombre de la mort, les prières étaient d'un meilleur secours qu'une somme de chiffres abstraits.

Le Dr Beckett lui-même ne mit pas très longtemps à s'apercevoir, à l'hôpital, qu'en la matière les connaissances scientifiques n'aidaient en rien les malades proches de la mort. Et encore moins quand il décrivait la vie de l'individu comme n'étant plus qu'un petit point dans un grand tout continu. Avant ce petit point : l'éternité. Après : l'éternité aussi.

Lorsqu'une jolie femme de quarante-deux ans lui eut dit, la nuit où elle allait mourir, que ce qui lui était le plus douloureux c'était de n'avoir pas assez apprécié ses années de bonne santé et d'être à présent assaillie par des vagues de désespoir pour ne pouvoir plus rattraper ce qu'elle avait raté, le Dr Beckett fut d'abord attendri, puis envahi d'une telle pitié qu'il cessa de raconter des histoires sur le cycle éternel de la matière qui relie toute vie. À l'avenir il tiendrait compte du fait qu'on ne peut pas imposer le réconfort. Et surtout pas en tenant des discours de chimiste sur les atomes et les molécules et leurs transformations, sous prétexte que l'être humain n'est fait de rien d'autre.

Les discours de Beckett et leur négativité ne plurent pas non plus au chef de l'hôpital de Londres. Il était par hasard présent lorsque Beckett sortit d'une chambre de malade en pestant que ce cardiaque ferait mieux de s'ôter de la tête les affabulations bibliques, qu'il se sentirait aussitôt mieux. Qu'il devrait plutôt demander pardon aux personnes auxquelles il avait porté tort sur terre. Qu'aucune rétribution ni aucun châtiment ne l'attendait dans l'au-delà, quoi que l'Église lui eût inculqué.

Le châtiment du docteur qui s'éloignait dans le couloir ne tarda pas plus que ne traîna le patron pour rejoindre l'amphi où il donnait son cours. Comme cet anatomiste grisonnant assistait de plus en plus souvent, ces temps-là, à des discussions hérétiques de ce genre entre ses étudiants, il résolut qu'il allait donner sans plus tarder davantage d'ampleur à ses développements sur les petits os de la main et leur ingénieux fonctionnement, preuve du génie du Créateur.

Depuis des années, il demandait à ses étudiants, toujours au même moment de son cours sur l'anatomie de l'être humain, de s'imaginer qu'à l'occasion d'une promenade dans la campagne ils trouvaient une montre de gousset. Il ne faisait pas le moindre doute qu'aussitôt ils reconnaîtraient qu'il s'agissait là d'un objet construit avec intelligence. Même s'ils ignoraient tout d'un horloger, il fallait bien qu'il y ait un constructeur qui eût minutieusement réglé toutes les petites roues du mécanisme. « Messieurs, n'est-il pas évident que l'homme aussi, avec sa structure hautement spécialisée – songez seulement aux vingt-sept petits os et aux trente-trois muscles de la main, permettant à celle-ci d'exécuter les travaux les plus précis (disant cela, il claquait joyeusement des doigts) –, que donc l'homme est lui aussi l'œuvre d'un horloger ? »

C'était le moment où le professeur avait coutume de marquer une petite pause, le temps de lever les yeux de ses notes et de faire face à ses étudiants. « Je vous en prie, messieurs, appliquez donc à cette question la même démarche déductive que nous avons fréquemment adoptée au cours des derniers mois. » Ses petits yeux verts étincelaient d'enthousiasme, car il trouvait cette preuve de l'existence de Dieu élégante et irréfutable.

Mais en dépit de tels discours, le lien entre le clergé et la recherche scientifique avait commencé à se déchirer. Le temps n'était plus où tous les professeurs, à Oxford et à Cambridge, étaient encore des prêtres, qu'ils fussent zoologues, chimistes, anatomistes ou géologues. De plus en plus souvent, les chaires étaient occupées par des scientifiques qui aimaient mieux séparer le matériel du métaphysique.

De même, le Dr Beckett préférait expliquer le merveilleux fonctionnement des os de la main et l'origine des espèces en recourant non pas à un horloger, mais à Charles Darwin. Le livre portant ce nom avait paru peu de jours avant son vingtième anniversaire – le 24 novembre 1859 – et il avait été parmi les lecteurs de la première édition, épuisée en l'espace d'une semaine.

Lorsque l'étudiant en médecine, qui des années durant avait servi la messe à Westminster Abbey, comprit pour la première fois le processus de l'évolution, ces phénomènes de la nature le bouleversèrent à tel point qu'il passa des jours à se promener. Il se sentait comme un ruminant qui n'en finissait pas de digérer ce qu'il avait absorbé.

Dans les mois qui suivirent son renvoi peu glorieux de l'hôpital, le Dr Beckett se rendit chaque matin à la bibliothèque. Il lut l'*Organon de l'art de guérir* de Samuel Hahnemann et expérimenta les granules. Il lut le célèbre essai de Kant *Qu'est-ce que les Lumières ?* parce qu'il était partisan de celles-ci et ne souhaitait rien tant que de voir les hommes se libérer de leur état de mineurs sous tutelle. Mais il renonça vite à étudier Kant. Il n'avait pas la patience nécessaire. En revanche il prit plaisir à lire divers écrits sur l'athéisme et il fut ravi par la phrase qui dit « Si les chevaux avaient des dieux, ceux-ci ressembleraient à des chevaux ». Il n'y avait pas de phrase qui exprimât mieux sa position vis-à-vis du monde supraterrestre et qu'il prît davantage plaisir à citer. Il lut aussi quelques douzaines de pages de Marx, parce qu'il était affligé par l'état de ses malades dans les quartiers pauvres de Londres. Mais lire Marx, c'était encore pire que de lire Kant.

Par hasard, dans les semaines qui suivirent son renvoi de l'hôpital, Beckett fut témoin d'une conversation entre voisins où il était question d'un professeur de géologie qui se trouvait alité dans la maison d'à côté avec de graves problèmes de santé. On arrangea une visite du Dr Beckett et l'on eut la surprise de voir le malade remis rapidement en état de quitter son lit, certes en se plaignant encore, mais la nouvelle se répandit comme une traînée de poudre.

Ce professeur fut le premier patient sur lequel Beckett essaya d'une approche qu'on n'appelait pas encore psychosomatique. Le vieux monsieur avait en effet, outre des soucis que lui donnait son fils, une nette tendance à l'hypocondrie. Puisqu'il se plaignait de douleurs de part et d'autre de l'épigastre, juste sous les côtes, le Dr Beckett lui palpa plusieurs fois l'hypocondre, sans rien trouver de pathologique. Il comprit qu'il lui fallait néanmoins prendre les symptômes au sérieux et il recourut à une combinaison bien dosée de compresses et de granules, qu'il compléta par des entretiens.

Au chevet du professeur mal en point, il lui était apparu qu'entre médecin et patient il fallait qu'il y eût une alliance, et pas seulement un diagnostic. Et il découvrit qu'il était parfois judicieux de nommer une maladie, même quand il n'y en avait aucune. En la matière, dans les débuts de sa pratique, il avait fait plus d'une gaffe. Il arrivait que des dames de la bonne société fussent tout à fait décontenancées quand en s'approchant de leur lit il disait qu'il leur trouvait bonne mine, alors qu'elles étaient soulagées dès qu'il ajoutait que la langue était chargée. Il apprit ainsi qu'au lieu du vrai diagnostic – dîners trop copieux – mieux valait marmonner « appendicite ».

Avec l'argent gagné auprès de clients fortunés qui n'aimaient rien tant que des maux à leur convenance, il finançait ses visites et ses médicaments consacrés aux quartiers pauvres.

Comme le professeur de géologie bientôt rétabli avait un grand nombre d'amis, dont quelques savants de renom, le bruit courut vite que le Dr Beckett était un médecin extraordinairement doué, même s'il était encore un peu jeune.

C'est l'époque où Beckett avait commencé à se demander pour quelle raison un être humain tombait malade, et de plus en plus souvent il se risquait à poser la question aux patients eux-mêmes : « Pourquoi justement maintenant ? Qu'en pensez-vous vous-même ? » Et, plus fréquemment qu'il ne s'y était attendu, ils lui ouvraient leur cœur.

La première fois que le Dr Beckett descendit de sa voiture devant Down House, Darwin s'extirpait juste de la volière, un pot de peinture à la main. Il se cassait la tête sur le problème de la beauté, qui ne collait tout simplement pas avec le rude combat pour la vie. Comment les cerfs, avec leurs bois impressionnants mais lourds, et les paons, avec leurs longues queues magnifiques mais encombrantes, pouvaient-ils faire partie des espèces les mieux adaptées ? Pour tirer ces mystères au clair, il joua aux paons le mauvais tour consistant, avec les ciseaux d'Emma, à découper à un mâle les yeux ornant sa queue, et à regarder ensuite les dames le dédaigner. Il peignait des taches rouges sur des pigeons, pour savoir si les femelles préféraient les mâles colorés aux gris ou aux blancs, mais cela ne provoquait principalement qu'une roucoulante pagaille.

Par de telles expériences, Darwin mit le nouveau docteur dans le même état de stupéfaction que les oiseaux
auxquels il proposait des matériaux extravagants pour
construire leurs nids.

Les questions qui tourmentaient Darwin : est-ce que
la beauté était utile ? Et comment une femelle paon
sobrement vêtue de tons bruns plutôt mats pouvait-elle
être tout aussi bien adaptée à son biotope que le mâle
somptueusement coloré ?

À cela le Dr Beckett ne sut naturellement que
répondre. Mais Darwin fut heureux que son nouveau
médecin l'écoutât avec intérêt, ce qu'il ne pouvait pas
prétendre du précédent. Bien sûr, il se doutait que la
solution du problème avait à voir avec la reproduc-
tion et manifestement avec le choix de ces dames. Si
c'était le cas, on devait pouvoir prouver que la femelle
rendait honneur même au moindre changement dans
le plumage du mâle, par exemple des plumes un peu
plus longues dans la queue qu'il étalait, raison pour
laquelle elle choisissait tel prétendant et n'affichait
que mépris pour un autre. Charles n'était pas toujours
du même avis qu'elle. Bien souvent il s'étonnait de
voir de quel mâle elle appréciait la parade bruyante et
agitée et par lequel elle se laissait couvrir. Un soir, au
dîner, il déclara que, dans les volières comme ailleurs,
c'était l'œil de l'admirateur qui créait la beauté. Disant
cela, il regardait son Emma en souriant.

C'est ainsi qu'au cours de cette année 1870 le souci
des plumages avait fait de Darwin un voyeur indiscret,
mais sans que cela s'intégrât encore à sa théorie de
l'évolution ; cela ne faisait que nourrir des cauchemars
où des faisans se pavanaient en grande tenue, poussant

des cris de séduction et présentant fièrement leurs croupions et leurs plumes splendides.

Il fallut au Dr Beckett quelques semaines et une bonne douzaine de visites avant qu'il prenne toute la mesure de ces expériences. Une fois, il s'était même penché avec son patient sur une formule mathématique que Darwin manipulait en tous sens sans aboutir à rien. Beckett trouva l'erreur. Ensemble ils mirent la taille des bois des cerfs en rut en rapport avec la chance qu'ils avaient de devenir le mâle dominant – un chasseur avait fourni les chiffres –, et enfin fut démontré ce qu'il fallait démontrer, à savoir que la nature sait appâter et séduire, en faisant que l'amour et le désir laissent des traces visibles dans les plans selon lesquels se construisent les espèces.

Onze ans après la parution de *L'Origine*, il était temps : Darwin se vit obligé d'adjoindre à la sélection naturelle un deuxième moteur de l'évolution, la sexualité. Cela suscita l'approbation du Dr Beckett, le mécontentement d'Emma et la colère des évêques scandalisés, car enfin tout chrétien savait que c'était Dieu qui avait dessiné la beauté de ses créatures.

Beckett était fier d'assister au combat que menait le chercheur pour arracher ses lois à la nature. Un jour, le Dr Beckett venait à peine d'ouvrir sa trousse que Darwin lui révéla qu'il s'était enfin réconcilié avec l'idée d'élargir sa théorie. Même si l'ajout d'un mécanisme supplémentaire de sélection sexuelle venait compliquer ce que sa théorie avait jusque-là de simple, il fallait bien avouer que par là s'introduisait dans le rude et froid combat pour la survie dans la nature un élément de chaleur et de beauté, de contingent, de mystérieux et, oui, de luxe.

En tout cas, ce 5 octobre 1870, Darwin venait à peine de refermer son seau de peinture qu'il trouva le Dr Beckett debout devant lui pour la première fois. Au grand étonnement de celui-ci, il se présenta comme étant « le cadavre de Downe », dénomination qui lui parut pertinente selon la liste qu'il avait la veille dressée de ses maux à destination du docteur.

Sur le petit papier qu'il lui tendit était écrit : « Âge : 61 ans. Depuis trente ans, violentes flatulences spasmodiques, diurnes et nocturnes. Fréquents vomissements, parfois des mois durant. Ces vomissements sont précédés de frissons de fièvre, de pleurs hystériques, d'une sensation de mort imminente ou de demi-syncopes, avec en outre des urines abondantes et très pâles. Entre-temps, avant chaque vomissement et chaque libération de flatulences : sifflements d'oreilles, vertiges, troubles de la vision et points noirs devant les yeux. L'air frais me fatigue, de façon très dangereuse, il provoque les symptômes migraineux. Angoisse quand ma femme s'éloigne. En ce moment, tourmenté par la sensation que le foie se déplace plusieurs fois par jour de droite à gauche. Jusqu'ici en revenant généralement à sa place. Il arrive aussi que l'encombrement des fosses nasales provoque des maux d'estomac. Vraisemblablement du fait d'une augmentation de l'aérophagie. À ne pas omettre : furoncles et autres éruptions. »

Le cheval qui pleurait

Par cette radieuse journée d'octobre 1881 aussi, Polly s'était couchée peu avant midi en travers de l'entrée. Personne, et surtout pas lui, ne pourrait sortir par cette porte sans trébucher sur ce corps au poil clair et, avait-on presque envie de dire, bouclé. Du moins si ce quelqu'un entendait passer par l'entrée principale.

Naturellement, c'est ce que ferait Charles. Et naturellement aussi, comme tous les jours à midi, il sortirait de la salle de séjour, se couvrirait de sa cape, positionnerait son écharpe de façon à éviter si possible de prendre froid, et il serait surpris de trouver Polly couchée en travers de la porte.

Comme toujours, sa gueule était posée légèrement, très légèrement de biais sur sa patte avant gauche, ce qui donnait à son expression un je-ne-sais-quoi de tendre, voire de séducteur, et à ses yeux cerise, levés vers la haute stature de son maître, un charme absolument irrésistible. Mais, aussi bien, jamais Charles n'aurait tenté de s'y dérober. Comme chaque jour à midi, il fit semblant de trébucher sur elle, mima la plus grande surprise, sur quoi Polly fit entendre la plus belle exclamation de joie dont fût capable une voix de

71

fox-terrier. Se levant alors d'un bond, la chienne lui fit fête en sautillant autour de ses jambes.

Cette petite dame canine, ayant pris de l'âge en même temps que Charles, n'arrivait plus qu'avec peine à toucher avec ses courtes moustaches les longues moustaches de son maître, en un bref effleurement qui leur servait depuis des années à se dire bonjour. Comme Charles, avec ses soixante-douze ans, avait du mal à se pencher, et elle à sauter haut, y arriver leur procurait un plaisir auquel se mêlait, discrètement d'abord et de plus en plus, le soulagement d'être encore une fois parvenus à obtenir ce pileux contact.

Comme toujours, les yeux affectueux du fox-terrier arrachèrent à Charles, comme par réflexe, un témoignage d'amour : bouche fermée, un grognement grave et chaleureux. Et la tête un peu inclinée de côté. Il saisit sa canne et sortit dans le soleil radieux de l'automne. Aussitôt, la chienne prit le commandement, se retourna encore une fois pour s'assurer que son maître la suivait bien, et partit en courant.

La canne tintait contre les cailloux, et Charles rectifia sa façon de se tenir, comme le Dr Beckett le lui avait prescrit : « Veillez toujours, lors de vos promenades de santé, à étirer votre corps et à gonfler votre poitrine. Trois fois par jour : sortir, s'aérer, se redresser ! »

Charles aspirait à fond l'air d'automne, fleurant bon le soleil d'octobre et les premières feuilles mortes, tel qu'il planait encore sur la grande prairie devant la maison ; quant à Polly, comme il sied à un chien heureux de vivre, elle tenait sa queue en l'air. Exactement comme l'avait noté Charles dans son livre *L'Expression des émotions chez l'homme et les animaux* : « Quand un chien est de bonne humeur et trotte à grands pas élastiques en précédant son maître, il tient habituellement sa queue en l'air, mais beaucoup moins raide que lorsque l'animal est en colère. »

Il va de soi que Charles s'était aussi occupé des queues des vaches et des chevaux. Il adorait, lors de ses promenades, regarder les vaches de son voisin gambader gaiement en tenant leurs queues en l'air d'une façon qu'il trouvait comique.

Le regard fièrement dirigé vers sa Polly, avec sa queue rendue grise et ébouriffée par les années, Charles ne put s'empêcher de penser à Tommy. Il avait souvent vu son cheval, en se mettant au galop, baisser la queue pour offrir à l'air le moins de résistance possible.

« Ah, Tommy, tu me manques, vieille fripouille… » La canne tintait et Charles se mit à monologuer, comme souvent ces derniers temps. « Même si Emma ne veut pas en convenir, tu as eu les larmes aux yeux, ce jour-là. »

Polly crut entendre quelque chose, tourna la tête, vit son maître perdu dans ses pensées et regardant droit devant lui, et elle repartit au trot.

L'étalon était le dernier cheval qu'il avait monté, et qui un jour, devenu vieux, broncha, tomba et roula par-dessus son cavalier. Le brave cheval eut l'air inconsolable, peut-être avait-il entendu le craquement et la fracture des côtes dans la poitrine de Charles. Pendant que celui-ci gisait à terre et gémissait, Tommy lui donna plusieurs coups de naseaux dans la hanche, comme pour lui dire : « Relève-toi, montre-moi que tu peux marcher ! » Mais Charles ne pouvait pas, il fallut le porter jusque dans la maison et il vit de loin que

Tommy était debout dans le pré, la tête basse, et pleurait. Emma fut aux anges quand il apparut que son si cher mari n'avait rien de paralysé, mais fâchée qu'une fois de plus il ne puisse s'empêcher d'inventer des sentiments humains chez une bête. Elle n'avait pas vu de larmes.

« Ah, Emma ! Que tu ne puisses pas accepter que nous sommes tous parents ! » La canne tintait plus fort. Charles tapait sur le sol pierreux. « Oui, toi aussi tu es parente avec moi, chère Polly. »

La chienne se retourna et poussa un petit « ouaf ».

Ils marchèrent un moment en silence l'un à la suite de l'autre. Jusqu'à ce que Polly jappe et fasse ainsi s'envoler une mésange qui picorait, guillerette, dans le gravier de l'allée. Polly estimait devoir montrer aux oiseaux qu'un seul avait ici droit de passage. La mésange se dirigea vers le pommier voisin et s'y percha sur la plus basse branche. Droit de passage ou non, le *tsitsibi* de mésange qu'elle fit retentir à titre de réplique proclama que ce vieux roquet ne pouvait même pas la suivre à si modeste hauteur. Hochant sa tête à capuchon noir, elle chanta ses strophes qui se perdirent dans les chauds rayons du soleil d'automne.

Soudain la mésange parut trouble. La trottinante Polly elle aussi sembla prête à s'effacer, la queue comme bizarrement fragmentée. Charles s'immobilisa et se cramponna au pommeau de sa canne.

Les vertiges étaient de retour. Il ferma les yeux, pour se protéger de l'agression des images difformes, et s'efforça, en respirant avec application, de mettre de l'ordre dans sa tête en tumulte. Un, deux, trois. Il compta d'abord dans un sens, puis à l'envers.

Compter, additionner, soustraire, la table de multiplication, de 1 à 10 ou même au-delà selon l'humeur, c'étaient des méthodes curatives qu'il pratiquait depuis des dizaines d'années. Elles l'avaient plus d'une fois aidé quand il se sentait tout d'un coup la tête confuse.

Vingt. Vingt et un. Vingt-deux. Polly revint vers lui et lui donna un petit coup de museau sur le genou. Le cœur battait très irrégulièrement. En même temps, beaucoup trop fort. Charles sentait les pulsations dans son cou. Vingt-trois. Vingt-quatre. À vingt-sept il se rendit compte qu'il était penché en avant, piteusement appuyé sur sa canne. Il tenta prudemment de se redresser un peu. De gonfler la poitrine. Le cœur voulait davantage de place. Mais la cage thoracique se défendait contre cette tentative d'extension et restait trop étroite. Sortir, s'aérer, se redresser ! Les consignes retentissaient dans sa tête.

Lorsqu'il rouvrit les yeux, à quarante-deux, dans le jardin les animaux et les plantes avaient retrouvé leurs contours nets. Même la queue de Polly avait à nouveau la forme qui convient à un fox-terrier. Seul subsistait un petit malaise.

Les deux promeneurs se remirent en route, mais Polly n'avait plus envie de trotter devant. Réduisant l'allure, elle marchait à côté de son maître en le regardant souvent. « Ah, Polly, dit Charles, tu marches au pied ! Pourtant tu n'aimes pas ça du tout. Brave bête. »

Ils approchaient de l'endroit où une petite allée bifurquait vers la serre. Et comme toujours se manifesta la mauvaise conscience de Charles quand il était tenté d'enfreindre ce que lui demandait le Dr Beckett : de décrocher un peu, au moins pendant ses promenades de santé ! Mais enfin, dans la serre, ôter quelques petites feuilles ou donner une mouche à consommer à un droséra, cela lui faisait plaisir. Et il aurait volontiers incité le houblon à faire un petit effort pour grimper dans les temps le dernier demi-mètre jusqu'au but marqué, lui fournissant ainsi les chiffres qu'il lui fallait pour ses listes.

Lorsque Polly s'aperçut que Charles s'apprêtait à bifurquer, son corps sembla s'affaisser. Elle baissa la tête, cessa de remuer la queue, laissa tomber ses oreilles et resta la gueule entrouverte. Ses yeux devinrent mats. Charles connaissait cette expression d'extrême abattement et l'avait baptisée la « mine serre » de Polly. Cela prenait la chienne dès qu'elle voyait le corps de son maître esquisser le plus infime mouvement pour s'engager dans cette allée – parfois il faisait semblant, pour lui jouer un tour –, elle détestait devoir interrompre la promenade et attendre.

Déprimée, elle se laissa tomber à côté de la porte, car jamais il ne lui avait été permis d'entrer. Il y avait déjà des années qu'elle avait renoncé à l'implorer. Manifestement, Charles ne créditait pas la chienne de suffisamment de grâce pour qu'elle pût évoluer au milieu de tant de pots, de tiges et de bocaux recélant autant de liquides chimiques d'expérimentation et de préparation, sans provoquer un chaos. Ou alors, pour des expériences particulièrement délicates, il craignait que les résultats ne soient faussés par quelques poils de chien.

Charles entra et arrosa un petit semis de fèves de différents âges, qui étaient à son service ces semaines-là. Il tira de la terre une jeune pousse, la rinça soigneusement et, après l'avoir essuyée avec un torchon, la plongea dans l'esprit-de-sel. Lors de sa séance de travail de l'après-midi, à partir de quatre heures et demie, il l'examinerait à la loupe et la comparerait à la fève adulte que le matin même, dans sa séance habituelle de huit heures à neuf heures et demie, il avait disséquée. Ou plus exactement ses racines, car depuis quelque temps les recherches de Charles portaient sur la sensibilité des pointes de racines. Ou plutôt sur la sensibilité géotropique des extrémités de racines.

« Je finirai bien par vous avoir », murmura-t-il en refermant le bocal plein d'âcre esprit-de-sel. Cela faisait quelque temps déjà qu'il avait formulé la thèse selon laquelle les extrémités des racines fonctionnaient comme le cerveau des animaux inférieurs et, par conséquent, c'était leur tête que les plantes enfonçaient dans le sol. Il était convaincu que là se trouvait l'organe percevant la pesanteur.

« Espérons que je vivrai encore l'issue de ces expériences », dit-il à voix basse. Localiser l'organe était une chose, mais il restait à comprendre comment les plantes s'y prenaient pour pousser verticalement sur les pentes les plus abruptes. Donc comment elles cherchaient et trouvaient le centre de la terre, pour enfoncer leurs racines dans le sol en succombant à l'attirance de la pesanteur et, en sens inverse, pour dresser en l'air leurs tiges et leurs feuilles. Et tout ça sans muscles.

Depuis des semaines, il observait les radicelles de fèves qu'il avait amputées de leurs extrémités. Et pour en rajouter encore à ce mauvais traitement, il avait fait construire un dispositif permettant de suspendre les pots basculés à 180°. Autrement dit : en plus de leurs lésions, les fèves avaient encore à surmonter une position incongrue et vertigineuse. Seraient-elles néanmoins capables de retrouver la verticale ? Les extrémités lésées possédaient-elles le don de guérir entièrement et de récupérer leur sens de l'orientation ? Ou bien allaient-elles errer dans la terre, désemparées, sans plus savoir où étaient le haut et le bas, et finiraient-elles par crever lamentablement ?

Charles reposa le bocal contenant la fève préparée sur la table près de la porte, pour l'avoir à sa portée plus tard, s'essuya les mains à un torchon et sortit, perdu dans ses pensées.

Polly se leva d'un bond et retrouva instantanément l'attitude à la fois joyeuse et digne qu'elle avait adoptée au début de la promenade, qu'ils reprirent donc. Ils laissèrent sur leur droite le jardin aux fines herbes et saluèrent au passage l'aide-cuisinière qui s'occupait d'une touffe de menthe poivrée, faisant ainsi espérer à Charles qu'il y aurait au lunch de l'agneau à la menthe.

Ils n'avaient fait que quelques pas de plus lorsque Charles se retourna : « Dites-moi, chère Mary, avez-vous déjà pu remarquer que les escargots s'en prenaient à votre menthe ? Ou bien s'en tiennent-ils à vos salades ? »

Mary prit un air embarrassé, ne sachant trop si Charles l'ignorait vraiment ou s'il la mettait à l'épreuve. « Autant que je sache, les escargots n'aiment pas la menthe, en tout cas tant qu'il y a de bonnes feuilles de salade, répondit-elle aimablement. Mais de toute manière nous avons fait une décoction de marc de café qui arrête les escargots. » Elle s'empressa d'ajouter : « J'espère que vous n'y voyez pas d'inconvénient. »

Après toutes ses années à Down House, Mary ne pouvait pas ignorer que Mr Darwin prenait souvent parti pour les animaux, même quand ils avaient fait des dégâts. Dans ses plaidoyers, il soulignait régulièrement que les animaux ne faisaient que suivre leurs instincts et se comporter comme la nature le leur avait appris au cours de l'évolution.

Charles approuva Mary d'un hochement de tête, la salua en portant un doigt à son chapeau et repartit. Le jardinier l'avait vu approcher de loin, et s'en réjouissait. Dans ses premières années de service, il n'avait parlé que lorsqu'on l'interrogeait, et encore timidement et brièvement. Mais en prenant de l'âge comme son patron, il osait de plus en plus souvent faire spontanément des remarques quand elles lui semblaient essentielles pour les publications de Darwin en botanique.

Il n'était donc pas rare qu'à l'heure des promenades de santé, qu'il connaissait bien, il se tînt à proximité de leur itinéraire et s'apprêtât à intervenir. Si Darwin avait l'air de réfléchir, le jardinier le laissait aller son chemin. Si Darwin le regardait franchement, il osait dire ce qu'il avait à dire. Les deux hommes connaissaient bien ce jeu entre eux.

Le déblocage de cette communication d'abord restreinte avait été obtenu par Darwin lorsqu'il avait parlé au jardinier du comportement nocturne de son plant de houblon, qu'il avait installé pour quelques semaines près de son lit, dans une boîte à biscuits. Il avait auparavant déjà établi quelle était la vitesse de croissance du houblon pendant le jour – deux heures et huit minutes pour faire un tour du support, avec des écarts minimes – et il voulait maintenant mesurer la vitesse qu'adoptait la plante dans l'obscurité totale pour s'enrouler autour de son bâton.

Lors de cette conversation avec le jardinier, il lui avait de surcroît révélé que sa prochaine expérience consisterait à suspendre des poids au plant de houblon, pour découvrir à partir de quelle charge le végétal abandonnerait, renonçant à bouger. Les descriptions précises de Darwin, de la façon dont il attachait les fils, pesait les poids, notait les mouvements, impressionnèrent le jardinier au point que son respect pour le célèbre naturaliste se mua tout d'un coup en dévotion.

Emma trouva pour sa part que ce jardinier autrefois si discret avait désormais lui-même adopté des caractéristiques de plante grimpante, car du moment où il avait l'impression que son interlocuteur s'intéressait à des sujets de botanique, on ne pouvait plus s'en dépatouiller. Quelques mots aimables, et vous risquiez de vous retrouver empêtré dans des exposés foisonnants sur la flore grimpante. Il distinguait aisément, désormais, ce qui s'appuyait de ce qui s'accrochait ou s'enroulait, et recommandait à tout voisin ou visiteur l'ouvrage de son employeur, *Les Mouvements et les modes de vie des plantes grimpantes*, que lui-même avait déjà lu plusieurs fois. Il avait couvert son exemplaire et n'était pas peu fier de la dédicace : « Au fidèle jardinier de Down House et amateur de *Clematis montana* et de *Humulus lupulus*, qui n'a cessé d'apporter à l'auteur ses conseils et son aide, Ch. Darwin, 1867. »

Lorsque Darwin approcha avec Polly, le jardinier nota une pâleur spectrale et un regard absent. Il se retira derrière un troène.

Près du grand bouleau, là où l'allée faisait presque un angle droit, Polly lâcha quelques gouttes sur une pierre en regardant son maître du coin de l'œil. Même après des années, Charles avait du mal à se faire à cette habitude qu'elle avait. Pour lui, cette pierre était sacrée. Car ce n'était rien de moins que la sépulture de Tommy, délibérément située près de la haie de troènes, là où le cheval avait coutume d'accélérer et de prendre le galop.

Polly prit l'air un peu contrit, comprenant bien sûr le léger grognement qu'elle provoquait chaque fois chez Charles. Mais elle ne pouvait faire autrement. Toute guillerette, elle dépassa son maître. Il remarqua chez elle un léger boitillement, une petite dissymétrie dans la façon de poser les pattes, et il ne put s'empêcher de penser à son père et à son frère. Les douleurs de la hanche étaient monnaie courante. Lui-même marchait avec une canne, depuis quelques mois.

Tandis que Polly ralentissait pour laisser Charles la rattraper, il sentit qu'il avait avec elle un lien non seulement d'amitié, mais anatomique. Le plan de construction commun pouvait tout à fait aboutir à ce que chez tous les apparentés il y ait frottement entre la tête du fémur et la cavité cotyloïde. Une sale affaire.

Le déicide

Lorsque la voiture du Dr Beckett s'arrêta devant Down House, Polly aboya d'enthousiasme. Elle exprimait là en même temps la joie qu'éprouvait Charles, qui était étendu sur sa chaise longue dans son laboratoire et agitait, toutes les deux ou trois minutes, une éprouvette contenant du carbonate d'ammonium et un extrait d'extrémité de racine de fève. Une fois entré – accompagné par Joseph, qui lui prit son manteau et se retira aussitôt en s'inclinant discrètement –, le Dr Beckett se fit brièvement expliquer quel effet était censée produire cette manipulation. Mais Darwin remarqua tout de suite que son docteur, si curieux d'habitude, avait la tête ailleurs. D'autant plus qu'à sa dernière visite, Beckett s'était dit très intéressé par la suite de cette expérimentation sur les racines. Cet intérêt semblait s'être volatilisé. Du coup, Darwin fut plus laconique.

Le Dr Beckett posa comme d'habitude sa trousse sur la petite table en acajou près de la chaise longue, elle était exactement à la distance et à la hauteur qu'il fallait pour attraper facilement les instruments en cours d'examen et permettre aussi à Darwin de suivre très précisément ses gestes.

Le médecin se passa la main dans les cheveux, mit ses lunettes et plissa le nez jusqu'à ce qu'elles soient bien en place, puis feuilleta son petit bloc-notes, mais sans le consulter. Au lieu de cela, il dit un peu malicieusement : « Au fait, j'ai été appelé auprès d'un nouveau patient. Cela pourrait peut-être vous intéresser. »

Darwin fut réconforté, car c'était donc pour cela qu'on se désintéressait de ses expériences, et il espérait bien stimuler le docteur un peu plus tard en lui faisant un petit résumé de ses résultats.

« Ne faites pas de mystères. Allez, je vous écoute…

— Le secret médical m'empêche naturellement d'en dire trop. Mais révéler le nom de cet homme ne nuira à personne. Eh bien, ce nouveau patient s'appelle Marx. Karl Marx. En avez-vous déjà entendu parler ? »

Darwin se redressa sur sa chaise longue, se plaignit au passage d'une vive douleur à la hanche, agita deux fois énergiquement son éprouvette, et dit :

« Écoutez, cher Beckett, certes vous m'avez connu en éleveur de pigeons, et maintenant vous me surprenez agitant des bouts de racines. Mais je ne suis pas pour autant analphabète, concernant les aspects économiques de notre existence. Vous devriez le savoir, en fait. »

Il se mit un instant l'éprouvette sous le nez.

« Mais j'y pense : nous avons récemment parlé de la Bourse. Mes placements se portent très bien. Je vous avais recommandé d'acheter le plus vite possible une part des mêmes actions ferroviaires. Au cas où vous ne l'auriez pas encore fait, dépêchez-vous ! Le rendement est plus que satisfaisant.

— Oh, vous savez, les spéculations boursières ne sont pas trop de mon goût. Je préfère exiger des honoraires exorbitants pour mes visites, en particulier chez des patients célèbres. »

Le Dr Beckett riait en plissant le nez. Darwin lui avait déjà plusieurs fois fait remarquer qu'à son avis ses notes d'honoraires étaient trop modiques et correspondaient à un tarif horaire qu'il lui avait calculé et qui était ridicule. D'un petit geste de la main, il passa à autre chose :

« Revenons à Mr Marx. Bien sûr que j'ai déjà souvent lu son nom. Néanmoins, cela fait un moment qu'il n'est plus question de lui dans le *Times*. On dirait qu'un certain silence se fait à son sujet. Et puisque vous avez été appelé chez lui : il est malade ? »

Mais Darwin n'attendit pas la réponse et poursuivit :

« On raconte que la reine n'est pas particulièrement heureuse d'avoir cet agitateur dans son pays. Malgré tout, Mr Marx semble avoir mis au monde quelques concepts qui fournissent aux leaders ouvriers, aux portes des usines, des munitions explosives. Il devrait, avec ça, s'estimer heureux que le gouvernement anglais autorise tout exilé politique à résider ici sans être inquiété. »

Il agita l'extrait de racines et y jeta un coup d'œil. Beckett répondit :

« Mr Marx est certainement fort heureux d'avoir le droit de vivre ici. J'ai appris de sa gouvernante quelle calamité ce dut être de fuir sans cesse avec armes et bagages, et surtout avec de jeunes enfants souvent malades. Mais même si Londres est un paradis par rapport aux cachots prussiens qui l'attendaient, vous pouvez être sûr qu'il est ici sous surveillance.

Vous ne croyez tout de même pas que Bismarck ait négligé de demander la coopération administrative de notre gouvernement ? Dans ce genre d'affaires, tous les pouvoirs se mettent d'accord, qu'importe qu'ils soient conservateurs ou libéraux. Les Allemands ont contre les socialistes des lois rigoureuses qui leur permettent de sévir contre quiconque est plus à gauche que l'empereur Guillaume.

— Eh bien, qu'en pensez-vous, des socialistes ?

— À dire vrai, je suis partagé. D'un côté j'ai pour eux beaucoup de sympathie, de l'autre l'idée d'une révolution me fait horreur. C'est vrai que je lis Charles Dickens avec émotion et que je souhaite à David Copperfield d'avoir du pain, des chaussettes et un lit. Mais faut-il pour autant qu'il y ait une révolution ? Je préférerais des réformes. »

Beckett s'accrocha son stéthoscope autour du cou, puis reprit :

« Seulement, l'espionnage, je trouve ça abject. Je sais maintenant que tous les envois postaux adressés à des exilés de gauche sont interceptés et exploités. Peut-être l'occasion se présentera-t-elle bientôt de parler de cela avec Marx lui-même. Et puis j'aimerais bien apprendre de sa bouche quand, et surtout où, il attend la révolution. Mais bien sûr je ne lui en parlerai que lorsqu'il aura repris des forces. »

Darwin avait précédemment ressenti une petite attaque visant son sens des affaires et il jugea bon de tirer la chose au clair. « Si mes activités boursières devaient laisser planer un doute... je ne suis pas un capitaliste au cœur sec. Je suis absolument pour aider les pauvres. Et pour payer des salaires décents. Mais ce communisme... » Il se gratta la barbe, comme parfois quand il n'avait pas fini de penser ses phrases. « Je vois que la diversité des êtres humains, tout comme celle des orchidées ou des pinsons, est manifestement très grande. Et je crains qu'elle ne soit trop grande pour les mettre tous à égalité. Je crois que le directeur du *Times* a mis dans le mille lorsqu'il a écrit que les analyses que Marx faisait de l'état des choses étaient pertinentes, pour autant qu'on les comprît, mais que la solution proposée n'était pas la bonne. Que c'est par la voie parlementaire qu'il faut mettre un terme à l'exploitation des travailleurs, et non par une révolution sanglante. De toute façon, je ne peux pas supporter de voir rouler les têtes. À qui qu'elles aient appartenu l'instant d'avant. Il y a d'autres possibilités que la guillotine et la victoire du prolétariat pour assurer aux pauvres de meilleures conditions de vie. »

Darwin s'était mis à haleter, pour un peu il aurait oublié d'agiter son éprouvette.

Voyant cela, et la pâleur de son patient, le Dr Beckett ne voulut pas relancer la discussion politique. En outre, il lui tardait de raconter autre chose. D'un air une fois de plus malicieux, il dit :

« Figurez-vous que dans son bureau trône votre livre ! Enfin, il ne trône pas vraiment, on dirait plutôt qu'il gît. Il est, comment le dire autrement ? en piètre état. Des bouts de papier en dépassent en beaucoup d'endroits. Visiblement, Marx l'a lu de très près. Ou, plus exactement, on dirait qu'il s'est battu avec ce qu'il contient. En tout cas, cela a laissé des blessures de toutes sortes. Et pour certaines pages, le combat a connu une issue mortelle. »

Un sourire flotta sur le visage de Darwin.

« Et lequel de mes livres ?

— Oh, sûrement pas celui sur les orchidées. Mais qui sait, peut-être qu'il l'a lu aussi. Marx semble dévorer les livres. Je parlais, naturellement, de *L'Origine des espèces.* »

Le Dr Beckett observa Darwin avec curiosité. Mais il n'avait pas l'air autrement surpris et, de la main tenant l'éprouvette, il eut un geste en direction de la bibliothèque. « Retournez-vous donc un peu, je vous prie, et regardez quels livres se trouvent là. »

Le Dr Beckett se déplaça et parcourut du regard tous ces dos de reliures.

« Non, plus à gauche. Encore plus. Au rayon d'en dessous. Oui, là. Non, encore un peu plus à gauche. Vous y êtes, juste devant vous, le livre vert. »

Le Dr Beckett dut plisser deux fois le nez pour remonter ses lunettes, car penché comme il était on lisait difficilement à travers les reflets de la vitre. Il épela presque : « Karl… Marx… Le… Capital. Ah, vous, alors ! Je peux le prendre ?

— Mais bien sûr. »

Beckett ouvrit la porte vitrée et se saisit du volume, l'ouvrit et lut à haute voix la surprenante dédicace : « À Mr Charles Darwin, d'un sincère admirateur. Karl Marx, Londres, 16 juin 1873. » Et le docteur remarqua immédiatement que seules les premières pages avaient été coupées. « Vous n'êtes pas allé très loin dans votre lecture !

— C'est de l'allemand ! Et ses phrases sont encore plus longues et plus hermétiques que le latin, qui me mettait déjà au supplice comme lycéen. »

Darwin ajouta quelques grognements de mépris en s'ébrouant sur sa chaise longue – et en agitant son éprouvette du même coup –, comme s'il trouvait cette prose non seulement maladroite mais épouvantable.

Le Dr Beckett ne tarda pas à en rajouter : « Je puis vous assurer qu'en anglais non plus on ne comprend pas. Parce que entre-temps ça a été traduit. Vu les circonstances, j'ai tenté la nuit dernière de me remettre à la lecture de ce pavé. Terrible, ça a été terrible. J'aimerais dire à l'héroïque traducteur combien je le plains. Et lui offrir de surcroît une très bonne bouteille de whisky. Ce travail a dû être l'enfer.

— Espérons qu'il s'agit d'un fidèle adepte de la doctrine communiste, qui a été heureux de servir la révolution.

— Même pour un communiste, l'épreuve de ce latin marxiste n'a pu être qu'un supplice.

— La traduction en général est un sujet épineux, dit Darwin rasséréné. Je parle en connaissance de cause. Et je puis vous assurer qu'à chaque nouveau livre je passe des nuits blanches à me demander quel traducteur l'éditeur envisage de prendre. Imaginez que le travail soit fait par un homme qui n'a pas le moindre intérêt pour le pollen des fleurs ni pour les cirripèdes ! Quelle horreur ! Et surtout – quelle source d'erreurs ! »

Lorsque Beckett eut remis *Le Capital* à sa place, il passa la main sur le dos de ce livre au titre doré. « Je me demande sérieusement si mon incompréhension tient à l'insuffisance de mes connaissances ou bien à celle de l'auteur dans le maniement de la langue. Jusque tard dans la nuit j'ai cherché un passage intéressant dont j'aurais pu lui parler. Car pour poser une question digne de ce nom, encore faut-il avoir compris quelque chose.

— Bah ! Cela a peut-être aussi son bon côté. Si personne ne le comprend, ses propos pourraient plus facilement faire pschitt ! Aussi bien, ce style nous épargnera la révolution. En tout cas, je vous plains de tout cœur.

— Merci. Vers une heure et demie du matin, j'étais tenté de flanquer le livre dans un coin. Ce qui m'a surtout rendu furieux, c'est que Marx prétend dans sa préface qu'il a voulu formuler les choses de façon accessible au grand public, sinon ç'aurait été difficilement compréhensible. Et aussitôt après, ça démarre. Dès les premières pages la forme de la valeur, la grandeur de la valeur et la substance de la valeur ont fait plus que m'énerver. J'ai essayé de me faire des petits papiers où j'écrivais, avec mes mots à moi, des définitions : au bout de quelques phrases, elles s'effondraient comme des châteaux de cartes.

— Pauvre de vous.

— Vous vous moquez de moi.

— Jamais de la vie. Je vois seulement que j'ai été bien inspiré en ne coupant pas davantage de pages.

— Quand finalement, épuisé par les accumulations de capital et les expropriations, je me suis écroulé sur mon lit, je n'arrivais plus à m'endormir. En prenant mon thé ce matin, j'avais encore la tête qui me tournait, je me sentais comme un homme qui a acheté un éléphant et qui ne sait pas quoi en faire. »

Darwin se mit à rire, et en même temps lâcha un petit pet dont il eut honte. Le docteur fit poliment comme si de rien n'était, mais cela lui rappela ce qu'il avait à faire. Ouvrant enfin son bloc-notes, il parcourut ce qu'il avait écrit à sa précédente visite et demanda :

« Le médicament pour le cœur a-t-il déjà fait son effet ? Laissez-moi vous prendre le pouls. »

L'air concentré, il compta et palpa plus longuement que d'habitude. Ce qui inquiéta Darwin. Le Dr Beckett modifia plusieurs fois la position de ses doigts, recommença. Il tenait le poignet, devenu mince et osseux, avec autant de précaution que s'il allait se casser. Darwin s'estima autorisé à demander si quelque chose n'allait pas. Et ajouta que sa vieille ennemie était à nouveau là.

« Vous parlez de la nausée ?

— Elle aussi. Mais je veux parler de l'oppression. Cette nuit j'ai eu la sensation que mon cœur n'avait pas assez de place là où il se trouve et que, peu à peu, il descendait. J'ai beau savoir, bien sûr, que c'est anatomiquement impossible, cette sensation s'impose. Elle est plus forte que moi dès que je me réveille, en pleine nuit, si bien que je suis forcé de me demander si tout de même ce ne serait pas possible.

— Sentiez-vous en même temps d'autres choses qui n'allaient pas ? Des pulsations irrégulières ? Des douleurs ? Des à-coups ?

— Oui. Hélas. Mon cœur ne descend pas tranquillement. Il descend avec agitation. Le reste de mon corps aussi est agité. Cette nuit, je sentais vibrer mes cordons nerveux comme des cordes de violon. Comment voulez-vous qu'on dorme, avec ça ? »

Pendant qu'il en parlait, le cœur de Darwin se mit à galoper. Une fois au galop il se mit à trébucher, Darwin mit brièvement sa main gauche dans sa barbe. Sotte habitude, au lieu de mettre la main à gauche sur sa poitrine, à l'endroit où il percevait la rumeur des gros vaisseaux. Au cours de ses insomnies, il avait l'impression que son cœur commençait par faire mousser son sang avant de le lâcher hors des ventricules. Il voyait alors de l'écume rose, menaçante en dépit de sa couleur tendre. Darwin savait pourquoi il avait abandonné ses études de médecine, à l'époque. De telles visions de l'intérieur du corps l'auraient empêché d'être médecin.

« Votre pouls est à nouveau beaucoup trop rapide. Nous allons apaiser un peu votre cœur et vos nerfs. Je vais vous donner un médicament qui vous calmera. »

Darwin fut d'accord, comme toujours. « Est-ce que vous pourriez encore, aujourd'hui, me donner aussi quelque chose pour ces douleurs de l'intestin ? En plus, je crains que la bile ne recommence à s'accumuler et ne me digère les entrailles au lieu de la nourriture. »

Le Dr Beckett attendit que Darwin, ménageant sa hanche, se soit lentement étendu, et il lui palpa l'abdomen. Il ne trouva rien d'inquiétant. « Il s'agit juste de vos flatulences habituelles. Vous devriez veiller à vous coucher à plat ou bien à vous tenir assis bien droit. Alors les flux digestifs pourront s'écouler tranquillement. »

Le Dr Beckett versa un peu d'eau de la carafe dans le verre posé sur le bureau, tira de sa trousse un flacon d'où il préleva avec une pipette quelques gouttes qu'il mélangea à l'eau. Darwin but sans poser de question. Puis le médecin tira la sonnette, sur quoi Joseph apparut aussitôt. La main encore sur la poignée de porte qui grinçait, le majordome en s'inclinant légèrement demanda ce qu'il pouvait faire. Le docteur lui demanda une tasse de lait chaud avec un peu de brandy.

À peine Joseph fut-il ressorti que Beckett dit : « Vous avez besoin, dans les jours qui viennent, d'un peu plus de calme que d'habitude. J'en parlerai tout à l'heure à Joseph, il fera le nécessaire. Si je puis vous conseiller une chose, renoncez aujourd'hui et demain à vos séances de travail de l'après-midi. Il serait meilleur pour votre santé que vous vous livriez à vos expériences uniquement le matin et qu'ensuite vous restiez tranquille. »

Pendant que le docteur inscrivait dans son bloc-notes les médicaments et leurs doses, Darwin dit laconiquement :

« Je n'en ai plus pour longtemps. »

Beckett se mordit la lèvre, saisit la couverture en cachemire, la plia dans sa longueur et en couvrit le vieil homme presque avec tendresse.

« C'est bien ce que vous pensez aussi ?

— Non. Vous êtes seulement souffrant. Votre vie n'est pas en danger. »

Darwin tortillait de la main gauche une mèche de sa barbe.

« Emma est inconsolable parce qu'elle pense que par mon incroyance j'ai compromis notre vie éternelle commune. Je supporte mal de la voir en souffrir à ce point. Elle espère ardemment que je vais finir par changer de sentiment. Dieu, me dit-elle toujours, me pardonnerait même à la dernière seconde, si ma conversion était sérieuse.

— Et, par amour pour elle, vous pencheriez encore une fois vers votre foi de jadis ?

— Feriez-vous ça, vous ? Ce serait de la tromperie, car il me faudrait faire semblant devant Emma. Et aussi devant notre prêtre, Thomas Goodwill, que

93

j'apprécie comme ami, vous le savez. En outre, ils s'apercevraient tous les deux, de toute façon, que je joue la comédie pour avoir la paix. Je suis un très mauvais comédien.

— Je n'en ferais rien non plus, à votre place. »

Darwin sortit sa main de la couverture et la tendit, Beckett n'hésita pas une seconde à la saisir.

« Vous savez, dit Darwin, ce qui est plus que regrettable, c'est que tous deux nous nions, mais qu'après cela nous sommes incapables de donner des réponses satisfaisantes. Mon père, un grand médecin, il faut le dire, et vous n'êtes pas sans lui ressembler – je ne veux pas dire physiquement... » Darwin revoyait en souriant Monsieur son père, pesant ses trois cents livres et mesurant deux mètres ou presque. « Je veux dire dans votre façon de soigner, de parler avec les patients. Eh bien, mon père disait, quelques mois avant sa mort, qu'à son âge avancé il constatait chez lui, à sa grande surprise, des élans dignes d'un enfant.

— Qu'entendait-il par là ?

— Apparemment, en avançant en âge, il éprouvait un besoin de plus en plus impérieux, que nous connaissons chez les enfants, le besoin d'explications. Lorsque les nôtres étaient encore petits, cela m'a souvent amusé, parce que tout ce qu'ils voyaient dans le monde devait absolument avoir un sens et une utilité. Les singes, par exemple, étaient faits pour le zoo. Le soleil, pour donner de la lumière aux hommes. L'herbe, pour que les bêtes aient quelque chose à manger. »

Darwin pencha la tête, puis il regarda le Dr Beckett droit dans les yeux et reprit :

94

« Et vous savez quoi, cher Beckett ? Il y a pas mal de temps que je constate aussi chez moi ce désir enfantin d'avoir des explications. Les travaux que je m'impose me laissent de plus en plus souvent le pénible sentiment qu'ils sont incomplets. Toute ma vie j'ai rassemblé des faits en grande quantité, en soumettant la nature à des découpages, des démontages, des dépiéçages à n'en plus finir. Minutieux à m'en brûler les yeux. J'ai demandé au menuisier de me faire des petits reposoirs en bois pour appuyer mes mains, parce que après des mois passés au microscope j'avais si mal aux poignets que je craignais de rester paralysé… Ce que je voudrais dire, c'est qu'à ce régime le monde pour moi n'a plus été fait que de fragments.

— Mais de tout cela vous avez tiré une théorie grandiose… »

Le Dr Beckett n'en dit pas plus, se rappelant qu'il s'était promis d'écouter. Il alla prendre le tabouret qui était derrière le bureau et vint s'asseoir à côté de la chaise longue, ce qui encouragea Darwin à poursuivre.

« J'ai le sentiment que mes connaissances sont de plus en plus lacunaires, plus je bouche de petits trous dans le savoir. Cela fait des jours que j'agite ces éprouvettes, et à peine ai-je noté un résultat chiffré qu'aussitôt je me sens comme brandissant une fourchette à gâteau pour explorer une meule de foin. »

Ses yeux se fermaient, ce que le docteur nota avec satisfaction. Il en profita pour regarder le malade plus attentivement. Son crâne chauve était d'une teinte blanchâtre effrayante. Trois rides horizontales barraient le front. Les yeux, petits, étaient enfoncés. Les lèvres étaient minces, leur expression triste. La moustache était taillée strictement. La barbe blanche, descendant maintenant jusque sur la poitrine, camouflait les joues hâves.

« Ces temps derniers, il m'arrive de plus en plus souvent de penser à Wilberforce. Vous vous souvenez encore de cet évêque ? »

Darwin rouvrait les yeux.

« Qui pourrait oublier ce chien méchant ? Dieu ait son âme ! Lorsqu'il s'est tué dans un accident de cheval, j'avoue qu'à l'époque j'en ai ri sous cape. On ne devrait pas dire ça, quand on a prêté le serment d'Hippocrate. Ni même le penser. Mais pour ce vociférateur haineux, avec la meilleure volonté je ne pouvais pas éprouver d'indulgence.

— Beckett, vous êtes un mauvais garçon. Au demeurant, Wilberforce n'a pas fait son travail si mal que ça. En sa qualité d'évêque d'Oxford, il a fait ce que l'Église exigeait de lui, défendre la Bible du bec et des ongles contre la théorie de l'évolution. Sa tâche était d'empêcher par tous les moyens que l'Église perde le contrôle de la science. Je suis assurément le dernier à avoir envie de le blanchir. Mais je dois dire que son habileté était impressionnante… Au fait, c'est lui qui a lourdement insisté auprès de la reine pour qu'elle ne m'anoblisse pas. Vous le saviez ?

— Non, mais ça ne m'étonne pas. Dommage, j'aurais pris plaisir à vous appeler "Sir". »

Le docteur esquissa une révérence, et Darwin rit.

« Je repense à une phrase qui, si malveillante fût-elle, m'a tout de même touché au vif. Wilberforce se déchaînait une fois de plus contre moi dans un de ses ineffables prêches. Disant que je partais en guerre contre les Saintes Écritures en brandissant quelques vieux ossements et des arêtes pourries. Et puis, forçant sa voix, il cria : "Quel homme peut croire, s'il a toute sa tête, que des variétés de betteraves privilégiées tendraient à donner des êtres humains ?" »

Ayant cherché à imiter l'évêque, Darwin eut besoin de reprendre son souffle avant de poursuivre :

« Naturellement, avec de telles formules, Wilberforce mettait d'emblée les rieurs de son côté. Ce qui m'a aussi impressionné, c'est qu'en parlant ainsi, non seulement il accomplissait sa mission pastorale et défendait la Bible, mais cela frayait la voie à une offense extrêmement grave. Il exprimait là l'énorme humiliation infligée à la conscience que les humains ont d'eux-mêmes. Car l'homme, joyau de la création l'instant d'avant, se voyait ravalé et repoussé dans le règne animal, voire dans celui des végétaux sans conscience. Et je dois avouer que le sentiment qui sous-tendait ce discours de démagogue, j'ai toujours pu le comprendre mieux que ne le croyaient mes partisans. »

Le Dr Beckett s'imposa de garder le silence, ce qui, sur un sujet pareil, ne lui était pas facile. Mais il voulait laisser son patient exprimer tout ce qu'il avait sur le cœur. Pour ensuite trouver le calme, du moins pouvait-on l'espérer.

Darwin prit sa respiration. « De fait, l'idée d'avoir été créés directement par la main de Dieu est plus flatteuse que celle d'un cheminement follement long et compliqué, partant des unicellulaires et passant par les betteraves – pour rester dans la même image. L'homme peut trouver parfaitement insultant de n'être que le résultat d'une série de hasards. Tout comme la fève dont j'ai encore l'odeur sur les mains. Au fait, où avez-vous mis mon éprouvette ? »

Beckett montra la table, Darwin approuva d'un petit signe de tête. Entra alors Joseph, apportant sur une tablette d'argent la tasse de lait au brandy. Le docteur se chargea de la prendre et dit : « Vous devriez vous redresser à nouveau, Mr Darwin. Cela ferait du bien à votre estomac. »

Darwin s'exécuta docilement. À peine eut-il bu qu'il s'essuya la barbe et murmura : « Que le plus important moteur de l'évolution soit précisément le hasard, ce n'est pas satisfaisant. Bien que je ne doute pas une seconde que c'est bien le cas, moi-même je n'aime pas cette absence de finalité. Notre vie prend, du coup, ce petit arrière-goût désagréable d'une chose que personne n'a voulue. La terre, un gigantesque casino où la nature tantôt tire de bons numéros, tantôt rate son coup. Ressentir la vie de cette façon, rares sont les gens qui savent l'apprécier. »

Il marqua une pause, puis ajouta que, pour ne pas compromettre l'expérience en cours, il faudrait encore qu'il relève quelques mesures dans l'après-midi. Mais qu'il promettait de ne pas abuser.

Lorsque le Dr Beckett se leva pour prendre congé, Darwin dit : « J'ai peur de rester dans les livres d'histoire comme un déicide. Pour porter cette accusation, les dignitaires de toutes les Églises tombent d'accord, même si par ailleurs ils ne peuvent pas se voir. Catholiques, musulmans, anglicans, protestants, juifs, pas un ne veut que soit contesté le conte merveilleux de la création. » Il se mit à tousser, luttant comme d'habitude contre la sensation que le lait lui engluait le gosier.

« Je puis vous prédire qu'au siècle qui vient vous serez célébré comme le héros qui a arraché la science aux griffes des Églises. » Sur ces mots, le Dr Beckett prit congé et promit de revenir le lendemain.

Dans le couloir il trouva Joseph et lui demanda de veiller à ce que le patient se repose longuement et, autant que possible, ne touche pas aux montagnes de courrier.

« Que ferions-nous sans vous, docteur ! En ce moment, nous nous faisons beaucoup de souci.

— Nous n'en sommes pas là.

— Je crains que Mrs Darwin, dit Joseph en baissant la voix, ne manifeste pas ces jours-ci sa sollicitude habituelle. Maintenant que Mrs Darwin est hantée par la peur que Mr Darwin meure bientôt, elle l'accuse ouvertement d'avoir trahi Dieu. Cette dissension en matière de foi, entre les deux, est bien regrettable.

— Oui, je sais. Et comme Mrs Darwin n'est pas seule sur terre à lui en vouloir pour cela, Mr Darwin sent peser sur lui les accusations de millions de personnes.

— Savez-vous, au fait, qu'au départ Mr Darwin voulait devenir prêtre ? »

Joseph avait dit cela en baissant les yeux, se demandant s'il n'avait pas tort d'aborder un tel sujet avec le médecin.

« J'ignorais. Je vous remercie pour cette information.

— Je ne le sais que depuis peu. C'est Mrs Darwin qui me l'a raconté, lorsqu'elle m'a parlé du souci qu'elle se fait. Elle ne cache pas qu'elle aurait préféré une carrière ecclésiastique. »

Pour Joseph aussi, c'eût été le paradis. Il avait trop souvent vu son maître dans un état inquiétant, il lui aurait souhaité une vie plus facile.

Le Dr Beckett, ôtant ses lunettes et les mettant dans leur étui, dit : « En vérité, Mr Darwin pourrait tirer de sa vie un bilan monumental. Mais un homme comme lui ne voit pas seulement ses succès, il s'en veut de tout ce qui aurait pu mieux marcher. »

Joseph s'efforçait de garder les mains derrière son dos, sans bien y parvenir. « Oui, Mr Darwin ne veut jamais faire de tort à personne. Il voudrait à la fois avoir raison et n'avoir que des amis.

— C'est ça. Au revoir, Joseph, à demain. Je dois aller à présent voir un patient en ville qui est dans un état analogue. Peut-être serait-ce bien qu'ils se rencontrent.

— Que voulez-vous dire ?

— Il y a entre eux une ressemblance frappante, sur certaines choses. Même s'ils sont très différents l'un de l'autre.

— Je ne comprends pas bien.

— Ah, qu'est-ce que je raconte ?... Je m'amuse à imaginer des choses, sans plus. »

Le docteur prit son chapeau et gagna distraitement la porte.

« Au revoir, docteur Beckett », dit Joseph en s'inclinant.

Le Juif de Trèves

Lorsque le Dr Beckett frappa à la porte, dans Maitland Park Road, il entendit son patient tousser. Une toux atroce. Les deux fenêtres surplombant l'entrée ne suffisaient pas à en atténuer le bruit. Levant les yeux, le Dr Beckett crut voir vibrer les vitres, pourtant encrassées par l'air de Londres. Mais, myope comme il l'était, il se serait gardé de l'affirmer.

Lenchen était visiblement heureuse de le voir. Elle dit, en l'invitant d'un geste à gravir l'escalier, que Mr Marx toussait à rendre l'âme. Mais que néanmoins il se sentait un peu mieux, puisqu'il s'était remis à lire. Elle était bien placée pour savoir à quel point chez lui le travail et l'humeur étaient liés. Ce n'était pas la première fois que les ennuis de santé l'empêchaient d'avancer dans ses publications. Oui, ajouta Lenchen avec un petit rire gêné, dans son travail Maure a toute sa vie été en retard.

Elle voulait encore dire qu'une nouvelle lettre de madame Jenny venait d'arriver, de Paris où elle était auprès de sa fille, pour se remettre un peu et profiter des petits-enfants. Malheureusement, son état de santé ne faisait qu'empirer. Le docteur savait-il qu'elle souffrait d'une maladie incurable ? Mr Marx était partagé et tiraillé entre la satisfaction de la savoir en de bonnes mains et le désir qu'ils passent ensemble le peu de temps qui leur restait à vivre. Lui-même n'allait plus être longtemps en état de voyager. Ils allaient s'écrire aussi souvent que possible, ajouta Lenchen, car en échangeant de tendres baisers d'adieu ils s'étaient promis de se tenir au courant des moindres évolutions de leurs santés.

Marx était assis droit dans son fauteuil, la chemise boutonnée de travers, et il annonça qu'il n'avait plus à rester au lit. La fièvre était tombée, même sans couverture il n'avait plus froid, il n'y avait que cette sale toux qui venait par crises et le secouait. Et puis il luttait contre l'enrouement, et le foie lui faisait mal. Peu après s'être levé, il avait senti sous ses doigts une certaine excroissance du foie. Il s'agissait, et c'était sûrement *very interesting*, d'une pathologie héréditaire dans la famille. Son propre père en était mort encore jeune, jaune comme un coing, et lui-même…

Le Dr Beckett l'interrompit, car il tenait à aborder les différentes maladies l'une après l'autre, et donc à conserver l'initiative. Il assura au malade qu'il avait meilleure mine et souhaita commencer par ausculter la poitrine et le dos. Il procéda avec toute l'application requise, soupçonnant qu'il ne s'agissait pas simplement d'une bronchite qui traînait.

Les bruits que le stéthoscope fit monter des profondeurs de la cage thoracique étaient préoccupants. Le poumon gauche crachait comme un chat en colère, le droit avait des râles. Beckett percuta du bout des doigts sans commenter ce qu'il entendait, de peur d'effrayer le patient en phase de stabilisation par un diagnostic risquant de l'inquiéter.

C'était cette chierie de bile qui était responsable de ses flatulences, susurra Marx en faisant un grand geste. Et la *pale ale* n'y était pour rien, contrairement à ce qu'avait prétendu un précédent médecin. Les gaz qui lui échappaient avaient la même odeur qu'il bût ou non de cette bière anglaise pisseuse.

Le Dr Beckett, là aussi, laissa cette information sans réponse ; il faisait le bilan de ses impressions et il chercha son bloc-notes, ayant peine à croire qu'on pût écrire une prose aussi aride sur la valeur et la plus-value, et parler en usant d'un langage aussi gras.

La nuit précédente, Marx avait d'ailleurs souffert d'une migraine atroce, d'un mal au crâne de tous les diables. Disant cela, il trouvait visiblement que l'anamnèse progressait trop lentement, il parla plus fort et plus vite, agacé par la lenteur du docteur, et claironna pour finir que c'était le premier jour où il éprouvait à nouveau le besoin de se remettre au *work*, avant que son cerveau ne se dessèche. C'était sensationnel ! Et il avait l'intention d'aller l'après-midi même *pedibus* au Maitland Park. Ras le bol d'être aux arrêts de rigueur ! Beaucoup trop longtemps que les choses restaient en plan. Et son anglais qui n'était toujours pas au point.

Depuis le badigeonnage, sa santé, l'un dans l'autre, était nettement meilleure que l'*average* des mois précédents. Et ce n'était pas rien. Il n'y avait que le British Museum : pas question d'aller y passer des heures assis dans la salle de lecture, ses arrières le lui interdisaient, car les hémorroïdes le persécutaient plus encore que tous les espions prussiens. Mais il se réjouissait d'avance en songeant à cette salle où l'attendait une pile de livres sur les langues slaves.

Car il était en train d'apprendre le russe. En outre, depuis des mois il était sur le point de prouver à Newton qu'il avait fait une erreur de calcul infinitésimal, raison pour laquelle il se plongeait dans ses travaux et ceux des mathématiciens qui lui faisaient suite. C'était un vrai défi. Les yeux noirs de Marx lançaient des éclairs, en même temps qu'il avouait qu'il avait peut-être *too many irons in the fire*.

Lenchen faisait les gros yeux en se tournant avec impatience vers le Dr Beckett, comme pour lui dire : « Vous voyez, c'est ce que je voulais dire, il fait tout sauf son vrai travail. »

Elle ignorait que Friedrich Engels avait écrit la veille à son ami pour lui dire de reprendre calmement des forces, que l'excellent docteur l'y aiderait, et que lorsqu'il en aurait à nouveau suffisamment, il fallait de grâce qu'il les consacre aux tomes II et III du *Capital*. Et ne se laisse pas distraire par n'importe quel livre intéressant où l'on trouvait des notes à prendre. Et qu'il ne lui réponde plus jamais que le sujet avait de si nombreuses ramifications ! La lettre d'Engels se terminait par : « Je t'en supplie ! Ton ami Fred. »

L'instant d'après, Marx lâcha un juron : une douleur aiguë du foie, côté vésicule.

Lenchen eut alors l'air inquiète. Marx pressait avec trois doigts sur son flanc droit. En dépit du catalogue alarmant de ces maux corporels, le Dr Beckett négligea le physique et tenta, mi-amusé mi-effaré, de cerner l'état psychique et le caractère du patient. « Qu'en est-il de vos sensations nocturnes en matière de température ? Vos pieds recherchent-ils la chaleur, ou bien les tendez-vous souvent hors de la couverture ? »

Marx ne s'était jamais entendu poser pareille question. Pris de court et contrarié, il se tourna vers Lenchen qui répondit par un regard d'encouragement, n'ayant aucun doute sur la méthode du médecin. Alors Marx consentit à répondre : il mettait toujours ses pieds à l'air *in the night*. Il aimait les endroits frais sur le drap pour y placer ses pieds. Mais qu'est-ce que ça avait à voir avec son état ?!

Sans attendre une explication, il dit qu'il aimerait mieux savoir pourquoi il n'avait plus d'appétit dès qu'il voyait une assiette. Alors que depuis des semaines il ne s'était plus autorisé la moindre libation. Et ce bien qu'un gin *at the right time*, il l'avouait, ait sur son cerveau un effet stimulant.

Après une petite pause, il dit, sur un ton moins exalté, qu'il n'était pas seulement insomniaque et sans appétit, mais aussi souvent désemparé. Il éprouvait de plus en plus fréquemment une espèce de mélancolie profonde, à l'instar du grand Don Quichotte. À vrai dire, il se sentait *broken down*.

Le Dr Beckett, soucieux d'établir une relation de confiance et de freiner quelque peu son tumultueux flot de paroles, lui dit : « Interrogez-moi, chaque fois que vous ne comprenez pas quelque chose, je m'efforcerai de vous l'expliquer. Le rapport de vos pieds avec la chaleur ou le froid me trahit quel type d'homme vous êtes ou, autrement dit, quel est votre tempérament. Je suis convaincu que tout médicament ne convient pas à tout patient. Au type froid il faut d'autres pilules qu'au type chaud. Vous me paraissez être de ce dernier type. »

Marx ne savait trop s'il fallait prendre ce classement pour un éloge ou pour un blâme. Interprétant son regard, le Dr Beckett dit : « Au demeurant cela n'implique aucun jugement de valeur. Je cherche uniquement la bonne voie pour intervenir de manière à harmoniser vos phénomènes organiques. »

Songeant à l'amélioration malgré tout fort rapide intervenue ces derniers jours, Marx décida de ravaler sans le prononcer le mot « bidon » et de ne pas céder, pour une fois, à sa tendance au scepticisme. Au lieu de cela il fit valoir, puisqu'ils en étaient déjà à la perception des températures, qu'il devait faire part de ses observations liées à la météorologie. Le ciel constamment couvert et le vent soufflant en tempête, en particulier le soir et la nuit, lui tapaient sur les nerfs. La pluie froide, *idem*. Le climat britannique était cause de rhumatisme musculaire au niveau des hanches et sur la gauche de la poitrine, ce qui rendait la toux spécialement douloureuse. En outre, son catarrhe bronchique, qui s'entendait, n'avait pas dit son dernier mot graillonnant, vu le froid et l'humidité régnant sans cesse à Londres.

Beckett estima le moment venu d'attirer le patient à l'écart de ses maux, car il ne faisait aucun doute qu'il était terriblement doué pour broder sur eux d'abondance, tout en laissant transparaître de plus en plus, aux yeux du médecin, la tristesse de l'exil.

« Puis-je vous poser une question, Mr Marx ? J'ai vu par hasard, posé sur votre table, le livre de Darwin. Qu'en pensez-vous ? »

Marx, encore occupé à réfléchir à la signification clinique des sensations de chaleur aux pieds et de froid sur la poitrine, fut surpris, pour la deuxième fois, par la question de Beckett.

« Darwin m'a écrit une lettre, voilà quelque temps. Il trouvait *Le Capital* tout à fait formidable, ce qui ne va pas de soi pour un Anglais ayant de la *money*. On pourrait penser qu'un planteur d'orchidées n'a pas la moindre idée de ces choses. »

Marx, dont la voix était de plus en plus éraillée, se leva avec précaution de son fauteuil et, dès qu'il eut trouvé son équilibre, passa plusieurs fois ses deux mains dans sa crinière. Le Dr Beckett le voyait debout pour la première fois et se trouvait devant un lion à la peau devenue galeuse et aux jambes qui ne se souvenaient guère de leur souplesse.

Marx s'étira en bâillant, fit quelques pas vers la fenêtre et se pencha pour rapprocher ses yeux des livres posés sur la table. Ayant trouvé ce qu'il cherchait, il se redressa manifestement trop vite, car il pesta qu'il avait du vertige. Il se mit aussitôt à tousser et s'empressa, avec l'aide de Lenchen, de regagner son fauteuil. Pendant des minutes, il ne fut pas question de parler.

Lenchen alla chercher un verre d'eau et dit qu'elle ne pensait pas qu'une excursion jusqu'au Park soit indiquée pour le moment. Le Dr Beckett approuva de la tête et prescrivit de mettre vingt gouttes de l'anti-tussif, puis marqua cela dans son bloc-notes. Lorsque la quinte de toux fut passée, Marx tira une lettre du livre de Darwin et commença à la lire à haute voix en la tenant tout près de ses yeux. Lenchen lui proposa de lui passer son monocle, il l'envoya promener.

« Downe, Beckenham, Kent. Dear Sir, je vous remercie pour le grand honneur que vous m'avez fait en m'envoyant votre grande œuvre » – cela prononcé en étirant longuement les deux mots – « sur le capital.

J'aimerais être plus digne d'un tel don et comprendre davantage l'important et profond sujet qu'est l'économie politique. Nos recherches portent certes sur des domaines très différents, mais je crois que nous nous efforçons tous deux d'enrichir la science et qu'à la longue cela servira le bonheur de l'humanité. Je demeure, dear Sir, votre dévoué Charles Darwin. »

Sa mine, mot après mot, s'était comme éclairée et il ne pouvait dissimuler la fierté que lui inspirait cette lecture, qui n'était pas la première. Tandis qu'il repliait soigneusement la missive, il dit que Darwin avait compris toute l'importance de son œuvre. Avec ça, il l'avait même lue en allemand, puisqu'à l'époque elle n'était pas encore traduite. Un moment après, il ajouta que c'était bien à tort que le monde avait fait si peu d'écho au *Capital* à sa parution. Et il fut à nouveau de mauvaise humeur.

Visiblement, ce n'était pas la première fois que Marx s'interrogeait sur les raisons de cet insuccès, et cette rumination avait laissé des traces. « Incompréhensible », dit-il à voix basse ; il avait escompté qu'un ouvrage fondamental de cette portée rencontrerait un nombreux public. Le livre de Darwin sur les espèces avait connu un destin analogue, finalement. Tassé dans son fauteuil, Marx avait l'air d'un chien battu. Et pourtant le Dr Beckett savait qu'on pouvait s'attendre d'un instant à l'autre à le voir se redresser, aboyer et se faire les dents sur un nouveau sujet.

Lorsque Marx demanda à Beckett quelles raisons il pouvait y avoir pour que l'humanité ne s'intéresse pas à sa libération, son ton était amer. En même temps il agitait furieusement les bras comme s'il cherchait des réponses en l'air. Même les capitalistes, s'agissant de leur élimination, auraient dû être tentés d'étudier cette œuvre avec la plus grande attention. Car comment mieux se préparer à ce qui les attendait ?

« Cela doit être une question d'incompréhension », laissa échapper Beckett, regrettant aussitôt de ne pas s'être exprimé plus diplomatiquement. Mais le mal était fait. Le souffle court et sifflant, mais incapable de pester bruyamment, Marx grogna : « La science objective n'a que faire de la langue de Shakespeare ou de Heine. »

Assailli par la toux qui déjà talonnait ses moindres mots, il parvint à ajouter : « Une œuvre scientifique qui fait progresser l'humanité n'est en général pas facile à lire. Les jolies fleurs de rhétorique n'ont rien à y faire.

— Je ne songeais nullement à m'en prendre à vous. C'est sûrement moi qui étais juste déprimé de ne pas avoir compris votre vocabulaire économique. Ce qui ne change rien à mon appréciation de votre œuvre et de son importance. Je soigne continuellement des patients dans les quartiers misérables de Londres, malades de respirer toute la journée, dans les usines, la poussière et autres saletés. Et de n'avoir rien de correct à manger. »

Beckett s'efforçait de placer soigneusement ses phrases entre les quintes de toux.

« Avez-vous vraiment essayé de lire mon livre ? »

Marx semblait déjà d'un peu meilleure humeur.

« Oui, j'ai essayé. Mais j'ai échoué.

— Si ce que vous me dites est vrai, c'est pour moi une énigme. Un homme qui a… Où avez-vous fait vos études, déjà ?

— À Cambridge.

109

— … qui a fait ses études à Cambridge et qui ne comprend pas mes analyses ? Qu'ont-elles donc de si difficile ? Peut-être avez-vous manqué de patience. Alors que j'ai même été compris, et en allemand, par un collectionneur d'insectes anglais ! »

Le ton était à nouveau celui d'un homme irrité, ce qui convenait mal à sa voix de fausset. Des *facts* tout neufs exigeaient qu'on soit prêt à s'introduire dans des édifices intellectuels inconnus et à pénétrer dans des *rooms* nouveaux. Il avait lui-même eu du mal à lire dans l'original ce pavé de Darwin.

Il tapait du plat de la main sur la couverture du volume en question. Il ne cessait de tousser puis de se racler la gorge, et Beckett tendait l'oreille. Oui, ç'avait été une lourde tâche que de suivre les développements minutieux de ce naturaliste, qui du reste n'avait absolument rien d'une Jane Austen (ce nom prononcé du bout des lèvres). Quand Darwin formulait ses descriptions des pimprenelles bleues ou de l'ovaire d'une bernacle, on ne sentait pas que les muses aient été à son chevet.

« Au fait, je dois vous transmettre les salutations de Mr Darwin et ses souhaits de meilleure santé. »

Marx fut sidéré, sa fureur disparut.

« Vous connaissez Charles Darwin ?

— Oui, c'est un de mes patients.

— Qu'est-ce qu'il a ? Il est gravement malade ?

— Eh bien, je n'ai pas le droit de vous le dire. Je dirai seulement… qu'il n'est pas en bonne santé.

— Quel âge a-t-il donc, à présent ? Il y a longtemps que je n'ai rien lu sur lui.

— Il a passé soixante-dix ans. Son prochain livre paraît très bientôt.

— Soixante-dix ans ? Un âge que je n'atteindrai sans doute pas. Et quel livre, donc ?

— Sur le comportement des vers de terre.

— Des vers de terre ? Voilà qui va bien avec ce foutu pays. *Rain*, *garden*, terre humide. »

Tandis que le Dr Beckett plissait le nez, Marx bataillait contre sa voix de plus en plus éraillée. Il se raclait furieusement la gorge. La toux, au moins, se calmait peu à peu, la mixture de *Quinine disulphuricum*, de morphine et de chloroforme commençait à agir, et le calme revint.

Au bout d'un long moment, le Dr Beckett demanda à Marx, qui semblait prêt à s'assoupir : « Et y a-t-il quelque chose dans le livre de Darwin, à part les pimprenelles et les bernacles, qui ait retenu votre intérêt ? Je vois, à tous ces petits papiers, que vous l'avez beaucoup travaillé.

— Oui, c'est vrai, dit Marx d'un ton devenu plus affable et le visage détendu. J'y ai sué sang et eau. Cela valait tout à fait la peine, car Darwin nous débarrasse magnifiquement de tout le boniment sur l'au-delà, et décroche aux curetons une sacrée gifle. »

Ses yeux se fermèrent un instant, ce que Beckett nota avec satisfaction, puis Marx reprit :

« Il a créé la base scientifique du matérialisme et, du même coup, du communisme. »

Marx ne put s'empêcher de bâiller.

« Comment l'entendez-vous ?

— Beaucoup de gens de gauche ont depuis toujours détesté la *Church*, mais ils étaient incapables de dire comment est né tout ce qui vit là sur notre planète. Ils avaient un sentiment, mais pas d'explication scientifique. Jusqu'à ce que Darwin arrive. »

111

Marx s'étouffait. Il lui fallut pomper laborieusement pendant un moment avant de pouvoir à nouveau parler.

« Il a prouvé l'évolution historique que connaît la nature, et par là il a balayé le christianisme en même temps que le judaïsme et tout le merdier surnaturel. »

Bruyamment essoufflé, il prononça l'éloge suivant : « Il nous a mis en main le glaive pour décapiter la religion. C'est en cela que Darwin est formidable. »

Lenchen le regardait d'un air soucieux. Le Dr Beckett réfléchissait. Et Marx marmonna ensuite quelque chose sur la téléologie, qui jusque-là était encore restée en vigueur. C'était seulement maintenant que les hommes se sentaient enfin capables de ne plus fixer l'au-delà avec fascination, mais de se soucier de leur vie dans ce monde-ci.

Tout en réfléchissant à ce qu'il devait répondre, le Dr Beckett vit un buste de Zeus posé en haut dans la bibliothèque. Au premier coup d'œil il crut que Marx s'était lui-même fait représenter en plâtre pour l'éternité, tellement la ressemblance était grande. Il s'amusa à s'imaginer un instant le plus grand dieu des Grecs mettant au service de l'Allemand sa foudre et son tonnerre.

Après une pause pour reprendre son souffle, Marx proclama triomphalement : « La nature se fait elle-même ! » Et après une autre pause : « Il n'y a pas que la pimprenelle, l'homme aussi est fabriqué chimiquement. De minuscules grumeaux d'albumine comme *starting point* ! » Il pianotait sur la couverture du livre. « Il est vrai qu'il faut s'accommoder de la méthode anglaise pataude qu'emploie Darwin.

— Que voulez-vous dire ?

— Que vous autres Anglais voulez voir jusque dans la nature le capitalisme frappant d'estoc et de taille. Partout le combat, et que le plus fort gagne ! »

Marx ferma le poing, le brandit en l'air et l'abattit sur le livre de Darwin.

« En fait, c'est tourner en rond, c'est un classique cercle vicieux. » De l'index, il dessinait des cercles en l'air. « La lutte pour la vie qu'il avait observée dans le système capitaliste, Darwin l'a transférée sur les animaux et les plantes. Non, ce n'est pas par hasard qu'il retrouve dans la nature sa société de classes anglaise. »

Le Dr Beckett plissait le nez et montrait ses dents de lapin, ce que Lenchen en silence trouva disgracieux.

« Et que font les politiciens bourgeois ? Pour leur part, ils appliquent aux hommes la lutte pour la vie et proclament à grands cris : il y a cette implacable loi de la nature, qui explique pourquoi, dans les sociétés humaines aussi, vivent des faibles et des forts. Alors les faibles, *of course*, on doit les laisser crever. »

Marx ouvrit la bouche et aspira l'air à fond. D'une voix à peine audible, il se risqua à suggérer qu'on pourrait peut-être, à titre d'essai, fumer un cigare ? Qu'il en avait terriblement envie. Et à nouveau il inspira à fond. « Toute politique communiste est dépourvue de sens, si c'est une loi de la nature qui légitime la mortelle concurrence. Personne ne se rend donc compte que l'affaire tourne en rond ? »

Marx s'étranglait et tentait de reprendre le contrôle de sa respiration fuyante. Soudain il ouvrit de grands yeux et balança au Dr Beckett : « Au diable cette toux ! Je sens très bien que cette chierie commence à passer. Sur un sujet pareil, il faut en fumer un, vous ne trouvez pas aussi ? Il me reste deux bons cigares cubains. La vie n'est pas drôle, si l'on doit se priver de tout.

— Connaissez-vous les expériences qu'a faites Darwin avec la nicotine sur des plantes carnivores ?

— Non », dit Marx. Ajoutant qu'il s'intéressait assez peu aux plantes.

« En revanche, votre intérêt pour la nicotine…

— … est grand ! »

La morphine lui déliait la langue.

« L'expérience de Darwin présente un véritable intérêt pour vous. Il administrait à un droséra de petites gouttes de nicotine et notait qu'immédiatement la plante rétractait ses tentacules et que ses glandes noircissaient. »

Dans les rêveries qui gagnaient Marx s'insinuèrent des images d'alvéoles bronchiques noircies et d'une langue rendue rugueuse par les cigares.

« Il voulait savoir à quelle dose la nicotine était mortelle. »

Une question que Marx se posait aussi, au même instant.

« Je puis vous réconforter, dit le Dr Beckett. Darwin lui-même fut abusé par les réactions d'abord violentes qu'eut la plante traitée. Au bout de vingt-quatre heures, la plante qui avait paru morte recommençait déjà à bouger ses membres, et les sécrétions de ses glandes digéraient le petit bout de viande que Darwin, ravi, lui servait au bout d'une pincette. Ce que j'aimerais vous dire par là, Mr Marx, c'est que si vous ne cessez pas de fumer, cela vous tuera. Mais que si vous arrêtez, vos poumons peuvent se régénérer. Quand vous avez envie d'un cigare, prenez donc plutôt un bonbon, pour votre pauvre gosier. »

Le docteur demanda à Lenchen de se procurer des pastilles pour la gorge et dit : « Puis-je regarder votre gorge ? Votre voix n'est pas normale. » Et sans transition, il poursuivit : « Est-ce que cela vous intéresserait d'avoir une petite conversation avec Darwin, lorsque vous irez mieux ? Je pourrais peut-être arranger une invitation à un lunch ou à un dîner. Discuter du cercle vicieux, ce serait tout de même intéressant. »

Le Dr Beckett tira de sa trousse une spatule en bois, et à sa vue Marx eut un mouvement de recul et mit le médecin en garde : à toute incursion vers le fond de sa bouche, il fallait s'attendre à un réflexe de régurgitation. Quant au *meeting* avec Darwin, il avait peine à se l'imaginer. Rien de plus pitoyable que deux vieux savants malades attablés face à face.

Beckett promit de s'y prendre avec tact. Et tendit la spatule. Son regard très concentré se fraya un chemin vers l'arrière-gorge, dépassant les dents qui restaient, quelque peu teintées par l'usage du vin rouge et du tabac. Il arriva à la conclusion qu'il s'agissait d'une laryngite. Il aurait préféré un simple mal de gorge.

« Vous allez devoir vous retenir de parler, dans les prochains jours. »

Marx opina. Il n'avait pas l'air de trouver ça grave.

« Je vais faire chercher divers médicaments, pour votre larynx, mais aussi un nouveau traitement contre la toux. »

Il se tourna vers Lenchen et lui demanda de bien vouloir administrer les gouttes toutes les heures et les granules toutes les deux heures. Le sirop, une fois le matin et une fois le soir avant de dormir.

Après une pause, Marx cligna de ses yeux de myope en cherchant le regard du docteur, et dit : « J'ai bel et bien été à deux doigts de crever et je suis encore en équilibre au bord de la tombe. Dites-moi pour combien de temps j'en ai.

— On ne meurt pas si vite. Vous êtes malade, bien sûr. Mais nous obtiendrons une amélioration, si vous êtes raisonnable et respectez quelques règles. Pas de tabac. J'insiste : pas de tabac. Pas de café noir. Pas de plats épicés. Aucun alcool fort. Votre estomac est attaqué par ce mélange. »

Tourné vers Lenchen, il demanda qu'elle lui donne du lait chaud trois fois par jour, les muqueuses de l'estomac se régénéreraient lentement mais sûrement. Lenchen et Marx répondirent en chœur qu'il avait horreur du lait.

Le Dr Beckett en resta à sa prescription. Mais autorisa qu'on accommode le lait avec un peu de brandy. Son corps avait un besoin urgent des éléments nutritifs présents dans le lait. Marx hocha légèrement la tête, puis : « Penserez-vous, s'il vous plaît, à un somnifère ? Il y a longtemps, vous le savez, que je n'arrive pas à dormir la nuit sans *medical help*. Or, quand je dors mal, le lendemain je me sens stupide et chaque idée tourne dans mon malheureux cerveau comme la roue d'un moulin dans un ruisseau à sec. »

À ces mots, Marx s'était levé. Il alla d'un pas hésitant, aussi à cause de sa myopie, jusqu'au divan en cuir, où il s'allongea. Pour une petite sieste, dit-il.

Ses yeux se fermèrent et sa respiration devint plus régulière. Le Dr Beckett prit congé et rappela encore une fois à Marx qu'il ne devait pas parler pendant quelques jours. Il avait déjà son chapeau à la main lorsqu'il dit gentiment : « Vous avez besoin de repos, Mr Marx. Ce n'est pas pour rien que vous

vous comparez à Don Quichotte. Vous avez peut-être entrepris un peu trop de choses. Aujourd'hui, certes ce ne sont plus les moulins à vent, mais les machines à vapeur du capitalisme contre lesquelles vous…

— Je ne combats pas les machines à vapeur, lâcha Marx les yeux fermés. Au contraire. Dans le communisme, elles déchargeront les hommes de leur travail. Le communisme, c'est le progrès ! Et non un paradis romantique. »

Sa voix déraillait pitoyablement et il ajouta, faible comme une mouche prisonnière qui va cesser de se débattre : « Mais la différence, c'est que les machines n'appartiendront plus à la bourgeoisie. La propriété privée, *killed. Dead for ever !* »

En vérité, le Dr Beckett avait espéré trouver le bon moment entre veille et sommeil, cet instant où l'esprit de contradiction s'atténuerait chez Marx mais où son cerveau serait encore réceptif. Mais il s'y était manifestement pris quelques secondes trop tôt.

Il rouvrit sa trousse et y fouilla pour gagner un peu de temps, en guettant la respiration de son patient. Lorsqu'il eut constaté qu'elle restait régulière, il profita de ce calme pour tenter une deuxième fois de faire entendre quelque chose à Marx sans risquer de provoquer des réactions de refus.

Il lui dit tranquillement que le déracinement et l'exil étaient tout de même de rudes épreuves. Que parmi ses patients il connaissait d'autres exilés et qu'il avait pu constater tout le mal que leur faisait d'être loin de leur patrie. D'être coupés de leur famille. La langue étrangère. Une autre culture. Les poursuites. L'espionnage. Et dans cette maison-ci, le malheur supplémentaire qu'était la grave maladie de Mrs Marx, qu'il venait juste d'apprendre et qui le navrait.

Le docteur aurait aimé savoir comment Marx réagissait à ces phrases, mais il ne vit pas de signe d'opposition. Il dit alors qu'il avait apporté des pilules spéciales, il tira de sa poche une petite boîte et la posa sur le bureau.

Avec un regard amical pour Lenchen, il dit que Marx devrait en prendre trois dans l'après-midi, et trois autres avant de dormir. Et à nouveau au petit déjeuner. En quelques jours, la mélancolie s'en trouverait nettement atténuée. Le docteur ajouta qu'en outre certaines tâches étaient immenses, pour un individu. Surtout lorsqu'elles concernaient la condition humaine tout entière. Ou, pour le dire autrement, quand cet individu avait la capacité d'écrire l'Histoire, ce qui paraissait être le cas. Il fallait alors payer le prix fort. Il devait d'urgence se reposer, nul besoin d'un fouet pour qu'il poursuive son travail.

Maure restait tranquillement étendu. Ses yeux pleuraient.

Le Dr Beckett passa la porte sans bruit et descendit l'escalier. Lenchen le suivit à quelque distance, visiblement émue.

Pendant qu'ils buvaient ensemble à la cuisine un thé tiède, le Dr Beckett dit que Mr Marx avait sûrement au poumon un ou plusieurs abcès. Qu'il pourrait vivre avec, quelque temps encore, mais qu'il aurait de plus en plus de mal à respirer et que sa toux s'aggraverait. Que tout serait fait pour atténuer ces symptômes, calmer le malade et soutenir son humeur.

Là, Lenchen se mit à pleurer. Et dit que cette famille n'avait vraiment pas de chance. Qu'elle était sûre qu'à

118

travailler ainsi à ce damné livre inachevé, son Maure creusait sa tombe. Et que certainement jamais personne n'avait écrit sur l'argent en en ayant aussi peu.

« Est-ce que cela vous gêne, si je vous pose encore quelques questions ? »

Le docteur rajouta un peu de lait dans son thé. Et dit que Mr Marx était tout de même une drôle de tête de mule. Si elle voyait ce qu'il voulait dire.

« Oh, c'est bien vrai. Mais il ne faut pas lui en vouloir. Il sacrifie tout à la cause.

— Non, je ne lui en veux pas. Seulement j'aimerais mieux comprendre d'où cela vient. Peut-être pourrez-vous m'en dire plus sur ses origines. La dernière fois, vous m'avez dit que vous connaissiez la famille depuis longtemps.

— Oh oui, très longtemps. Que voudriez-vous savoir ?

— Qui étaient ses parents ?

— C'étaient des gens travailleurs, d'honnêtes bourgeois de Trèves, dit Lenchen non sans fierté. Et Maure était le fils aîné. Le deuxième, en fait, son aîné étant mort tout jeune. Le père était avocat, la mère une Juive pieuse, fille d'un rabbin hollandais. Le père aussi était juif. Et lui aussi fils de rabbin. Et l'oncle de Maure était le rabbin de Trèves. Mais Maure ne voulait rien savoir de tout ça. Au contraire. Dès que quelqu'un lui en parle, il devient, comment dirais-je…

— Grossier ?

— Désobligeant, oui. Parfois il dit sur les Juifs des choses affreuses. Il peste contre leurs magouilles, il les traite de fesse-mathieux, il se moque de leurs nez et de leurs physiques de Juifs. Alors je me bouche les oreilles, pour lui montrer que j'ai honte qu'il tienne de

119

tels propos. Pourtant, naguère ce sont des choses dont il a eu à souffrir lui-même.

— Comment ça ?

— Quand Maure était petit, dans la rue des gens scandaient : "Hep, hep ! Mort aux Juifs !" Pour tenter d'échapper à ça, ses parents se sont convertis au protestantisme. Car sinon son père aurait dû fermer son cabinet. À l'époque, les juifs n'avaient pas le droit d'être avocats.

— Mr Marx a-t-il été baptisé, lui aussi ?

— Oh oui. Sauf que le baptême n'a pas empêché qu'on continue à le harceler au lycée. On le savait, qu'il était juif, même s'il allait au catéchisme. Juif un jour, juif toujours, à ce qu'on dit. Il faut dire que Maure ne ressemblait pas à un fils de vigneron mosellan. Ces cheveux noirs comme du charbon ! Ces yeux, et ce teint mat ! Ce n'est pas pour rien que tout le monde l'appelle Maure. Et madame Jenny, sa "petite bête noire".

— Étant l'aîné d'une famille de rabbins, sa rupture avec la religion est un sacrilège encore pire que s'agissant d'un Juif normal, de la piétaille, non ?

— Oui, on peut voir la chose comme ça. D'ailleurs ce reniement a tourmenté sa mère sa vie durant, car son vœu le plus cher était que Maure, intelligent comme il était, devînt le rabbin de Trèves. En son for intérieur, madame Marx n'a jamais cessé d'être juive. Et de prier comme une juive. Jusqu'à sa mort, dans chaque lettre à son fils elle l'adjurait de vivre en bon juif. Mais il mourra mécréant. »

Elle se tut, Beckett réfléchissait. Puis elle lui demanda :

« Dites, docteur, il en a pour combien de temps ? »

120

Elle ne put s'empêcher de se remettre à pleurer, et elle tira un mouchoir de la poche de son tablier. Ce faisant, elle en fit tomber une photo et se pencha pour la ramasser, un peu honteuse.

« Votre amoureux ? » demanda le Dr Beckett sans dissimuler sa curiosité.

La photo avait beaucoup servi, elle était égratignée, gondolée, écornée.

« D'une certaine façon, oui. Mais ce n'est pas ce que vous pensez. C'est mon fils.

— Vous avez un fils ? Quel âge a-t-il donc ?

— Il a eu trente ans le 23 juin. Il s'appelle Freddy. En fait il se prénomme Henry Frederick. Mais tout le monde l'appelle Freddy.

— Et que fait-il, votre Freddy ? »

Lenchen était en larmes. Elle tendit la photo au Dr Beckett, qui découvrit un jeune homme costaud, aux abondants cheveux très noirs. Et aussi un regard perçant. Et le teint mat. Le docteur ouvrit la bouche, mais ravala la question qu'il allait poser.

« Dites-moi tranquillement ce que vous voyez.

— Vous avez eu un fils ensemble ?

— Oui. J'ai dû me séparer du petit dès sa naissance. Il a grandi chez une nourrice. C'est Engels qui a payé les frais. Il a même assumé officiellement la paternité, pour protéger Maure. C'est pour cela qu'il se prénomme Freddy. Longtemps, Freddy n'a pas su que j'étais sa mère. Et aujourd'hui encore il ne faut pas qu'il sache qui est son vrai père. Pourtant ils se ressemblent tellement que c'en est comique.

— En effet.

— Il n'a même pas voulu voir Freddy, quand j'ai eu accouché dans ma chambre. Maure n'a aucun amour

121

pour Freddy. Quand mon fils vient me voir, il faut qu'il se glisse par l'entrée de service pour arriver à la cuisine. Mais la dernière fois remonte déjà à deux ans.

— Je trouve cela navrant, dit Beckett, manifestement ému.

— Nous avons des conventions, vous savez ? Maure ne pouvait déjà pas nourrir sa propre famille. Quand je me suis trouvée enceinte, il s'est mis à cracher pendant des semaines. Et à avoir un furoncle après l'autre, sur tout le corps. Comment aurais-je pu avoir des exigences ? Il était encore plus irritable que d'habitude. J'ai pu dissimuler ma grossesse pendant quelques mois. Mais le jour est venu où il m'a fallu m'expliquer avec madame Jenny. Elle était enceinte presque en même temps que moi, pour la septième fois, et peu après elle a mis au monde un enfant mort. Imaginez, sept naissances en treize ans. Jenny était nerveusement à bout, à force de devoir fuir, de devoir improviser, à force de soucis matériels et d'enfants morts. Cette famille n'a pas de chance. »

Le Dr Beckett posa sa tasse de thé, puis sa trousse, et s'assit, sans y être invité, sur la chaise de cuisine. Il resta silencieux. Lenchen se mit à sangloter. Le docteur se leva, prit gentiment Lenchen par les épaules et lui dit qu'il apporterait, la prochaine fois, des pilules aussi pour elle. Que, franchement, il était bouleversé.

« Nous sommes restés des mois à nous côtoyer sans dire un mot. Maure est pourtant quelqu'un qui, par ailleurs, a beaucoup d'affection pour ses enfants. »

Le Dr Beckett resservit du thé à Lenchen. Il lui assura qu'avec lui ces secrets seraient bien gardés. Lenchen prit un torchon, s'essuya le visage et s'assit à son tour à la table de cuisine.

« Pour Edgar, il a pleuré.

— Qui est Edgar ?

— Edgar était son enfant préféré. Pour un peu, Maure se serait jeté dans sa tombe. Vraiment il m'a donné l'impression que, de désespoir, il allait sauter pour rejoindre son fils. Il n'avait plus sa tête. C'est Engels qui l'a retenu au dernier moment. »

Les joues de Lenchen, en quelques secondes, s'étaient creusées.

« On ne peut guère imaginer de lien plus profond entre un père et un fils. Tout le monde l'appelait Mouche. C'était de naissance un enfant souffreteux. Mais son âme était gaie. Quand il s'apercevait que ses parents étaient moroses, parce qu'une fois de plus il n'y avait pas assez à manger, et que toute l'argenterie était chez le prêteur à gages, Mouche se mettait à chanter, d'une voix d'ange, des chansons pour faire rire. Il voulait toujours qu'on soit gais. Il était phtisique. Lorsqu'il mourut, dans les bras de Maure, il se trouve que c'était Vendredi saint et que les cloches sonnaient. Cela mit Maure en fureur. Serrant contre lui l'enfant mort, il se mit à crier pour couvrir les carillons, hurlant qu'on voyait bien que Dieu n'existait pas ! Comment pareil petit ange aurait-il dû souffrir aussi longtemps, sinon, et maintenant mourir ? Jamais je n'oublierai cette scène. Lorsque le fossoyeur est venu chercher l'enfant, il était enveloppé d'un drap et posé sur la commode. On n'avait pas de quoi payer un cercueil. Maure criait, assis dans l'escalier et les mains fourrées dans sa chevelure. Il resta des heures comme ça. Content d'être pris de migraines, et plus tard aussi de maux de dents, disant que contre le deuil il n'y avait qu'un remède, relativement, c'était la douleur physique. »

Les yeux de Lenchen étaient comme enfoncés dans leurs orbites.

« Pour ce fils-là, il a pleuré. »

Le Dr Beckett hocha la tête. Il y eut un long silence, tous deux regardant la photo de Freddy.

« Vous devriez parler à votre fils. Ce n'est pas bon, de vivre avec de telles vérités cachées, ni pour lui ni pour vous. Ni, du reste, pour Mr Marx. Les mensonges sont comme les abcès, ils finissent par crever. »

La partie de billard

La boule tomba dans le trou. En faisant un peu de bruit, car avant de disparaître elle heurta le bord du billard. La poche en filet fixée sous le trou se balança avec la prise rouge qu'elle venait de capturer, jusqu'à ce que la boule perde son élan.

Charles se demanda comment la manœuvre avait bien pu se dérouler. En fait il avait voulu pousser délicatement la boule rouge, mais il lui avait donné une impulsion si maladroite qu'au lieu de rouler elle avait sauté. Il n'était pas rare que des boules passent par-dessus bord. De petites marques, sur le plancher, témoignaient de ce genre d'incidents. Cela faisait un certain temps déjà qu'Emma, alertée un jour par le bruit entendu de la pièce voisine, avait fait ôter de la petite desserte ses fragiles verres à sherry. L'idée qu'ils soient victimes d'une boule égarée lui déplaisait fort.

Charles déclara à Joseph qu'il suffisait de bien calculer les trajectoires pour que même de petits bonds touchent au but. Par cette matinée d'octobre ensoleillée, Joseph ne parvint pas à apprécier cette petite blague traditionnelle. Il n'était pas vraiment d'humeur

125

à jouer, car il souffrait de ses vertèbres déplacées, et cela restreignait quelque peu l'affabilité avec laquelle il s'inclinait.

Un silence se fit. De toute façon, ces parties matinales parvenaient rarement à égayer le butler, plus rarement que celles de l'après-midi. Peut-être cela tenait-il également au sherry, que les deux hommes ne s'accordaient qu'après le lunch, tandis que le matin ils n'avaient qu'une carafe d'eau et y recouraient peu. Rester ainsi debout autour du billard, quand on était encore engourdi par la nuit et que Darwin était généralement perdu dans ses pensées, c'était fastidieux.

Joseph ne savait jamais quand retentirait trois fois la clochette signifiant que Mr Darwin souhaitait faire une partie. Il savait d'expérience que cette sonnerie voulait dire que le travail n'avançait pas. Manier deux ou trois fois la queue déliait habituellement les pensées, voire les mettait parfois sur de nouvelles pistes. Il n'était donc pas excessif de voir là l'un des mérites de Joseph : en jouant il avait contribué depuis des années à relancer, quand elle était en panne, la production de livres et d'essais de son employeur, et donc à les faire connaître au monde.

Pendant qu'avec une application excessive il mettait de la craie bleue au bout de sa queue, on frappa à la porte. Il alla ouvrir et, surpris, salua le Dr Beckett, qui aussitôt s'excusa d'être un peu en avance. Un de ses patients était mort la veille au soir, lui épargnant ce matin une visite. Darwin, à ce moment même, expédiait sa boule blanche dans le trou, tandis que la bleue qu'il visait restait immobile. Fâcheux.

« Eh bien, vous avez encore gagné, Joseph. Vous ne le méritiez pas. » Traînant un peu les pieds, Darwin alla jusqu'au tableau d'affichage et inscrivit le score. « Bonjour, docteur Beckett, que diriez-vous d'une partie ?

— Ce serait pour moi un honneur, Mr Darwin. Mais je ne voudrais pas vous prendre votre place, cher Joseph.

— Pas du tout, pas du tout. De toute façon je ne suis pas en grande forme aujourd'hui. Et j'ai à faire. »

Joseph donna sa queue au Dr Beckett, qui posa sa trousse par terre à côté de la porte.

« Est-ce que je connais le patient qui vient de mourir ? demanda Darwin.

— Non. Un inconnu. Un ouvrier des chemins de fer. Un grave accident du travail. Je crois qu'au vu de l'accumulation d'accidents de ce genre, la Compagnie doit commencer à ne pas se sentir très bien. On a voulu dire aux ouvriers : regardez, on se soucie de votre camarade, on paie même un médecin de Londres.

— Un célèbre médecin de Londres ! »

Beckett sourit à peine.

« La Compagnie de chemins de fer redoute manifestement une révolte, les ouvriers ne se laissent plus faire. »

Le docteur passait sa main gauche comme un gros peigne dans ses cheveux blond-roux.

« Qu'est-il donc arrivé à cet homme ?

— Un wagon chargé de matériaux de construction est parti tout seul et lui a sectionné une jambe. Plus encore quelques sales blessures, surtout à la tête. L'homme était perdu. J'ai pu au moins lui épargner de souffrir. J'ai commencé par la morphine. Cela n'a pas suffi. Finalement je lui ai administré la dose nécessaire de chloroforme. Il est mort inconscient, en s'endormant.

— Alors il n'a même pas su qu'il mourait », ne put s'empêcher de dire Darwin, se raclant aussitôt la gorge avec embarras.

Le Dr Beckett posa sa queue contre le mur.

« Avez-vous lu, hier dans le *Times*, ce qui était dit des conditions de travail épouvantables faites aux poseurs de rails ?

— Oui, j'ai parcouru ça. Et j'ai été soulagé qu'il ne s'agisse pas de la compagnie dont j'ai récemment acheté des actions.

— Et comment pouvez-vous être sûr que votre S.A. ne tolère pas des choses aussi affreuses ?

— Je dois avouer que je ne peux pas.

— De tels accidents peuvent être évités, à condition d'investir un peu d'argent dans la sécurité. C'est pour cela aussi que les syndicats sont une bénédiction. Je ne puis qu'espérer qu'ils réussiront à arracher d'autres améliorations. Surtout, il faut augmenter les salaires. Il faut que les gens puissent vivre de leur travail. Je peux vous dire, Mr Darwin, que le spectacle de cette veuve et de ses quatre petits morveux ne m'a pas laissé indifférent. Avec ça, notre pays est un empire civilisé et riche ! Et maintenant, qui va prendre en charge cette famille incomplète et désespérée, dans son sous-sol humide ? »

Darwin hocha la tête plusieurs fois avant de dire, pas très fort : « Je crains que ce ne soit un sujet plus vaste, et qu'il ne faille l'aborder en faisant des distinctions. Est-ce que les revendications des syndicats sont judicieuses ? J'en doute. J'entends : dans leurs principes. Si je comprends bien, les syndicats veulent que les mêmes règles s'appliquent à tous les travailleurs, qu'ils soient bons ou mauvais, qu'ils soient forts ou faibles. Ils doivent tous travailler le même nombre d'heures et recevoir tous le même salaire. » Darwin s'échauffait : « La rémunération à la tâche serait interdite, et j'estime que c'est une ânerie. Ceux qui sont forts et rapides et qui obtiennent de meilleurs résultats doivent aussi recevoir un meilleur salaire. Toute autre règle n'est qu'injustice. »

Le Dr Beckett plissait le nez et cherchait ses lunettes dans sa trousse.

« Le faible doit rester pauvre ? Et le pauvre, tant pis pour lui ? Là, je suis tout de même un peu surpris. Jusqu'ici, je pensais que vous vous gardiez de mêler votre théorie à des discussions politiques. Or, ce que vous venez de dire me semble impliquer que la concurrence et la sélection régissent la survie non seulement dans la nature, mais aussi dans les sociétés humaines. C'est donc le *survival of the fittest* non seulement chez les abeilles, mais aussi chez l'homme de notre époque ? »

Le Dr Beckett se vit obligé de nettoyer ses lunettes, criblées de points qui encombraient son champ de vision. Ils ne partaient pas. À y regarder de plus près, il se rendit compte qu'il s'agissait de minuscules taches de sang. Humectant les verres avec son haleine, il les frotta avec son petit mouchoir.

« Attention de ne pas déformer la monture, dit Darwin, ce que vous faites là ne me dit rien qui vaille. Voulez-vous que j'appelle Joseph, qui réglera la chose avec un peu d'eau chaude ? Il fait ça très bien. »

Beckett fit signe que non. Et continua de frotter, après avoir humecté le tissu d'un peu de salive. Darwin fit une pause, puis reprit :

« Revenons à votre question sur la concurrence entre les hommes. Le Darwin privé a bien le droit de faire part de ses pensées privées à son médecin privé. En outre vous êtes tenu au secret professionnel, n'est-ce pas ? »

Darwin sourit à Beckett. Mais celui-ci resta impassible.

« Vous avez bien sûr raison, je ferais effectivement mieux d'éviter les discussions politiques. Je suis naturaliste, et fermement convaincu que l'activité scientifique doit se tenir à l'écart des disputes sociales. Elle n'a pas à se laisser réquisitionner. Ni par l'Église, ni non plus par la politique. L'indépendance des sciences est vraisemblablement notre plus grande conquête depuis le Moyen Âge. »

Le Dr Beckett avait à nouveau chaussé ses lunettes, sur lesquelles se voyaient encore quelques bavures, et son corps dégingandé oscillait d'avant en arrière contre le bord du billard, auquel Darwin, ayant posé sa queue, s'appuya des deux mains comme à une tribune.

« Croyez-moi, j'ai beaucoup réfléchi sur les victoires et les défaites. Et sur ce que cela signifie pour la nature humaine. Qui est-ce qui s'impose ? Qui est-ce qui sombre ? Il ne fait pour moi aucun doute que c'est la concurrence qui produit les meilleurs, les plus forts, les plus sains et les plus intelligents, et que c'est elle le moteur du progrès. Je ne prétends pas pour autant qu'il n'existe pas de coopération dans la nature. Mais c'est la rivalité qui fait naître continuellement de nouvelles espèces toujours plus performantes. N'est-ce pas fantastique ? Cela va des organismes unicellulaires à Newton.

— Admettons.

— C'est pourquoi je redoute les sociétés qui érigent la coopération en principe fondamental. Même s'il y a tant de pauvres gens et quelques idéalistes qui appellent de leurs vœux un État de ce genre. Il ne faut jamais supprimer la concurrence. Sinon, on freine l'avancée de l'évolution et on entrave l'avenir. »

Darwin marqua une pause, tripota sa barbe et chercha le regard du Dr Beckett. Il continua :

« Je crains que les syndicats, et la politique de gauche en général, ne pouponnent ce qui ne vaut rien, ne promeuvent ce qu'il y a de débile et de véreux dans une société. Je vous le dis, ce n'est pas une bonne chose quand trop d'assistance sape la sélection naturelle. »

Le Dr Beckett ôta ses lunettes, l'air mécontent. Darwin ajouta alors : « Naturellement, là aussi tout est une question de dosage. Aider les pauvres sans les gâter, c'est ce qu'un gouvernement moderne doit offrir, dans une certaine proportion. »

Le Dr Beckett ouvrit son étui et y enferma ses lunettes pas très propres. Le silence se fit entre les deux hommes. Seul s'entendit le grincement du plancher lorsque Beckett s'approcha du billard en faisant comprendre qu'on avait assez parlé comme ça. « Eh bien, faisons donc une partie. Pour savoir qui est le meilleur. »

Darwin retira les boules des filets et les disposa cérémonieusement mais impeccablement sur le billard. « Si vous jouez en étant à moitié aveugle, alors même un vieil homme comme moi a peut-être une chance. »

Le Dr Beckett venait juste, en clignant des yeux, de blouser sa quatrième boule lorsque Darwin dit qu'il prendrait bien un petit whisky. Sans qu'il soit besoin de le crier sur les toits.

« Qui craignez-vous donc, sinon votre médecin ? dit Beckett amusé. Au fait, où est votre épouse ?

— Emma est aujourd'hui à Londres, elle rend visite à notre fils William.

— Et vous n'avez pas voulu l'accompagner ?

— Vous n'y pensez pas ! Je n'ai pas le temps de faire ce genre d'excursions, dans la serre m'attendent de nouvelles expériences. En outre, ma santé ne me permet pas de voyager. En ce moment, je digère les effets d'une mauvaise nuit. »

Il posa machinalement la main sur son estomac, les coins de sa bouche s'abaissèrent dans la même direction, mais il tira allègrement la sonnette, ce qui fit aussitôt surgir Joseph.

« Pourriez-vous nous servir un petit whisky ? De préférence le plus fruité, celui qui est dans mon bureau. Et de grâce ne me parlez pas de l'heure qu'il est. Même si d'habitude je vous demande d'élever ce genre d'objections. Aujourd'hui n'est pas un jour comme les autres. »

Au moment de trinquer, Darwin dit : « C'est un jour à fêter, docteur Beckett ! »

Le médecin plissa le nez, curieux d'en apprendre davantage :

« Notre première partie de billard ?

— On peut ajouter cela, volontiers. Mais il y a autre chose, et je me doutais que vous ne le sauriez pas. Comment pourriez-vous ?! Mais moi je puis vous le dire, mes listes et mes livres de comptes, dont Emma se moque tout le temps, sont bien utiles. À la date du 5 octobre 1870, il est inscrit dans mon livret de santé : "1re visite Dr Beckett. Anamnèse approfondie".

Et quel jour sommes-nous ? Exactement, c'était il y a onze ans. Dommage que nous ayons raté le dixième anniversaire. En dépit des excellents services que vous rendez à mon corps et à mon mental, nous n'atteindrons pas onze ans de plus. »

Darwin prit une petite gorgée de whisky avant d'ajouter :

« Je vous remercie de l'aide que vous m'apportez. Je dois dire que je me suis habitué à vous. »

Beckett eut une drôle d'allure, au moment de remercier à son tour. À côté de Darwin, il se tenait debout les genoux un peu fléchis et le dos rond, cherchant visiblement à se faire tout petit. Tout d'un coup il recula d'un pas, gêné de voir d'en haut le crâne chauve de ce vieil homme de plus en plus petit.

« C'est donc il y a onze ans que vous peinturluriez les pigeons. Et voilà près de dix ans, vous faisiez votre chute de cheval ? J'ai peine à le croire, tant la scène m'est encore présente. Ce fut l'une des visites à domicile les plus sensationnelles de toute ma carrière. J'étais encore si jeune et j'avais surtout l'expérience de l'hôpital, où un confrère plus âgé et plus expérimenté était toujours à proximité. Et voilà que gît là, dans l'herbe, le grand Darwin, célébrité mondiale ! Écrasé par son cheval. Et son épouse se lamente au moins aussi bruyamment que le blessé, elle parle de paralysie. C'était épouvantable. Je pensais sans arrêt : surtout ne pas faire d'erreur ! Restons calme. Mon cœur battait la chamade et je voyais déjà la manchette du *Times* : "Charles Darwin paralysé à jamais après une chute de cheval !" Sous-titre : "Un médecin plus expérimenté l'aurait-il sauvé ?"

— Et Tommy qui pleurait.

133

— Que voulez-vous dire ?

— Ce que je vous dis. Mon cheval était triste de me voir par terre. Cela peut paraître comique à certaines gens qu'on prête des sentiments aux animaux. Moi je n'ai aucun doute en la matière. Puis-je vous avouer quelque chose ?

— Naturellement.

— Ces dernières années, j'ai fait dans ma serre tout un tas d'expériences, comme vous savez. Eh bien, il m'est aussi arrivé de parler à des plantes et, de temps en temps, de les toucher délicatement, à dessein, de les caresser. J'ai tout lieu de supposer que les plantes appréciaient mes caresses. Et comme je suppose que ma théorie de l'évolution lente est avérée, que celle-ci s'effectue donc au cours de millions d'années sans à-coups, il y a nécessairement chez les plantes des sensations rudimentaires préfigurant des sentiments. Quelque forme de réceptivité aux contacts, qui a évolué plus tard pour donner chez les animaux des sensations simples, et plus tard encore chez l'homme des sentiments plus complexes. Vous allez penser que je suis fou, mais je suis même convaincu que les plantes sont capables de communiquer. De mener, si vous voulez, une forme primitive de la conversation telle que nous l'avons en ce moment. »

Darwin avait l'air tout content, tandis que le Dr Beckett sirotait son whisky en considérant d'un œil neuf les fleurs devant la fenêtre.

« Je puis vous assurer, Mr Darwin, qu'un médecin se cultive énormément en ayant des patients intelligents.

— À propos de patients intelligents, quoi de neuf du côté de votre Marx ?

« — C'est un cas passionnant. Tout à fait passionnant.

— Plus passionnant que moi ? »

Beckett rit, tout en expédiant la boule bleue tout droit dans le trou de gauche.

« Il l'est d'une manière différente. Si je devais vous comparer l'un à l'autre, cela donnerait une liste impressionnante de traits communs. Qui sait, peut-être adopterai-je un jour votre méthode de noter les choses comme vous le faites. Tenir un peu des comptes ferait du bien à ma pagaille. »

Le Dr Beckett ressentait l'effet de l'alcool, il avait à peine déjeuné le matin, et il s'étonna du dégradé de couleurs sur le nez de Darwin. Clignant les yeux, il fit aussitôt part de sa découverte :

« Puis-je vous signaler qu'en mettant de la craie au bout de votre queue vous vous êtes fardé le nez en bleu ? »

Darwin gloussa et s'assit sur la chaise qui était contre le mur, à côté du billard. Après avoir extrait son mouchoir de sa poche, il se frotta le nez.

« Il faut que je fasse une petite pause. Le whisky me fait tourner la tête.

— Moi de même. »

Le Dr Beckett prit place sur la deuxième chaise. Dès lors, les deux hommes, assis sur ces sièges rembourrés rouges, penchés en avant sur leurs queues appuyées sur le sol, eurent l'air de s'être livrés à un tournoi harassant.

« D'ailleurs, Marx m'a donné lecture de votre lettre.

— Quelle lettre ?

— Que vous lui avez adressée pour le remercier de l'envoi du *Capital*.

135

— Et qu'est-ce que j'ai écrit ?

— Vous avez fait l'éloge du livre, en quelque sorte.

— Ah.

— Mr Marx est très fier de cette lettre. Et particulièrement fier que vous vous soyez donné la peine de lire le livre en allemand, à l'époque.

— Vous ne lui avez surtout pas… ?

— Bien sûr que non. Pas un mot.

— Il a effectivement conservé cette lettre ? »

Le Dr Beckett redressa son long torse et le cala contre son dossier. Il regarda de côté Darwin, pâle et, penché en avant comme il l'était, paraissant encore plus fragile qu'aux précédentes visites.

« Vous savez, Mr Darwin, votre théorie de l'évolution a plus à voir avec le communisme que vous ne le pensez peut-être.

— Je vous en prie ! Je ne suis pas habitué à vous entendre porter des jugements aussi faux ! Un mot dit tout : coopération sociale.

— Je ne pense pas à cela. Je crois qu'il y a un autre lien entre vos deux théories. Et ce lien me paraît à vrai dire passionnant. J'ai demandé à Marx ce qu'il pensait de votre théorie de l'évolution. Et il n'a pas tari d'éloges sur vous, parce que d'un coup de balai vous nous avez débarrassés de ce qu'il a appelé le "boniment sur l'au-delà". Il a dit expressément qu'avec votre théorie vous aviez créé la base naturaliste du communisme.

— C'est une absurdité totale ! La nature et le communisme sont comme l'eau et le feu ! J'ai passé des décennies à examiner à la loupe des squelettes d'animaux et des semences de plantes. Pendant huit ans de ma vie je me suis usé les yeux au microscope sur des

136

dizaines de milliers de minuscules cirripèdes provenant de toutes les mers du monde. Voulez-vous savoir pourquoi je n'ai pas renoncé à cette corvée même quand j'en ai eu des points noirs devant les yeux ? Même quand ces points noirs se sont mis à danser, quand je ne voyais plus rien et que sans cesse je me trouvais mal ? »

Avant même que le Dr Beckett ait pu avoir la moindre réaction, Darwin poursuivit :

« Sur la côte chilienne, j'avais trouvé un étrange cirripède qui, comme je l'ai constaté des années plus tard en exploitant tous ceux que j'avais collectés, différait nettement de toutes les espèces décrites jusque-là. Pour que vous puissiez vous en faire une idée : il était plus petit qu'une tête d'épingle. J'ai pensé d'abord qu'il s'agissait d'un petit monstre, qui avait une malformation. Mais pas du tout ! Voulez-vous que je vous révèle ce que cet animal avait de si particulier ? Il se perçait un trou dans la coquille d'un certain coquillage où il menait ensuite une confortable et heureuse existence de parasite.

— Mais, Mr Darwin, vous vous écartez là de notre…

— Vous savez, normalement les cirripèdes sont hermaphrodites. Chaque individu possède à la fois des organes sexuels féminins et masculins. Mais à peine avais-je commencé à m'occuper d'eux que je trouvai, à côté de cette espèce chilienne de perceurs, des mâles qui n'étaient faits que d'une tête minuscule au bout d'un pénis gigantesque. Où était passé l'élément femelle ? Par ailleurs, je trouvai de tout petits mâles cirripèdes qui se collaient solidement à la chair des femelles pour passer là toute leur vie en parasites sans plus jamais en bouger. Et je trouvai des hybrides dont les pénis s'atrophiaient dramatiquement, et qui donc s'apprêtaient manifestement à devenir des femelles.

— Désolant. Mais, Mr Darwin, je voudrais…

— Il fallait tirer la chose au clair ! J'investis une grosse somme dans un nouveau microscope afin d'avoir un tableau complet de cette étonnante diversité. Je me fis envoyer systématiquement des cirripèdes de tous les océans, j'empruntai des collections à des musées d'histoire naturelle, je comparai des exemplaires fossiles à des vivants, et je pus finalement apporter la preuve que des hybrides se métamorphosaient insensiblement, à petits pas, en êtres bisexuels, que donc de nouvelles espèces se formaient à partir d'espèces existantes. Au terme de ces huit années, je n'avais plus à spéculer sur le mystère de la fabrication des espèces, j'en étais quasiment devenu moi-même le témoin.

— En fait, je voulais…

— Mais la question décisive était : où commence une espèce ? Et dans quels cas s'agit-il seulement de variantes ? Je vous en prie, songez-y brièvement. Car ces étranges métamorphoses ont de quoi rendre fou. En m'appuyant sur les cirripèdes, j'étais en mesure de prouver que des espèces d'aujourd'hui sont des variétés d'hier. Je baptisai celles-ci "espèces initiales". Et permettez-moi de remarquer que je continue à trouver ce terme pertinent.

— Mr Darwin, pour ma part, en réalité…

— J'ai poursuivi ma recherche jusqu'à ce que l'odeur d'alcool me fasse presque perdre ma lucidité, et qu'à force d'éventrer ces cadavres minuscules et puants je ne puisse plus réprimer ma nausée. Depuis lors mon estomac est délabré, mais j'ai résolu le mystère des petits monstres.

— Karl Marx voulait dire…

— Laissez-moi terminer brièvement cette histoire. Naturellement, ces animaux décrits pour la première fois n'avaient pas encore de noms. Et comme je déteste le latin, j'eus de la peine à leur en trouver. Mais cette histoire nous entraînerait peut-être un peu loin.

— Comme vous dites.

— L'autre problème, beaucoup plus important, c'était que tout réclamait une nouvelle répartition de ce grand groupe d'animaux. Car ce ne sont pas des mollusques, comme on l'a longtemps cru. Ce sont des cousins des crabes, donc un groupe de crustacés parent des crevettes et des langoustes. Prodigieuse découverte. J'ai donc rangé les cirripèdes dans une tout autre catégorie du règne animal. Cela nécessitait de nouveaux genres, de nouvelles subdivisions, la vieille systématique était bouleversée, et j'écrivis la plus épaisse de mes œuvres.

— Félicitations. Mais est-ce que nous ne pourrions pas… ?

— Et maintenant pourquoi fallait-il que vous écoutiez tout cela, cher Beckett ? Parce que je suppose que mes deux volumes sur les cirripèdes, avec leurs plus de mille pages, vous devez les avoir étudiés d'aussi près, à vue de nez, que moi *Le Capital*. Quoi qu'il en soit, ce qui est sûr comme deux et deux font quatre, c'est qu'au cours de toutes ces années jamais le microscope n'a détecté le moindre modèle d'utopie communiste. Nulle part. Que le diable l'emporte !

— Vous parlez du pauvre Marx ?

— Comment ça, le pauvre Marx ? Vous devriez dire "le pauvre Darwin" ! Vous ne voyez donc pas qu'il abuse de moi et de ma théorie pour son idéologie de gauche ?

— Eh bien, c'est que vous êtes celui qui offre une explication scientifiquement fondée de l'évolution des plantes et des animaux. Vous venez à l'instant de me l'exposer très concrètement. Il n'a pas été question d'un Dieu qui aurait fait don d'un pénis surdimensionné à un cirripède. Ni ôté son pénis à un autre. Que cela vous plaise ou non, vous donnez une explication matérialiste du monde et vous apportez ainsi de l'eau au moulin de Marx. »

Darwin poussa un grand soupir. Beckett lui accorda un petit répit avant de continuer :

« Marx, qui est d'habitude plutôt bourru comme un Allemand, semble éprouver une tendre affection pour votre prouesse consistant à substituer l'évolution à la main de Dieu. À ses yeux l'on ne saurait porter coup plus terrible à la métaphysique qu'en prouvant que c'est la nature qui bricole toute seule depuis des millions d'années. »

Le Dr Beckett accorda une nouvelle pause à son interlocuteur.

« Comme pour lui le Créateur est désormais vaincu et à terre, il peut dénoncer, tout content, le vrai caractère de la religion et la démasquer comme un conte inventé par les hommes. D'autres l'ont déjà fait avant lui, naturellement. Mais sans avoir derrière eux votre explication par l'histoire naturelle. Marx lui-même a déjà parlé naguère de la religion comme "opium du peuple". N'est-ce pas là une image grandiose ?

— Opium ? Qu'est-ce que ça signifie, encore ?

— Il veut dire que les pauvres, qui n'ont pas grand-chose à attendre de ce monde, trouvent un réconfort dans la croyance en une vie éternelle. La foi les aide à fuir la triste réalité, comme l'ivresse que procure l'opium. C'est pourquoi il dit aussi de la religion qu'elle est "le soupir de la créature accablée par le malheur, l'âme d'un monde sans cœur". »

Darwin porta la main à sa tête, comme pour signaler à son médecin qu'une nouvelle migraine s'annonçait. Mais le Dr Beckett poursuivit imperturbablement :

« Je crains qu'on ne puisse récuser l'idée que les puissants mettent la religion au service de l'oppression. Soyez sages ! Ne vous rebiffez pas ! Travaillez bien ! Le ciel vous le rendra, soyez-en sûrs.

— Tout cela est bien possible. Mais pourquoi s'appuient-ils tous sur ce que je n'ai ni dit ni écrit ? Jamais je n'ai eu un mot contre la religion.

— Bon, mais c'est parce qu'à votre manière de gentleman et de diplomate vous ne vouliez pas exprimer des opinions qui sentent le fagot, mais ces idées n'en sont pas moins, disons, inhérentes à votre œuvre. Et, comme vous me l'avez dit en confidence, vous avez aussi perdu votre foi chrétienne au cours de votre travail. »

Darwin préféra garder le silence.

« Moi aussi, étant étudiant en médecine, j'ai pressenti que les recherches sur l'évolution ne seraient pas sans répercussions sur la foi en la Bible. J'avais vingt ans lorsque parut votre livre sur les espèces. Et je me rendis bien compte de l'embarras de nos professeurs de Cambridge face aux nouvelles découvertes scientifiques. Je n'ai pas besoin de vous expliquer cela. »

On grattait à la porte. Darwin se leva et laissa entrer Polly. Elle lui donna deux petits coups de museau sur la jambe et alla se coucher sous le billard. Là, elle émit un grognement enroué, et elle ferma les yeux. S'ensuivit un long silence. Puis le Dr Beckett dit :

« Marx peut fort bien se servir de votre travail pour le sien.

— Mais moi je n'ai que faire de lui. »

Darwin se rassit, et Beckett reprit :

« Il y a quelques jours, je me suis avisé soudain que le lien entre vos deux théories porte un nom qui sonne bien, c'est : le paradis.

— Vous tenez à me torturer ?

— Non, je suis votre médecin et je voudrais que vous alliez bien. Je ne voudrais pas davantage remuer le couteau dans vos plaies, que je connais. Au contraire, je vous promets que vous irez aussitôt mieux parce que vous pourrez peut-être mettre à une place nouvelle ce Marx et son communisme. Je trouve très intéressant de se demander pourquoi il est si friand de votre théorie. Je m'efforce de me l'expliquer, mais je vous en prie, ne pesez pas chaque mot. »

Darwin poussa un gémissement, tandis que le Dr Beckett se mettait, non sans quelque fierté, à développer ses idées sur le jardin d'Éden.

« En détrônant, Mr Darwin, le Créateur de la Bible, censé avoir créé en six jours le monde et tous ses habitants, vous avez évacué aussi, sans vous en soucier, d'autres mythes des Saintes Écritures. Car pourquoi voudrait-on que les autres histoires de la Bible soient vraies si déjà l'événement central qu'est la création est dénoncé comme étant un conte ? Pourquoi voudrait-on que quelqu'un croie encore au déluge ?

Ou au purgatoire ? Mais surtout, pourquoi devrait-il y avoir un paradis dans l'au-delà ? »

Darwin se leva, un peu vacillant, remit du bleu sur le bout de sa queue et chercha la meilleure position pour reprendre la partie. Brandissant sa queue avec hésitation, il ne trouva pas à bien se placer. Finalement il décida d'envoyer la blanche sur la bande en espérant qu'en revenant elle déferait le malheureux groupement de plusieurs boules et libérerait la jaune de sa mauvaise posture. Sa barbe caressait le bord du billard, tant il se penchait. Le coup qui suivit ne fut pas libérateur. Les boules se retrouvèrent encore plus mal groupées. Mécontent, Darwin se rassit et dit, les lèvres presque serrées :

« Et ensuite ?

— Vous, cher Darwin, avez créé une lacune que ces marxiens peuvent maintenant combler.

— Si le Dieu de la Bible est mort, cela ne veut pas dire pour autant que n'importe quel Dieu soit mort. Je trouve cette vue sur le monde un peu simplette.

— Exact, mais enfin le Dieu biblique est celui auquel, dans notre culture, nous croyons depuis très longtemps. Et à lui est liée notre idée du paradis. Si les hommes ne peuvent plus croire au pays de rêve dans l'au-delà, alors ils sont enfin prêts à lutter pour une bonne vie dans ce monde-ci. On est rapidement beaucoup moins prêt à souffrir s'il n'y a pas de récompense après la mort. »

Darwin but son verre de whisky d'un coup.

« Et ensuite ?

— C'est là qu'intervient Marx. Il ne veut pas seulement que les hommes aillent mieux, qu'ils gagnent quelques livres de plus et travaillent quelques heures

143

de moins. Il leur promet le paradis sur terre. Personne ne sera plus exploité. Tous seront libres, tous seront égaux, tous auront assez à manger, tous auront le droit de faire ce dont ils auront envie. Le bonheur illusoire du paradis divin est transformé en bonheur fait par les hommes sur terre.

— Quelle prétention ! Pour nous rattacher à notre sujet précédent, c'est encore bien pire que les égarements des syndicats.

— Les marxiens détestent les syndicats. Parce qu'ils ne veulent pas renverser la situation, mais cherchent un compromis dans le cadre du système capitaliste.

— Et ensuite ?

— À ma dernière visite dans Maitland Park Road, j'ai appris de la gouvernante que Marx est d'origine juive et d'une famille de rabbins. Si la situation des Juifs en Allemagne n'avait pas été aussi désespérée et si la famille n'avait pas été obligée de se convertir au christianisme, Karl Marx aurait pu devenir rabbin de Trèves. Rien n'aurait plus réjoui sa mère.

— Et au lieu de cela il se retrouve maintenant émigré à Londres. C'est effectivement un destin peu commun. »

La voix de Darwin sonnait un peu plus fermement.

« Oui, je trouve aussi. Mon intuition me dit qu'un presque-rabbin qui annonce le paradis sur terre, ce ne peut pas être un hasard. Il a d'ailleurs aussi trouvé son peuple élu, c'est le peuple des travailleurs. Car le prolétariat a la mission historique de libérer à jamais l'humanité de l'asservissement.

— Il écrit vraiment cela ? Je ne connais pas ses écrits, et voilà bien longtemps hélas que j'ai eu entre les mains *Le Capital*. »

Darwin avait un air malicieux, son visage avait retrouvé un peu de couleur.

« Oui, il écrit cela, et étant étudiant j'en ai lu un peu et j'en ai discuté avec des condisciples. Je ne connais pas grand-chose au judaïsme, mais tout de même assez pour que je voie des parallèles. Vous avez sûrement une Bible à portée de main. Alors je vais vous lire brièvement un ou deux passages que j'ai retrouvés hier. Je n'en suis pas revenu ! »

Darwin alla chercher la Bible dans son bureau. Cela lui prit un moment, et pendant ce temps le Dr Beckett but un verre d'eau.

Après avoir feuilleté rapidement, il trouva le passage sur les Juifs en Égypte et en fit la lecture : « "Alors les Égyptiens réduisirent les enfants d'Israël à une dure servitude. Ils leur rendirent la vie amère par de rudes travaux en argile et en briques, et par tous les ouvrages des champs : et c'était avec cruauté qu'ils leur imposaient toutes ces charges." »

Le Dr Beckett leva les yeux. « Cela ressemble beaucoup à l'esclavage moderne des ouvriers de l'industrie, non ? Le Juif Marx connaît ses Saintes Écritures. »

Maintenant Darwin s'enflammait lui aussi et écoutait attentivement.

« Ou songez à la ressemblance entre Moïse et Marx. Je ne parle pas du physique biblique ! Non, mais l'un a pour mission de faire échapper son peuple à la servitude en Égypte, l'autre a celle de libérer les prolétaires du capitalisme. Marx est une sorte de Moïse. Il est le prophète de la modernité.

— Vous voulez dire qu'empêché d'être rabbin, Marx a tout de même trouvé une voie pour promettre le salut aux hommes.

145

— Oui, c'est exactement ce que je veux dire. Écoutez encore ce passage. »

Le Dr Beckett lut d'une voix forte, comme un prêtre heureux de ce qu'il annonce :

« "L'Éternel dit : J'ai vu la souffrance de mon peuple qui est en Égypte, et j'ai entendu les cris que lui font pousser ses oppresseurs, car je connais ses douleurs. Je suis descendu pour le délivrer de la main des Égyptiens, et pour le faire monter de ce pays dans un bon et vaste pays, dans un pays où coulent le lait et le miel." Le pays où coulent le lait et le miel, n'a-t-il pas l'odeur du paradis ? C'est l'État communiste. Une merveilleuse image des jours heureux quand la lutte des classes sera terminée ; du salut, tout simplement.

— Je vous le dis, docteur Beckett, qu'un patient se cultive énormément quand il a un médecin intelligent !

— Ah, vous savez, je ne m'intéresse en fait qu'à ce que les patients ont au fond d'eux-mêmes. Je prends plaisir à comprendre leurs maladies et leurs angoisses. C'est pour moi comme les échecs. Coup après coup, on approche du noyau de l'affaire. »

Pour la première fois depuis longtemps, Beckett repensa au professeur qui l'avait renvoyé de son service. Et il lui en était reconnaissant. Il s'était servi du choc qu'était ce renvoi et de la liberté qui en résultait pour trouver la voie qui le rendrait heureux. Il sourit.

Après un long moment où ils restèrent tous deux silencieux et où Darwin médita ce qui s'était dit, Beckett reprit :

« J'ai beaucoup réfléchi à ce qui lie les conflits internes aux maladies. J'ai souvent eu le sentiment que les malades chroniques souffrent d'une forme de culpabilité. Chez Marx, je vois qu'en tant que fils

146

d'une famille de rabbins devenu un athée agressif, il lutte tout au fond de lui avec la culpabilité d'avoir trahi le judaïsme. Il n'a pas marché sur les traces de ses pères comme cela lui était demandé.

— Ah-ah. Et alors, que pensez-vous de moi ?

— Je soupçonne que vous le savez assez bien vous-même, non ? »

Darwin poussa un grognement. Sur quoi Polly en fit autant, sous le billard.

« Il ne peut pas vous indifférer d'être celui qui ébranle la foi dans une religion qu'à l'origine vous vouliez prêcher. Vous vouliez être prêtre, tout de même ! »

Darwin grogna. Polly aussi.

« Et comment s'exprime, à votre avis, une telle culpabilité ?

— Du point de vue qui est le mien, je puis dire que j'ai souvent observé que les gens souffrant d'une tension insupportable résolvent celle-ci par des vomissements. C'est une sortie de secours pour ce qui les chagrine.

— Un volcan fait cela pour des raisons purement physiques. Chaque fois que les tensions dans les profondeurs deviennent trop fortes, le volcan fait une éruption et des masses de lave se déversent…

— Belle image.

— Oui, mais le volcan n'a pas la moindre culpabilité, que je sache. C'est de la physique la plus pure et la plus merveilleuse. Ce qui chez lui est le magma bouillonnant, ce sont chez moi mes sucs gastriques en ébullition.

— Cela va de soi.

— Me permettez-vous d'ajouter encore, dans ce contexte, qu'il s'agit des forces énormes qui soulèvent

147

des continents entiers et causent des tremblements de terre ? »

Le Dr Beckett se leva et fit un petit tour du billard. Revenu à sa chaise, il dit qu'en fait il faudrait que quelqu'un écrive un livre sur Marx, pour éviter que les gens de gauche ne croient simplement le nouveau prophète, ne le suivent et ne tombent ainsi dans le piège d'une nouvelle religion. La cause de la justice sociale était trop grave.

« Avez-vous parlé de vos idées avec Marx ?

— Non, jamais de la vie ! Ce serait une déclaration de guerre. Je suis là pour le soigner. Autant que c'est encore possible.

— Vous n'avez pas l'air très optimiste. Qu'a-t-il donc ?

— Vous savez bien que je n'ai pas le droit de vous le dire. Quelque chose au poumon. Quelque chose au foie. Quelque chose à la peau. Quelque chose qui lui donne des nausées. »

Darwin indiqua qu'il allait bientôt devoir s'étendre et proposa de terminer la partie.

« Je n'ai plus rien à gagner. Toutefois j'aimerais signaler que tout à l'heure j'ai vu une faute. Lorsque vous avez joué la bleue, vous n'aviez pas le pied sur le sol. »

Darwin eut un air malicieux. Le Dr Beckett osa douter qu'avec sa taille et sous l'influence du whisky il ait pu se mettre ainsi à voler.

Polly sortit de sous le billard et s'assit face aux deux hommes. Elle inclina la tête de côté et les observa attentivement l'un après l'autre, assis côte à côte en silence sur leurs chaises rouges. Darwin lui sourit distraitement et déclara que c'était à lui de résumer l'affaire une dernière fois.

« Je vous ai bien compris, cher Beckett, Marx raconte l'histoire de l'Ancien Testament sous un nouveau vêtement ? Avec les propriétaires d'usines comme Égyptiens ? Les travailleurs comme Juifs ? Le capitalisme comme enfer ? Et le communisme comme paradis ?

— Oui, exactement. Il annonce le royaume de Dieu sur terre. Et même la révolution entre dans cette équivalence, c'est le jugement dernier, le jour de colère, *dies irae* : "Il brise des têtes sur toute l'étendue du pays", est-il dit dans la Bible. Même le purgatoire a son pendant dans la dictature du prolétariat. Ce stade intermédiaire violent est la transition vers l'état final du communisme pacifique. En attendant, c'est la violence. Ceux qui n'ont pas encore compris où mène le voyage ont droit au bûcher.

— Ou on leur coupe la tête.

— C'est ça. D'ailleurs je ne crois pas que ce soit un hasard quand quelqu'un qui a été déraciné du judaïsme puis de son pays, qui a fui sans nationalité et vit maintenant en exil, ne cesse de parler de l'homme aliéné.

— Et moi je pensais, quand j'ai eu *Le Capital* entre les mains, que Marx était un scientifique. Un économiste.

— C'est ce qu'il veut être aussi. Et qu'il est aussi pour une part. Il ne faudrait pas le lui dénier. Mais les textes, dans son œuvre, qui le montrent en économiste sont si compliqués et inextricables que je ne les comprends pas. Ses textes d'agitation, au contraire, se comprennent très bien. Là, son langage est puissamment imagé et limpide. Le *Manifeste communiste*, par exemple, commence par cette phrase : "Un spectre hante l'Europe."

— Quelle sorte de spectre ?

— Celui du communisme. Toutes les puissances de la vieille Europe ont conclu une sainte alliance pour faire la chasse à ce spectre, prétend Marx. Des phrases pareilles ont bien un ton presque biblique. On sent que l'apocalypse approche. Est-ce que cela vous intéresserait de vous entretenir avec Marx ?

— Quelle idée ! Pourquoi devrais-je vouloir cela ?

— J'imagine qu'une telle conversation pourrait être, disons, stimulante. Car enfin ce seraient les grandes questions de l'humanité qui seraient abordées là. Je me verrais très bien arranger une rencontre. »

Darwin reprit la Bible en main et dit :

« C'est l'exemplaire que j'avais dans mon bagage lors de mon voyage autour du monde sur le *Beagle*. Quand je me suis embarqué à vingt-deux ans, j'y prenais encore chaque mot pour argent comptant.

— J'aimerais en apprendre davantage sur ce périple.

— J'ai encore quelques exemplaires de mon livre *Le Voyage du Beagle*. Venez avec moi dans mon bureau, je vous en donnerai un. Vous pourrez lire ce que j'ai vécu au cours de ces cinq années. Cela risque de vous intéresser davantage que ma monographie sur les cirripèdes. »

Les deux hommes quittèrent la salle de billard. Dans le couloir, le Dr Beckett demanda :

« Quel événement, à l'époque, vous a le plus impressionné ?

— La rencontre des gens de la Terre de Feu. J'ai été profondément bouleversé d'avoir à considérer ces sauvages comme des frères et sœurs. Et puis naturellement la traversée des Andes. Tout en haut, entouré de ces géants de pierre, j'ai eu une illumination. »

150

Une fois dans son bureau, Darwin chercha la plume bleue qu'il préférait et gratta une dédicace, puis mit le livre dans la main du docteur, avant d'aller tout droit vers sa chaise longue. Il fallait qu'il s'étende pour digérer le whisky et dormir un peu, sinon ses jambes risquaient de le lâcher et de causer des disputes avec son médecin. Lorsque le Dr Beckett, le livre à la main, appuya sur la poignée grinçante de la porte, déjà les yeux de Darwin se fermaient.

La révélation des coquillages

1835.

Il s'éveilla en sursaut, effrayé. Quelle heure était-il ? Pourquoi le soleil lui éclairait-il si fort le visage ? Pendant son sommeil, Charles avait beaucoup transpiré, et il se sentit flapi. Il saisit le verre d'eau. Sa langue était comme desséchée. La gorge lui brûlait.

Il avait rêvé et, tout en soulevant péniblement sa tête endolorie, il s'efforça de retenir certaines bribes de son rêve. D'autres s'évanouissaient.

Il vit nettement la scène qu'il avait vécue au moment de s'éveiller. Son père était arrivé, sur un Royal Mail Ship, dans la baie où le *Beagle* était à l'ancre. Charles avait vu de loin le majestueux navire avec son pavillon britannique de bonne taille qui battait au vent. Après quelques manœuvres pour jeter l'ancre dans l'étroite baie, son père s'était fait amener à la rame jusqu'au *Beagle*. C'était un spectacle bizarre, car la petite embarcation penchait tellement du côté du vieux monsieur corpulent qu'elle menaçait de chavirer d'un instant à l'autre. Le frêle matelot devait ramer de toutes ses forces. À peine à bord, il y eut une discussion acerbe entre le capitaine et son père. Il s'agissait de lui « remettre » son fils – c'était le terme employé par le père –, car il avait à s'acquitter de tâches autrement importantes que de sillonner les mers du monde. Le capitaine s'interposa entre eux en faisant l'éloge de son travail : il abattait tout ce qui passait devant son fusil et, selon ce qu'était la proie, elle était rôtie ou soigneusement empaillée.

Lorsque cette phrase lui revint, Charles ne put s'empêcher d'éclater de rire, ce qui finit de le réveiller. Pendant que l'eau lui rinçait la gorge, il continua de se redresser, ce qui, dans le hamac qui se balançait, lui demanda un peu d'adresse.

Jetant un regard hors de sa cabine, il vit que l'horizon était immobile. Les balancements, le tangage et le roulis du bateau avaient cessé, le temps s'était manifestement calmé. Les rafales de la tempête avaient laissé place à une brise régulière. En conséquence, la nausée aussi avait battu en retraite. Elle l'attaquait régulièrement, et ce depuis le 27 décembre 1831, date à laquelle le *Beagle* avait quitté Devonport avec ses dix canons à bord.

Trois bonnes années s'étaient écoulées depuis lors, mais en la matière il restait incapable de s'accoutumer à une vie en pleine mer. Pour qui faisait le tour du monde, ce n'était pas un détail. Charles aurait bien aimé avoir le pied un peu plus marin. Pour le moment, le bateau était dans le mouillage sûr d'une petite île au sud du Chili.

L'estomac barbouillé de n'avoir eu droit depuis des jours qu'à de l'eau et des raisins secs trempés dans du brandy – une recette de son père –, Charles laissa pendre ses jambes hors du hamac et goûta le bonheur d'avoir survécu cette fois encore au mal de mer.

À quoi s'ajouta le soulagement de savoir son père en Angleterre.

Lorsqu'il vit par terre la planchette à écrire, avec plume et lettre, il lui revint que, tout en luttant contre l'envie de vomir, il s'était trouvé en train d'annoncer à son vénéré professeur de botanique à Cambridge, Steven Henslow, une livraison de pommes de terre. Elles étaient encore à sécher sur la corde à linge. Le professeur comparerait ces pommes de terre chiliennes aux anglaises, pour trouver jusqu'où allait leur parenté. C'était pendant que Charles s'efforçait de dépeindre aussi précisément que possible le lieu où il les avait trouvées, dans le terrain de sable coquillier, que ses yeux avaient dû se fermer.

Il sortit sur le pont. La fraîcheur de l'air était enivrante, après ces jours dans l'atmosphère confinée de la cabine, et la vue sur la chaîne des Andes était à couper le souffle. Le magnifique volcan Osorno fumait, cône parfait couvert de neige. L'eau autour du *Beagle* écumait, tandis que le vent sifflait dans le gréement.

Grignotant un biscuit de mer, Charles s'assit à l'abri, gonfla les poumons, remercia Dieu que la tempête se soit calmée et observa un pétrel géant, de près d'un mètre de long, en train de chasser un petit plongeon, qui faisait tout, tantôt volant tantôt plongeant, pour échapper au prédateur. Mais celui-ci le tua d'un seul coup de bec.

Charles s'avisa soudain que ses professeurs de Cambridge ne décrivaient jamais que ce qu'il y avait de beau et de bon, voire de mignon, dans la nature, pour faire l'éloge du Créateur. Quelle variété de couleurs somptueuses on pouvait admirer dans une prairie au printemps, comme il était beau que les abeilles soient les pollinisatrices des pommiers et que les vers de terre ameublissent le sol. Mais comment Dieu s'y prenait-il pour concilier ce massacre entre les créatures avec sa morale de paix et d'amour ? Cela n'avait sûrement pas été facile pour Lui d'instaurer cet ordre de bataille qui réglait depuis lors les rôles de dévoreurs et de dévorés. Il avait fallu pour cela, ne l'oublions pas, prendre des décisions cruelles. Charles s'étonna de n'avoir jusque-là jamais réfléchi à cette contradiction. Et cette cruauté, que disait-elle sur son Dieu chrétien ?

L'instant d'après, des milliers de puffins passèrent au-dessus de sa tête. Jamais Charles n'avait vu des oiseaux voler en si grand nombre. Ensuite une bonne partie de ce vol s'abattit, comme frappé d'un coup, sur l'eau de la baie, qui fut transformée en une surface d'un noir profond. Le vacarme était énorme, au point que l'officier dont Charles venait de découvrir la présence fut à peine compréhensible lorsqu'il lui souhaita le bonjour et le félicita d'être à nouveau parmi les vivants.

Vers le soir, Charles accompagna le capitaine FitzRoy, qui se réjouit lui aussi de sa guérison et l'emmena faire le relevé topographique d'une baie profonde où ils furent surpris par des phoques couvrant chaque rocher plat et une bonne partie de la plage. Serrés les uns contre les autres, ils paraissaient dormir profondément et dégageaient une puanteur bestiale.

Quand ils passèrent plus près d'un rocher, tout un groupe plongea dans l'eau et suivit le bateau, chaque bête tendant le cou avec une évidente curiosité. Charles les imita, allongeant le cou et hochant la tête, pour la plus grande joie des officiers, et adressa la parole à un phoque qui se risquait particulièrement près du bateau. Il lui dit qu'il était une brave bête.

Tandis qu'un couple de cygnes à col noir traversait élégamment la baie, les deux officiers amarrèrent le bateau pour aller à terre. Selon les ordres rigoureux du capitaine, ils avaient à arpenter la petite langue de terre dont le tracé sur la carte était erroné. Pour Charles, une occasion bienvenue de faire une promenade et de chercher des plantes ou des animaux qu'il n'avait pas encore inscrits sur sa liste des espèces sud-américaines.

Soudain il vit un renard assis sur un rocher, qui était à ce point fasciné par le travail des officiers que Charles put s'en approcher sans bruit par-derrière. Vif comme l'éclair, il tira de son sac son marteau de géologue et le lui abattit sur le crâne. Des indigènes lui confirmèrent peu après qu'il s'agissait d'une espèce rare, si bien qu'il emporta l'animal mort au bateau pour le préparer ultérieurement et, à la première occasion, l'expédier en Angleterre dans une des grandes caisses chargées de pommes de terre, de quelques oiseaux, d'os fossiles de mammifères et de divers cirripèdes.

Remonté à bord du *Beagle*, Charles se consacra à sa correspondance, puis dessina des plumes dans son cahier de notes, et décrivit avec le plus grand soin les caractéristiques particulières du renard. Et il fut plein de gratitude envers son estomac qui se montrait prêt à consentir au premier dîner depuis des jours. Et il se réjouit d'avance d'un sommeil réparateur.

Mais les choses tournèrent autrement. Au milieu de la nuit du 19 au 20 janvier, l'officier de quart s'était inquiété en voyant une lumière au loin qui grandissait sans cesse. Il réveilla Charles, qui souhaitait être alerté de tout phénomène naturel, même si c'était une famille de tortues qui pagayait à côté du *Beagle* ou un calamar qui, dans l'eau peu profonde, changeait soudain de couleur. Encore mal réveillé, Charles arriva sur le pont, remercia l'officier et braqua sa longue-vue.

Des masses rouges de matière en fusion giclaient vers le ciel et éclataient en l'air. L'Osorno était entré en activité et, sous les yeux du naturaliste, la lumière du feu central était si vive qu'elle lançait ses reflets sur la mer d'un noir d'encre.

Le volcan ne cessait de projeter ses explosions. Charles emmagasinait les images et notait sur des feuillets ce qui lui paraissait important. Il relevait l'heure, tendait les doigts en travers pour estimer les altitudes, et s'étonnait de la taille des roches qui étaient successivement catapultées vers le ciel dans la lumière crue jaune-rouge, et qui retombaient en désordre.

Le lendemain matin, l'Osorno était silencieux et fumait. Seul Charles ne retrouvait pas son calme. Ce fantastique spectacle nocturne ne lui sortait plus de la tête, éveillant le désir de gravir jusqu'en haut ce mystérieux monde de roches qui produisait de tels feux d'enfer.

Animé par le zèle du géologue, il marchait en tête sur le terrain pierreux. Pour un peu, même les grands condors qui traçaient leurs cercles autour des cimes des Andes, mettant en valeur leurs grandes ailes blanches et leurs fraises, n'auraient pas réussi à attirer ses regards.

Cette indifférence épatait ses deux accompagnateurs qui, fidèlement et avec une patience d'ange, conduisaient l'étonnant Britannique, avec son cheval, dix mulets, un lit et quelques sacs de pommes de terre, à presque chaque point de vue qu'il demandait à explorer. Ce nouveau comportement les faisait échanger des regards interrogateurs, car enfin d'habitude Charles suivait des yeux chaque oiseau et retournait la moindre petite feuille. Mais dans la mesure où d'abord les habitants s'étaient faits plus rares et où bientôt la végétation s'était perdue entre les rochers, son intérêt pour le vivant s'était tari.

Peu bavard, mais avec une activité fiévreuse consistant à tout observer alentour, il se consacrait aux roches qui chatoyaient dans toutes les couleurs. Ses accompagnateurs sentirent qu'il voulait être seul. Ils firent silence et se tinrent la plupart du temps un peu à l'écart.

Ils remontèrent lentement une vallée bordée de part et d'autre par des montagnes chauves et escarpées. Les masses rocheuses étaient curieusement stratifiées et d'un rouge pourpre mat. Sur leurs flancs, des ruisseaux se précipitaient vers la vallée dans un vacarme assourdissant. Charles s'arrêta et les écouta se jeter par milliers dans le vide en s'entrechoquant, se fracassant, gargouillant et crépitant.

Peut-être que ce tumulte était trop bruyant pour son mulet, qui devint nerveux et voulut continuer. Charles lui gratta la crinière, se pencha vers lui et lui murmura de patienter un peu : c'était le torrent qui voulait parler au géologue, et ce que l'eau cherchait à dire, il fallait commencer par le comprendre. Puis il donna une claque à sa monture, et ils repartirent au petit trot.

Le convoi traversa un éboulis, ce qui demandait beaucoup d'adresse, même aux bêtes aguerries. Sans cesse des pierres se détachaient et dévalaient la pente. Charles progressait comme en transe. En dépit de l'air froid, il avait le front en sueur. Rien, dans la nature de l'Amérique du Sud, ne l'avait jusque-là fasciné comme ces terrasses de cailloux grossièrement empilés. Il se pencha, parcourut du regard ces milliers de pierres et en ramassa une qui était parfaitement arrondie. Elle reposait, toute lisse, dans sa main tannée par le soleil et le vent. Il la fourra dans la poche de son pantalon et il repartit.

Bien qu'il fût dangereux de quitter l'étroit sentier, Charles se sépara de la caravane, ce qui fit aussitôt s'arrêter son mulet, comme sur ordre. Pour un peu, le mulet suivant l'aurait heurté. Tout le monde attendit, pendant que Charles grimpait de deux cents mètres, sous les regards soucieux des deux guides. Il fit là-haut son travail avec ferveur, collecta des pierres vertes et des blanches, sauta çà et là entre les rochers comme un jeune guanaco, détacha au ciseau ici un petit morceau de granit rouge, là un morceau de micaschiste. La tête toute rouge et les genoux tremblants, avec un petit sac plein de pierres, il finit par redescendre.

Après avoir déposé ces pierres dans une caisse, il resta debout encore un moment, car la vue qui s'offrait à lui était inouïe : l'air d'une limpidité radieuse, le ciel d'un bleu intense, et les pierres multicolores, se détachant sur les silencieuses montagnes enneigées, formant un tableau qu'il n'aurait su imaginer l'instant d'avant.

Il tira de sa poche la pierre ronde qu'il avait ramassée. Combien de temps cela pouvait avoir duré, jusqu'à ce que la force de l'eau et les chocs répétés contre d'autres pierres lui donnent cette forme et cette taille ? Il la tourna comme un œuf entre ses doigts, se pencha, la reposa avec les autres cailloux et lui souhaita bon voyage. Car c'était ainsi, avec les pierres.

Elles voyageaient vers l'aval en direction de la mer, laissant démunie derrière elles la montagne dont elles s'étaient détachées. En même temps, elles-mêmes, tout au long du chemin et avec le temps, devenaient de plus en plus petites. Lorsque Charles se redressa, sa vue se troubla. Il s'appuya contre son mulet, qui inclina vers lui sa tête et le renifla.

L'un des guides lui donna à boire et lui tapa sur l'épaule. Il ne fallait pas se laisser effrayer par la vue de leurs montagnes ! Comparées à la grandeur du ciel, même ces montagnes étaient des naines. L'homme leva les yeux, se signa et ajouta que c'était Dieu, le Créateur, qui avait donné ces Andes magnifiques aux Chiliens. Il agitait les bras et parlait avec les mains devant la face de Charles, n'étant jamais sûr que cet Anglais comprît bien sa langue.

Charles hocha poliment la tête et murmura qu'il avait juste un peu mal au cœur. Puis il se tut et fit signe au guide de repartir.

Lui-même resta sur place, s'efforçant de respirer calmement en contemplant les sommets. Combien cela avait bien pu durer jusqu'à ce qu'un géant des Andes comme l'Aconcagua atteigne ses près de 7 000 mètres ? Pendant combien de temps la croûte terrestre avait-elle dû pousser et presser, pour produire des montagnes plissées comme ces chaînes des Andes ? Il se rappela de combien de centimètres s'était soulevé le terrain après le séisme sur la plage, il multiplia en gros les chiffres, et il abandonna. Pour calculer les époques, ne fût-ce qu'approximativement, il ne suffisait pas d'être doué en calcul mental. D'autant qu'il fallait tenir compte des continuels effritements, délitements et ravinements.

Une chose était sûre : l'âge de la terre qui figurait dans la Bible ne collait ni avec le rehaussement de ces géants tout blancs de neige autour de lui, ni avec la formation de la terrasse de cailloux sur laquelle il se tenait debout. Pour ne pas donner au vertige l'occasion de le gagner à nouveau, il se pencha prudemment, car il venait finalement de décider d'emporter tout de même un talisman. Le caillou qu'il choisit et fourra dans sa poche le fit penser à une boule de billard trop petite et usée. Il en éprouva un peu de nostalgie.

À cette altitude enivrante, rien à faire pour retrouver le nom du méticuleux archevêque qui, au XVIIe siècle, avait calculé l'âge de la terre. Ce pieux ecclésiastique avait passé au crible les Saintes Écritures pour y recueillir toutes les indications chronologiques, il avait daté le déluge, additionné les dates des patriarches, escaladé les arbres généalogiques des différentes lignées, et était arrivé à la conclusion que le monde avait été créé le 23 octobre de l'an 4004 avant Jésus-Christ. Les hauts dignitaires de l'Église anglicane vérifièrent ses calculs, furent ravis de ce progrès du savoir et firent imprimer cette date dans les bibles. Y compris dans l'exemplaire qui se trouvait dans la cabine de Charles. Par conséquent, s'il calculait bien, la terre aurait dans quelques mois 5 839 ans. Ce délai, c'était bien clair, ne suffisait même pas pour que se crée un petit contrefort.

La caravane continuait, aux éboulis succéda la neige éternelle, qui se lovait comme un bandeau autour du puissant massif montagneux. Le vent était devenu d'un froid tranchant. Baissant et rentrant la tête, les hommes atteignirent l'endroit où pour la première fois ils pouvaient voir de l'autre côté du massif. À la vue de ce décor fantastique, Charles eut les yeux qui pleuraient. Devant des monts coniques se dressaient de bizarres colonnes de glace d'un blanc bleuté, sculptées par le va-et-vient du gel et du dégel.

Les mulets surtout, avec leurs bagages sur le dos, avaient de la peine à se faufiler entre ces obélisques de deux à trois mètres de haut, en partie serrés les uns contre les autres.

Puis, soudain, un cheval gelé. Les jambes arrière dressées en l'air. L'animal avait dû tomber dans un trou la tête la première. La peau de cette pitoyable statue était d'un luisant irréel, car elle était pleine de cristaux de glace reflétant la lumière du soir. Charles, qui allait à pied – pas question de monter à cheval sur ce terrain –, ne dit mot. Il vit que c'était un criollo, un beau « sang chaud », au pied généralement sûr, et il fut soulagé de constater que les yeux du cheval étaient cachés sous une épaisse couche de neige. À quelle température pouvait bien geler le liquide lacrymal ?

Charles s'arrêta et essuya la sueur sur son front glacé. Il avait du mal à respirer. Tout d'un coup plusieurs colonnes de glace autour de lui tombèrent. D'abord toutes dans la même direction, et pour finir dans tous les sens, ce qui créa un désordre vertigineux. Une pointe acérée lui tomba droit dessus, pour se défendre il voulut s'agripper à la jambe du cheval gelé, mais il recula aussitôt.

Les colonnes se trouvaient à nouveau là où elles avaient toujours été. Lui, le chasseur passionné, qui d'habitude n'avait pas horreur des yeux morts et qu'aucune peau sanguinolente ne dégoûtait, qui avait appris à empailler les animaux, voilà qu'il frissonnait à la vue d'un cheval qui avait péri dans un trou de neige.

Il bomba le torse, s'efforça de respirer régulièrement, et décida que la cause de son effroi vertigineux était l'air trop léger en altitude.

Le thermomètre continuait de baisser. Des nuages descendaient du ciel, criblés de minuscules aiguilles de glace. Charles enfonça sa casquette de fourrure et regarda où il posait les pieds.

L'ascension vers le col, le lendemain, fut difficile. Même les mulets, pourtant endurants, s'arrêtaient régulièrement et soufflaient quelques secondes avant de repartir d'eux-mêmes. Les autochtones savaient qu'aux étrangers il fallait au moins un an pour s'habituer à ces altitudes, et en attendant, contre le souffle court, ils recommandaient des oignons.

Dans l'air sec et glacial qui faisait luire les montagnes alentour et les roches multicolores devant lui, Charles résolut courageusement que même à cette altitude il s'écarterait aussi du sentier abrupt pour collecter des échantillons.

Il indiqua d'un geste une muraille et monta vers elle. Son cœur palpitait et à chaque pas il devait s'arrêter. Parvenu en haut, il s'appuya en haletant à un rocher et fit un signe aux Chiliens qui ne le quittaient pas des yeux.

Tandis qu'il restait solidement adossé à la muraille, ses yeux cherchèrent des pierres qui mériteraient d'être dégagées et détachées. Soudain il découvrit, à quelques mètres de distance, une bordure blanche. Prudemment, il progressa à tâtons le long du rocher. Il devait baisser la tête et courber le dos, car la muraille de pierre faisait comme un auvent. Cette posture contrainte aggravait son essoufflement. La bouche

164

béante, il luttait pour chaque centimètre et il finit par atteindre l'endroit où le rocher s'ouvrait et laissait voir le ciel. Son cœur ne fit qu'un bond lorsqu'il distingua de quoi il s'agissait : des animaux marins, pétrifiés, et dont le calcaire luisait au soleil.

Stupéfait et respectueux, il passa les doigts sur ces alignements de coquillages qui décoraient comme des galons le rocher brut. Oubliées, ces sensations qui lui enserraient la poitrine et la tête ! Nul besoin d'oignons pour respirer librement, c'étaient de vieux coquillages qui lui déliaient le cœur. Charles prit le marteau et détacha du rocher plusieurs morceaux comportant des fossiles.

À peine eut-il mis sa récolte dans un sachet de lin qu'il sentit son sang battre si fort, à son front et aux tempes, qu'il eut peur de se trouver mal. D'un instant à l'autre il vit de petites étoiles sur un fond tout noir. En trébuchant il atteignit une pierre qui le sauva, il s'assit dessus et, ce faisant, perdit son marteau, qui dégringola bruyamment sur la pente. Les deux guides la gravirent aussi vite qu'ils purent, l'un pour récupérer Charles et son petit sac de pierres, l'autre pour rattraper le marteau.

On n'avait plus le temps de faire une vraie pause. Il fallait atteindre le col et un refuge avant le crépuscule. Ils avançaient plus lentement que jamais. Charles fixait les yeux sur le sol, un faux pas l'aurait précipité dans le gouffre. Ses poumons lui faisaient mal, sa tête était lourde, ses muscles des jambes le brûlaient.

Tout en se concentrant sur les dangers du terrain, il était hanté par les coquillages. S'il était encore besoin de confirmer que les montagnes s'étaient soulevées de la mer, il en avait la preuve dans son sac. Sinon, comment voulait-on que des coquillages aient atteint ces altitudes ? Il n'y avait pas de Dieu pour se féliciter de sa création au point de décorer des parois rocheuses avec des coquillages.

À l'arrivée au col, le ciel fit tomber des nuages qui obturèrent l'étroite porte qui donnait son nom au col : Portillo. Le brouillard grisâtre devint de plus en plus compact, au point qu'on ne distinguait plus les silhouettes des mulets. Charles tâtonna pas à pas et, avec le caillou rond dans sa poche et les coquillages dans le petit sac, il franchit la porte. Devant lui, toute vue était bouchée.

En quelques minutes, le brouillard devint si épais qu'ils ne purent même plus avancer. À l'abri de quelques blocs de pierre, ils trouvèrent où passer la nuit. Tandis que les Chiliens faisaient du feu, ce qui n'était pas une mince affaire par ce temps, Charles déplia son lit le plus vite qu'il put et, avec toutes sortes de couvertures, se ménagea un nid pour se réchauffer. Le désir de dormir était plus fort que tout. Mais comment dormir s'il manquait d'air ? Les Chiliens insistèrent pour qu'il mange au moins un oignon, et lui en firent cuire deux.

Respirant avec peine, assis sur son lit de camp et fixant le feu, il finit par surmonter sa répugnance pour ce dégoûtant remède et se mit à ronger la première pelure de l'oignon rôti au bout d'une pique, puis il osa enfin attaquer l'intérieur au goût âcre.

Au moment où il déglutissait avec dégoût, il fut surpris, comme par-derrière, par un accès de mal du pays, qui aggrava encore l'oppression dans sa poitrine. Il se vit assis devant la cheminée avec ses sœurs, tandis que son père prenait comme d'habitude des notes sur ses visites aux malades, que lui-même trempait un petit morceau de gâteau aux raisins secs dans son verre de

166

sherry, et que Susan lisait la Bible de sa voix chaude et pieuse, comme si souvent – ce que Charles, peu à peu envahi par le goût âcre de l'oignon, trouva céleste.

Les flammes faiblissaient dans l'air humide. Au moment où l'un des Chiliens rajoutait du bois et tisonnait vigoureusement, l'autre le tira par la manche et le fit lever les yeux. Ils regardèrent vers le ciel et se réjouirent comme des enfants.

Les nuages avaient entamé leur retraite. De premières déchirures s'ouvrirent, laissant bientôt voir la lune, puis peu à peu des constellations entières, laissant bien vite tomber du firmament un froid glacial. Mais ils le préféraient à la neige. Ils dirent tous deux que ce danger était écarté et que rien n'empêcherait qu'on ait une nuit paisible. Et ils s'endormirent.

Le silence sans vent ne fut plus interrompu que par les craquements du feu, le souffle des bêtes et leurs grattements de sabots. Charles était éveillé et enviait les autochtones qui n'avaient pas besoin d'oignons et qui étaient même capables de faire un petit somme debout. Sentant dans ses membres le tremblement d'une journée harassante, il fixait les étoiles, qui luisaient comme jamais elles ne le faisaient en Angleterre.

Ses pensées revinrent au site où il avait trouvé les coquillages. Il sentit à nouveau ses doigts suivre la bordure rugueuse. Non, les Andes n'avaient pas été dressées d'un coup par un Dieu pour rester depuis lors identiques. Il n'y avait qu'à marcher les yeux ouverts à travers ces territoires pour se rendre compte que rien, pas même le vent, n'était aussi instable que la surface de la croûte terrestre.

Les découvertes faites ici, en altitude, collaient admirablement avec ce qu'il avait vécu en bas, sur la côte, quand le pays avait été soulevé par le séisme. Ou bien était-ce l'inverse, et fallait-il dire : parce que le pays s'était soulevé, la terre avait tremblé ?

Charles était en train de chercher à concevoir comment, depuis des jours, il crapahutait dans les ruines de l'histoire de la terre, accumulées dans l'interminable écoulement du temps, lorsque soudain son lit chancela. Il sentit le même roulis terrestre qui l'avait jeté à terre avec son cheval, en bas sur la côte. Il se leva d'un bond, car c'était manifestement un nouveau séisme qui s'annonçait. Devant ses yeux s'ouvraient les premières crevasses, et il pensa entendre une chute de pierres. Mais sa jument, les mulets, les deux Chiliens, tous étaient calmes et dormaient.

Charles estima qu'il avait dû s'assoupir. Ou bien c'était cet excès d'altitude qui lui brouillait l'esprit. Il se rassura en songeant au vieux Humboldt, qui au Venezuela avait observé que les crocodiles, d'habitude muets comme les lézards de l'Orinoco, au premier signe annonçant un séisme sortaient de leur fleuve au grand galop et se réfugiaient dans la forêt en beuglant de panique. Si la terre avait effectivement tremblé sous les pieds de la jument, elle ne dormirait plus aussi paisiblement. Charles se recoucha.

Il fut pris d'un fort vertige, qui lui fit poser un pied par terre. Tandis qu'il se débattait de son mieux contre ce tournis, il voyait s'amasser devant ses yeux des poutres qui volaient, des coquillages pétrifiés, des morceaux d'ardoise finement striée, des crocodiles beuglant et un cheval gelé, tout cela dans une ronde infernale.

C'est là que lui revint soudain le nom de l'archevêque qui avait calculé l'âge de la terre : Ussher ! James Ussher. Charles claquait des dents, tant il avait froid. Il ramena son pied sous la couverture, glissa ses mains froides sous ses fesses et se dit qu'il ne lui restait plus, à son retour, qu'à s'expliquer avec quiconque croirait ce qu'avait dit l'archevêque. Car ce que lui, Charles Robert Darwin, né à Shrewsbury le 12 février 1809, avait observé et mesuré lors de ces jours du printemps 1835 contredisait James Ussher et tout ce qu'il avait appris à l'école et à l'université de Cambridge.

Il dégagea ses mains et les posa sur son visage. Même les étoiles ne devaient pas le voir pleurer.

À ces heures sombres, il était même attristé à l'idée que le sol de pierre où était posé son lit de camp pourrait un jour ou l'autre être détruit par l'érosion.

Lorsqu'il se réveilla, les montagnes brillaient au soleil et les strates rocheuses crevassées des sommets ressemblaient à la croûte d'un pâté éclaté. Charles avait faim.

Après une tasse de thé, il fut à nouveau disposé à regarder la partie animée du monde et il caressa les longues oreilles d'un mulet. L'animal mâchait son foin et avait l'air content. Charles trouvait qu'il était temps de rendre hommage à la façon dont ces êtres d'un brun sombre, presque noir en certains endroits, avec leur croupe large et pleine, parvenaient à porter, sur leurs jambes fines sans masse musculaire, de si lourdes charges sur ce terrain si peu praticable.

Après le petit déjeuner, ce fut la descente. À la grande joie de ses guides, Charles se mit à jubiler face à la vue splendide. Des roches sédimentaires rouges, vertes ou parfaitement blanches alternaient avec la lave noire. Mais sur tout cela prédominait le bonheur d'échapper à ces hauteurs glaciales. Il découvrit quelques troncs d'arbres pétrifiés et oublia sa fatigue. Et les mulets emportaient sans rechigner ses trésors vers la vallée.

Quelques jours plus tard, le *Beagle* ayant mis les voiles, Charles fut pris d'une grande fatigue. Quatre semaines durant, il ne put quitter sa cabine. La tête était lourde, l'estomac se rebellait, le seau hygiénique était à portée, la petite boîte de raisins secs aussi. Il les prenait un par un, tout comme son père l'avait prescrit, et les laissait fondre lentement sur la langue irritée par les vomissements.

Lorsqu'en pleine mer vint encore s'ajouter le gros temps et que les bourrasques chahutèrent le *Beagle*, plus question de penser même aux raisins. Le vent plantait la proue dans les vagues grondantes, et Charles était balancé de-ci de-là dans son hamac, l'âme angoissée et la tête qui tournait, vomissant régulièrement. Entre-temps une gorgée d'eau et parfois une petite gorgée de vin chaud. Il fut au dernier degré de la détresse lorsque même la tentative de se laver un peu en restant couché lui fit craindre de se trouver mal.

Pendant que les voix éraillées des officiers criaient leurs ordres sur le pont contre le vent qui hurlait, ses pensées tournaient autour de pierres, de lave, de magma et de fossiles. Qu'est-ce que pouvait bien faire cette planète ?

Dès qu'il irait mieux, il se plongerait encore plus sérieusement dans les sciences de la terre. Car si des montagnes pouvaient pousser insensiblement à partir des mers par d'innombrables rehaussements et emporter des coquillages vers le haut, alors les grandes périodes de temps, la progressivité et le changement continu étaient pour Charles les clés du monde. Et la Bible était un recueil de fables.

Bénédicité avec des mécréants

Lorsque le soir du 8 octobre 1881, peu avant sept heures, Joseph annonça les invités, Charles et Emma se doutèrent que ce ne serait pas un dîner dans une atmosphère détendue. Si cela n'avait tenu qu'à elle, Emma aurait annulé. Un dîner avec des libres penseurs ? Une horreur. Et surtout : à quoi rimait cette étiquette flatteuse ? Cette sorte de gens ne pensaient pas du tout librement, ils étaient obtus ! Au lieu de croire en Dieu ils croyaient à leur raison, estimant que c'était la valeur suprême en ce monde. Tels avaient été à peu près les propos d'Emma lorsque, vers six heures et demie, en compagnie de Joseph, elle avait inspecté la table mise. Il fallait espérer que le médecin allemand venant de Hesse parlerait mal l'anglais, et qu'ainsi l'on pourrait, au moins avec lui, laisser des choses dans le vague et les noyer dans des finesses qui lui échapperaient. Cela avait provoqué chez Joseph un fin sourire. Il aimait bien que Mrs Darwin remette à leur place les convives déplaisants en leur réservant de ses fines attaques.

Emma avait coutume, avant chaque lunch et chaque dîner, d'arpenter la salle à manger pour rectifier la place d'une chaise ou d'un porte-couteau. Pour l'occasion, elle avait fait dresser la table avec le service aux nénuphars, pour se donner au moins ce petit plaisir visuel, avait-elle dit. Son regard s'attarda sur un lustre d'argent aux nombreuses branches, qui ne lui parut pas bien astiqué. Elle fronça un sourcil désapprobateur et regretta, avec un profond soupir, que Charles n'ait pas pu dire non lorsque, quelques jours auparavant, un certain Edward Bibbins Aveling avait sollicité par télégramme la rencontre de ce jour-là.

« Le Dr Büchner est arrivé d'Allemagne à Londres. Pourrait-il avoir l'honneur d'un entretien, mercredi ou jeudi à l'heure de votre choix ? Excusez l'insolente brusquerie de cette demande. E. B. Aveling. P-S : Si votre réponse était positive, mon beau-père pourrait-il se joindre à nous ? Il en serait ravi, car il vénère votre œuvre. »

Telle avait été la requête, et Darwin avait invité à dîner. Envers l'ambitieux Aveling, qui avait travaillé à répandre la théorie de l'évolution par quantité d'articles et par des conférences enthousiastes dans tout le royaume, il se sentait un peu en dette. Ils avaient échangé des lettres et Aveling venait juste de terminer un *Darwin pour les étudiants*.

Tandis que Joseph, en livrée rose pâle avec pantalon noir et chemise blanche de soirée, faisait entrer les invités, Emma se pencha vers Charles pour lui dire à l'oreille qu'elle aurait préféré dîner tranquillement avec lui au lieu d'être importunée par des spéculations sur la non-existence de Dieu. Puis elle lui ôta de la barbe un brin de laine qu'y avait laissé la petite sieste qu'il venait de faire sous la couverture de mérinos.

Mr Aveling salua la maîtresse de maison avec une telle prévenance que l'espace de quelques instants elle en oublia son antipathie. La trentaine, bien habillé, il lui offrit un joli bouquet et des chocolats les plus fins, et la remercia chaleureusement pour l'invitation. Il expliqua qu'il avait sollicité cette rencontre à l'occasion du Congrès international des libres penseurs, qui se tenait justement à Londres.

Il se tourna vers le Dr Büchner et le présenta comme le président de ce congrès et comme le fondateur de la Fédération allemande des libres penseurs athées.

Regardant alors Darwin après Emma, il ajouta avec chaleur que le Dr Büchner était depuis plus de vingt ans le champion d'une philosophie matérialiste, surtout en tant qu'auteur de livres qui connaissaient de grands succès, il fallait le dire, et qu'il était plein d'admiration pour le naturaliste britannique, qu'il citait souvent, très souvent même.

Le Dr Büchner s'inclina, un peu trop bas au goût d'Emma, et pensa avoir atteint son but. Avant son départ pour Londres, il avait assuré, devant les notables de Darmstadt assemblés à leur table d'habitués, qu'il ferait tout pour aller jusque dans cette campagne du Kent et avoir l'honneur de serrer la main du grand et vénérable Darwin. C'était donc chose faite.

Pour être ici à l'heure, continua Mr Aveling, ils étaient partis précipitamment dès que s'était achevée une profonde conférence sur l'histoire de l'athéisme. Le débat avait ensuite eu lieu à trois dans la calèche, en quelque sorte, il en parlerait volontiers plus tard. Pour sa part, il était déjà curieux de savoir ce que Mr Darwin en penserait. En outre, il avait des projets en la matière, il faudrait aussi en parler. On entendit Emma respirer à fond. Ce que Charles n'eut aucune peine à interpréter. Il lui adressa un regard qui se voulait apaisant. Mr Aveling se tourna alors vers son beau-père, un homme qui portait une barbe impressionnante, éclipsant même celle de Darwin.

« Permettez que je vous présente le père de mon épouse, Karl Marx. »

Darwin fut pris d'un vertige qui lui étoupa la tête. Déjà son cœur avait battu très irrégulièrement toute la journée, maintenant il trébuchait violemment. Le Marx du *Capital* ? Le nouveau patient de son médecin ? Il détestait les surprises. Et en particulier le soir, car cela promettait une nuit d'insomnie. Il sentit qu'il s'étouffait et il dut se racler la gorge abondamment, ce qui agaça Emma.

Charles s'était imaginé un beau-père quelconque, un vieil Anglais auquel on ferait plaisir en l'invitant à cette bonne table. Mais à présent on y aurait non seulement deux athées dont un Allemand et un beau-père, mais trois athées dont deux Allemands et au moins un communiste. Emma avait raison. Lui aussi aurait préféré de beaucoup passer avec elle une soirée tranquille qui se serait achevée par une partie de backgammon. D'autant que sur la liste où depuis des années elle inscrivait qui gagnait, il avait du retard à rattraper.

Emma vit son époux chercher ses mots et ne comprit pas bien pourquoi. Cet homme à la barbe blanche et aux yeux noirs comme des cerises avait pourtant un air tout à fait prometteur, il avait à peu près le même âge qu'elle, peut-être un peu moins, et il aurait peut-être une conversation plus agréable que ce Mr Aveling, certes bien élevé et correctement peigné, mais mécréant.

Darwin serra la main de Marx, et émit un bonjour enroué en s'excusant d'avoir la voix prise. Marx remercia *for invitation*. Il paraissait un peu nerveux. Avec raideur – manifestement il avait lui aussi mal au dos – il salua Emma, qui eut pour lui un bref sourire avant de se tourner aussitôt vers le prêtre de Downe. Élevant la voix et articulant bien les syllabes comme si c'était nécessaire pour être comprise, elle le présenta à la compagnie : le révérend Thomas Goodwill. C'est elle qui avait tenu à l'inviter – pour compenser les mécréants – et Charles, à la réflexion, avait donné son accord. Goodwill était arrivé quelques minutes avant ces messieurs et Emma le présentait comme un joker. De fait, aucun des trois ne s'attendait à la présence d'un pasteur.

« Ordure ! » lâcha Marx, Dieu merci à voix très basse. Il cligna de ses yeux de myope, mais ne recourut pas à son pince-nez, et toussa. Mr Aveling eut un regard dédaigneux en direction du prêtre et toucha sa moustache du bout de ses longs doigts, comme il faisait dans ses moments d'embarras. Le Dr Büchner aussi était visiblement surpris, mais il s'efforçait de n'en rien montrer. Quant à Goodwill, il murmura, en serrant les mains des trois messieurs, qu'il s'attendait à une aimable soirée comme il en avait souvent vécu dans cette maison.

Sur un signe d'Emma, la compagnie se mit en marche vers la salle à manger. On prit place. Darwin pria Joseph de servir l'apéritif. À peine servi, Goodwill en avala une bonne gorgée, sur quoi le butler le resservit immédiatement. On se connaissait.

Darwin leva son verre, souhaita la bienvenue à l'assemblée, en se demandant en secret ce que ce Mr Aveling lui réservait. Avait-il l'intention de lui fourguer ce Marx ?

175

Bien possible qu'il ait fait exprès de ne pas le nommer dans le télégramme.

Emma se sentait responsable du lancement de la conversation et elle était soucieuse de retarder le plus possible le compte rendu du Congrès des libres penseurs. Le dos bien droit et le cou tendu, elle se tourna vers Marx :

« Mr Aveling nous a écrit que vous admiriez l'œuvre de mon époux, monsieur… ? Veuillez excuser ma mémoire défaillante, rappelez-moi votre nom, bien que tout à l'heure il m'ait semblé connu, d'une certaine façon. Comme si je l'avais déjà entendu… »

Darwin se demandait comment s'y prendre pour freiner son Emma qui ne se doutait de rien. Avant qu'une solution ne lui vienne, Mr Aveling monta au créneau pour son beau-père indigné :

« Puis-je faire les présentations ? Mr Marx est un économiste de renommée mondiale. Il vit à Londres et il a écrit en somme l'œuvre la plus importante de notre époque sur le sujet de l'économie, ou plus exactement du capitalisme. Importante, parce qu'il ne s'agit pas seulement de la compréhension de notre système économique, mais de son dépassement. Dépassement qu'il va jusqu'à prédire. »

À peine le gendre blondinet eut-il achevé sa fière déclaration que le Dr Büchner enchaîna :

« Chère Mrs Darwin, j'ajouterais volontiers que Mr Marx est le plus grand révolutionnaire de tous les temps. »

Difficile de dire si c'était un hommage ou de l'ironie, car l'anglais de Büchner était mâtiné de l'accent allemand de la Hesse.

« Vous allez sur les barricades ? » demanda le pasteur à Marx, visiblement intéressé, car un homme pareil ne se rencontrait pas souvent dans les calmes collines du Kent. Avec sa question, Goodwill avait pris de vitesse Emma, qui se rattrapa sur un ton pincé : « Mon Dieu, quelque chose m'aura échappé. »

Comme obéissant à un commandement, tous se consacrèrent à leur apéritif, certains s'y attachant comme à un biberon pour meubler le silence. Emma se fit une idée de la situation en parcourant ouvertement la tablée du regard. Charles crut dénoter chez elle une certaine combativité et se demanda comment il pourrait s'y prendre pour quitter la table sous un prétexte. Toute la pièce lui semblait remplie de tubes à essai pleins de liquides explosifs. Il préféra faire servir le potage.

« Non, je ne suis pas un homme des barricades », dit Marx, dont la voix naturellement métallique était rendue encore plus grinçante par son agacement et par ses difficultés en anglais. De plus, il parlait beaucoup trop fort.

« Je suis *scientist* et j'écris des *books*. Je passe le plus clair de mon temps dans la salle de lecture du British Museum. *By the way*, Mrs Darwin, *Das Kapital* est dans la bibliothèque de votre mari. »

« Baille ze ouais », avait dit Marx, et jamais un *th* aussi affreux n'avait écorché les oreilles d'Emma, cela valait les coups d'archet de son petit-fils. Elle se demanda depuis combien de temps cet homme vivait à Londres.

Darwin, pour sa part, se demandait comment Marx savait ça. Qu'est-ce que le Dr Beckett lui avait raconté ? À moins que Marx ne se rappelât seulement lui avoir envoyé le livre il y avait des années ?

Cela le mit mal à l'aise. Il songea aux conversations qu'il avait eues avec le Dr Beckett, et à la possibilité que celui-ci en ait eu d'analogues sur lui avec Marx.

« Tu connais Mr Marx ? Et nous avons même un livre de lui ? De quoi cela parle-t-il ? » dit Emma en se tournant vers Charles.

Celui-ci marmonna que c'était difficile à rendre en peu de mots.

Mr Aveling protesta et se réjouit de pouvoir annoncer, à ce propos, qu'il était en train d'écrire un *Marx pour les étudiants*. Et il déclara sans mâcher ses mots : « Mon beau-père analyse, pour répondre à votre question, les structures dans lesquelles les uns sont forcés de vendre leur peau sur le marché tandis que les autres en tirent des richesses éhontées.

— Et cet état de choses, vous voulez le renverser ? » dit Emma étonnée.

Marx grogna. Les quelques mots qui suivirent, dans un grognement analogue, ne furent pas compris. Seul Darwin crut avoir entendu que, personnellement, il ne renversait rien. Marx était vexé et il n'avait guère envie d'expliquer sa pensée à une ignorante flanquée d'un pasteur rougeaud.

Emma commençait à comprendre qui était là à sa table. Les mots « capitalisme » et « révolutionnaire » s'étaient soudain mis en relation. Elle se rappela qu'après avoir vidé le sac postal, elle avait parlé avec Charles de ce livre monstrueux et de sa dédicace. Leur fils aîné William y avait jeté un coup d'œil, car il suivait attentivement les menées de l'Association internationale des travailleurs. Étant étudiant, il avait même lu le *Manifeste du parti communiste*, qui avait donné lieu à des discussions entre certains de ses condisciples, et

178

comme il se préparait à devenir un grand banquier, il s'était fait des convictions inverses. Toutefois William estimait utile d'avoir connaissance de ce qui se passait dans la tête des agitateurs.

« Veuillez m'excuser, Mr Marx, d'avoir oublié votre nom. Je me suis souvenue entre-temps du tumulte que vous avez causé à l'époque à Londres avec vos communistes. Le *Times* en avait même parlé. Quand était-ce donc ? Il me semble que cela fait vingt ans au moins. Vous avez raison, votre livre se trouve effectivement dans le bureau de mon mari. Mais je ne me souviens pas que quelqu'un de notre famille l'ait lu, cela me semble être une nourriture allemande un peu lourde. Avez-vous publié depuis de nouvelles choses qui nous auraient échappé ? »

Darwin aurait aimé rentrer sous terre, il jetait à Emma des regards suppliants. Marx eut une quinte de toux bruyante qu'il étouffa dans sa serviette. Mr Aveling s'apprêtait à bondir, si nécessaire, au secours de son beau-père. Seul le Dr Büchner avait un air satisfait. Quant à Thomas Goodwill, il vidait son deuxième verre et murmurait pour lui-même que ça pourrait devenir amusant.

Emma dit alors, sur ce ton désinvolte bien à elle qui lui avait souvent servi à réveiller des tablées qui s'ennuyaient – et c'était un don qu'en d'autres circonstances Charles appréciait tout à fait : « Vous êtes donc celui qui, fuyant les Prussiens, a trouvé refuge chez nous en Angleterre et qui, en remerciement, pousse nos ouvriers à résister contre les fabriques ? Je n'aurais jamais imaginé un instant que nous aurions l'occasion de vous recevoir dans cette maison.

— Ce qui du reste est pour moi un honneur, Mr Marx. Il n'est pas toujours nécessaire d'être d'une même opinion pour avoir des conversations intéressantes », se hâta d'ajouter Charles.

Mr Aveling ouvrit la bouche et la referma, comme un poisson. Et resta muet. Le silence tomba des lustres sur la table, oppressant.

Darwin implorait sa femme, par des regards insistants, qu'elle fasse preuve de réserve. Elle ne comprenait pas pourquoi, car en matière de politique ils étaient habituellement d'accord. Emma haussa les sourcils, et eut un regard dépréciatif. Pourquoi ne pas appeler les choses par leur nom ? Ce n'était pas la première fois qu'elle souhaitait que son mari n'évite pas toute discussion, ne cherche pas toujours des formules d'accommodement. Ah, Charley, pensait-elle en poussant un petit soupir, jamais tu n'apprendras à te disputer, c'est trop tard. Pourtant ce serait une belle occasion, aujourd'hui. Chéri, un communiste est à notre table ! Pas un naturaliste, avec qui tu ne voudrais pas te brouiller. Un révolutionnaire, à qui l'on pourrait s'en prendre ensemble, auquel on pourrait même couper la tête, intellectuellement ! Elle but une dernière petite gorgée d'apéritif et décida de commencer par se taire.

Marx vida brusquement son verre et fit à Joseph un signe que celui-ci trouva déplacé. Mais bien sûr il obéit au convive et le resservit. Portant aussitôt le verre à ses lèvres, Marx résolut de répondre à Mrs Darwin par le silence. Il n'allait pas réagir à des piqûres de punaise ! Ni avouer, surtout à une représentante de la bourgeoisie, que jusqu'à présent, hélas, on en était resté au tome I du *Capital*.

Tandis que sa paupière gauche se mettait à cligner nerveusement, il se complut dans l'idée de traiter cette déplaisante épouse comme si elle n'existait pas. Quelle chance il avait, avec la femme qu'il aimait ! Mais penser à Jenny lui donna un coup au cœur et le fit divaguer.

Sa dernière lettre lui avait paru bien inquiétante. Il craignait que le cancer ne l'emporte avant même la fin de l'année. Au moins, grâce au Dr Beckett, lui-même était suffisamment guéri pour se risquer enfin à aller la rejoindre à Paris. Le lundi qui venait, il prendrait à Douvres le bateau pour Calais et irait serrer à nouveau dans ses bras Jenny, sa fille et les petits-enfants. Mais pour l'instant, il fallait qu'il prenne patience jusque-là. C'était uniquement pour abréger cette misérable attente qu'il avait cédé aux instances de son remuant gendre, qu'il avait quitté l'appartement de Maitland Park Road et avait assisté au Congrès des libres penseurs. Cette boutique à bavardages, pleine de semi-intellectuels ! C'est ce qu'il avait dit à Lenchen lorsqu'elle lui avait apporté sa redingote et avait remarqué qu'il lui en faudrait bientôt une neuve, d'abord parce qu'il avait maigri, et ensuite parce que l'étoffe avait l'air passablement crasseuse.

Marx tenait entre ses mains son verre déjà à nouveau vide et se sentait piteux. Il se tourna vers le maître de maison, qui avait manifestement dit quelque chose qui lui avait échappé, et il le regarda déplier sa serviette et la placer d'un geste élégant sur ses cuisses. À ce moment il éprouva de l'envie. Il se rappela que le Dr Beckett lui avait parlé d'un nouveau livre de Darwin qui devait paraître très prochainement. Mais comment faisait-il donc, le vieux ? Pour écrire un livre après l'autre, depuis des décennies ? Comme cela lui manquait, ce sentiment magnifique de tenir entre ses mains une nouvelle œuvre à soi. Même si elle n'était que sur les vers de terre. Non, il ne voulait tout de même pas aller jusque-là.

À la faveur de quelques gestes vagues, Marx laissa tomber les questions d'Emma et décida de ne pas se laisser gâcher l'occasion de voir en face Charles Darwin en personne. Après tout, c'était un homme mondialement célèbre et, il devait hélas le reconnaître, plus connu que lui. Cela dit, il était convaincu que l'étude de l'histoire naturelle était beaucoup moins décisive pour le destin de l'humanité que ne l'étaient ses analyses de l'histoire sociale.

Le Dr Büchner savait maintenant ce que son ami Ernst Haeckel avait voulu dire lorsque, après sa visite à Down House, il lui avait confié que Darwin était un homme bon et doux, mais que son épouse était une peste. Elle avait quelque chose d'indomptable, car elle tenait son assurance de la célèbre dynastie Wedgwood, laquelle dotait même ses membres féminins de trop d'argent et de culture. Sans parler de ces nombreuses coupes et assiettes qui étaient posées devant eux.

Mr Aveling continuait de s'exercer au silence du poisson, ouvrant et refermant encore quelquefois la bouche, mais ne sachant pas dans quelle direction nager. Il n'avait pas compté se trouver dans des eaux aussi tumultueuses. Il s'était promis des conversations enrichissantes sur les rapports tendus entre la foi, la science et la politique, au cours desquelles ces messieurs auraient échangé, la maîtresse de maison se serait tenue sur sa réserve, et il n'y aurait pas eu d'ecclésiastique.

182

En outre il ne comprenait pas bien pourquoi son beau-père, d'habitude si combatif et tout à fait enclin aux grossièretés verbales, n'avait pas de réponse bien sentie à faire à Mrs Darwin, ce qui d'un autre côté, du point de vue de la politesse, lui convenait assez. Il vit combien Marx était pâle et attribua son silence à son mauvais état de santé.

Pendant que Joseph servait l'odorant potage à la crème d'artichaut, Marx consolida sa ferme intention de jouir de ce repas. Il n'avait jamais rien eu contre les longs menus accompagnés de toutes sortes de bons vins. Il adorait le champagne autant que les origines aristocratiques de sa femme, née von Westphalen, dont il faisait état quand l'occasion s'en présentait. Et il détestait toutes ces années de privations, où Lenchen devait porter chez le prêteur l'argenterie de famille de sa Jenny, et la vaisselle et le linge, et même sa redingote.

Le révérend Goodwill aussi regardait le potage fumant avec un plaisir évident.

Marx, après s'être ainsi classé à sa façon, eut tout de même une petite envie de marquer un point contre Mrs Darwin et son ecclésiastique à côté d'elle. Coinçant son pince-nez devant son œil extrêmement myope, il toussota et dit, un peu trop fort : « Mrs Darwin, vous vouliez mon avis sur l'œuvre de votre mari. J'apprécie ses conceptions sur la nature comme étant *completely* sans Dieu ! *Deus mortuus est.* C'est formidable. Tout à fait formidable. » À travers ce qu'avait évoqué le Dr Beckett, il savait que Dieu était un sujet épineux dans la maison Darwin.

Emma leva la main droite, comme pour rappeler à l'ordre un écolier, et demanda de faire silence. Elle n'avait nulle envie de se laisser détourner de son intention, elle joignit les mains, regarda Thomas Goodwill et lui fit signe de dire le bénédicité. Car devant le potage qui attendait, il y avait plus important à faire que de se dépatouiller des propos impies d'Allemands trop bruyants. Le prêtre baissa les yeux, se signa et récita d'une voix limpide, tandis qu'Emma fermait les yeux et que Marx restait bouche bée :

God is great, and God is good,
And we thank him for our food ;
By his hand we all are fed ;
Give us, Lord, our daily bread.
Amen.

À peine la prière achevée, Goodwill et Emma écartèrent les bras et dirent en chœur : « Que le Seigneur Dieu soit loué et remercié ! » Comme ils étaient assis côte à côte, leurs mains se rejoignirent tout de suite. Mais de l'autre côté, le bras d'Emma rama en vain en l'air, car Mr Marx n'était nullement disposé à faire comme elle. Cette unilatéralité désemparée se reproduisit à d'autres endroits de la tablée. Certaines mains se trouvèrent, d'autres cherchèrent dans le vide. Le Dr Büchner, soucieux de ne pas faire tache, fit ce qu'exigeaient de lui les coutumes du pays et saisit la main moite de Darwin.

« Bon appétit », lança le maître de maison. Et tous les bras qui étaient en l'air s'abaissèrent. On avait demandé tout à l'heure sur quoi il travaillait, et il allait maintenant répondre volontiers à cette question – dont personne ne se souvenait. Darwin regarda Marx avec bienveillance et entama sans plus tarder un exposé sur le ver de terre, tandis qu'on saisissait les cuillères et que toute la tablée était tenue d'écouter.

La conférence excéda la durée du potage et se poursuivit tandis que Joseph servait le cabillaud sauce aux huîtres. Marx, qui s'était à nouveau retiré derrière son mur de silence, se délectait du vin blanc fruité qui accompagnait le poisson, et n'écoutait pas. Thomas Goodwill faisait des compliments de ce qu'on dégustait là et chuchota à Joseph de les transmettre à la cuisine. Mr Aveling avait l'air exaspéré. Il attendait impatiemment le moment où les sujets décisifs seraient enfin mis sur la table sans que Mrs Darwin empoisonne l'atmosphère de la conversation par des propos intempestifs. Il déplorait au plus haut point que Mr Darwin ne fût pas en mesure, lors d'une rencontre aussi importante, de rappeler sa femme à l'ordre. Ce dernier en était aux résultats de ses expériences nocturnes avec la lumière lorsque Mr Aveling en eut assez : « Je m'étonne que vous vous intéressiez plus à la vie sous terre qu'à sa surface. En particulier aujourd'hui, où sont assis à cette table trois hommes qui se penchent sur le destin politique de l'humanité. »

Cela mit le courtois Dr Büchner, qui avait plusieurs fois approuvé Darwin en hochant la tête, dans un terrible embarras. Marx, au contraire, fut ravigoté par cette intervention. Il lança, dans un affreux charabia, qu'il ne fallait surtout pas oublier le pasteur, qui, lui, s'intéressait à la vie au-dessus de la terre.

Emma rougit, mais Charles déjoua l'attaque en affichant aimablement qu'il avait l'épiderme épais. Il s'essuya tranquillement la bouche et la barbe avec sa serviette, plia celle-ci avec autant de soin que si cela avait été une ancienne et précieuse carte de marine,

185

et déclara que cela faisait quarante ans qu'il s'était toujours intéressé à cet animal fragile, qu'il s'y était consacré exclusivement au cours des derniers mois, et qu'il venait tout juste de terminer un livre sur lui. On pouvait être curieux de voir comment, dans quelques jours, le public l'accueillerait.

Il but une petite gorgée de vin et poursuivit son discours. Ce que d'aucuns avaient manifestement du mal à concevoir, il allait se faire un plaisir de l'expliquer. Par l'étude intensive d'un seul être vivant, en l'occurrence le ver, on faisait ressortir, *pars pro toto*, ce qui valait pour la vie en général. Comment s'y prend un être vivant pour s'adapter intelligemment à son environnement ? Pour en tirer ce qu'il y a de mieux pour lui-même ? Et en même temps pour être en plus utile aussi à d'autres ? Par exemple, ce ver peu spectaculaire qui fait don aux hommes de la couche arable et, du coup, des produits agricoles les plus précieux ? En outre, la fragmentation des petits graviers dans les estomacs des vers de terre était, du point de vue géologique, de la plus grande importance.

Emma avait le choix entre la peste et le choléra : écouter ou bien une affreuse prise de bec sur Dieu, ou bien une fastidieuse conférence sur le *lombricus*. Car de même que les vers de terre, en engloutissant consciencieusement les petits cailloux dans leurs entrailles, travaillaient excellemment le sol, de même Charles digérait d'énormes quantités de faits et produisait des phrases de long format qui, une fois démarrées, étaient difficiles à stopper. Et qui, comble d'ennui, reprenaient au passage les termes du livre sur les vers, dont elle avait plusieurs fois corrigé les épreuves.

Darwin, constatant avec joie que son cœur trébuchant s'était calmé pendant son exposé, le continua d'autant plus volontiers. « J'aimerais d'ailleurs que les idées que j'expose soient comprises de façon purement scientifique. La grande question que devrait se poser tout naturaliste, qu'il dissèque une baleine ou une puce, qu'il classe un champignon ou bien un unicellulaire, c'est : "À quelles lois obéit la vie ?" Il me semble suspect que des hommes, par le biais des sciences de la nature, veuillent faire de la philosophie ou, pire encore, de la politique. »

Le Dr Büchner se sentit visé, car récemment il avait recommandé comme modèle à la social-démocratie allemande la parfaite organisation du travail dans l'État des fourmis. Il se risqua à objecter que, selon son expérience, les études d'animaux étaient très instructives pour les humains. Justement, son livre *Sur la vie intellectuelle des animaux*, où il s'appuyait sur le peuple des fourmis, et aussi son essai *Social-démocratie et vie des travailleurs dans le monde animal*, avaient eu en Allemagne beaucoup d'écho. Les gens avaient faim des nourritures que pouvait leur procurer la science pour leurs propres problèmes !

La diction du Dr Büchner était médiocre, en revanche son vocabulaire était satisfaisant, et quand il avait le sentiment de n'être pas bien compris, il répétait ses phrases en haussant la voix. Emma se demanda si tous les Allemands faisaient un tel vacarme et se rappela avec horreur les braillements d'Ernst Haeckel, qui aurait encore battu de quelques décibels aussi bien Marx que Büchner.

Certes, dit Darwin, ils étaient affamés et peut-être – il leva son verre en souriant – assoiffés également.

Mais personne ne l'entraînerait jamais à étancher cette soif. Il ne pouvait supporter les mélanges de ce genre, les animaux ne devaient pas être utilisés pour faire la morale aux humains. Il préférait se laisser impressionner par ce que les animaux étaient capables de faire. Le cerveau des fourmis, par exemple – et là il ajouta un « très cher Dr Büchner » –, était plus petit qu'un grain de sel.

Avec la dignité du grand homme âgé, il montra la petite salière en argent qui était près de lui. Tous les regards suivirent son geste, qui eut le don, par une simple comparaison de taille, de ramener toute spéculation idéologique sur le terrain des sciences de la nature. Emma montra son plus fin sourire lorsque Charles prit la petite cuillère de la salière, la remplit et dispersa lentement les grains de sel sur son poisson, les autres ayant fini le leur depuis longtemps.

Au demeurant, continua Darwin, il partageait tout à fait l'enthousiasme du Dr Büchner pour les fourmis. C'était un de ces prodiges de l'évolution que des insectes soient capables de se mettre d'accord pour un travail en commun ou pour des jeux. Il avait trouvé quantité de cas où les membres d'une tribu, même après des mois de séparation, se reconnaissaient et se manifestaient leur sympathie.

Darwin regarda Emma comme pour lui dire : « Ne t'inquiète pas, ma colombe, là je les tiens, ces excités. » Et il continua à s'enthousiasmer pour la façon dont les fourmis tenaient propres leurs grandes constructions, en fermaient les portes le soir et y plaçaient des gardes. Et, ne l'oublions pas, bâtissaient des routes et même des tunnels sous des cours d'eau. Voire des passerelles provisoires franchissant ces derniers, les animaux s'accrochant les uns aux autres.

Darwin était lancé, et lorsqu'il eut dit « Les fourmis amassent de la nourriture pour la communauté », le Dr Büchner n'y tint plus.

« Oui, justement ! s'exclama-t-il, joyeux. Exactement ! Voilà précisément l'essentiel, la mise en commun ! Les insectes font la leçon aux humains. Non pas chacun pour soi, mais un pour tous ! La coopération au lieu de la concurrence. »

Indifférent à cette intervention enthousiaste, Darwin poursuivit, expliquant en comptant sur ses doigts ce que les fourmis inventaient quand l'une d'elles apportait jusqu'au nid un objet trop encombrant : après un bref temps d'arrêt, elles se mettaient à élargir la porte. Le Dr Büchner approuva d'un hochement de tête énergique.

« Enfer et damnation ! Les hommes n'ont pas besoin de bestioles comme modèles ! C'est de la foutaise, de dire aux prolétaires d'imiter la discipline des fourmis. Les hommes ont besoin de comprendre l'économie, et pas de discours sur les insectes – ou les fourmis si elles en sont –, pour marcher vers la révolution. Basta ! » Marx gesticulait, il murmura encore quelque chose comme « nabot intellectuel ». Il ne voyait pas pourquoi il devrait parler anglais à un Allemand. Puis il dit encore, toujours en allemand : « Il y a longtemps que l'évolution a séparé les hommes des animaux ; les hommes travaillent, produisent, commercent. Cette différence capitale rend impossible de transposer aux sociétés humaines les lois des sociétés animales. Où avez-vous déjà vu des chiens échanger des os ?

— Adam Smith », répliqua Büchner, trop content de connaître la citation et de marquer un point contre Marx. Puis il continua : « Qui vous dit que je veux aller vers la révolution ? Les travailleurs ont besoin de réformes sociales et démocratiques. Ils veulent du pain et la paix, pas des explosions de violence.

— Oyez, oyez, c'est le philistin allemand qui parle ! On rafistole un peu l'ordre social capitaliste, pour faire semblant qu'il se passe quelque chose, mais en même temps on ne fait surtout pas peur à la bourgeoisie. On ne fait pas de révolution sans casser des œufs. Les gens comme vous n'ont pas de cœur au ventre, voilà tout. Des réformettes ! Des lois ! Et avec ça, on rend toujours docilement hommage aux rois et aux empereurs. »

Marx aboya encore le nom de Bismarck. Et le mot « enfoiré ». Il haïssait les sociaux-démocrates.

Büchner laissa tomber cette engueulade comme un ballon trop sale qu'on laisse par terre, qu'on n'a pas envie d'attraper et encore moins de renvoyer.

« De quoi s'agit-il donc ? demanda Emma. Vous ne semblez pas trop d'accord. »

Avant que l'un des deux n'ait pu répondre, Mr Aveling interrompit d'une voix grinçante : « Moi, pour ma part, je laisserais volontiers de côté ces querelles d'Allemands auxquelles nous ne comprenons rien, ne serait-ce que pour des raisons linguistiques, pour en venir au véritable sujet de cette soirée, la signification de l'athéisme pour la liberté de l'homme, si vous m'en croyez, messieurs.

— Ne craignez pas de me mettre dans le lot, Mr Aveling, dit Emma.

— Pardon. Cela va de soi.

« — Je vous demande encore un moment d'attention, dit Darwin, car je n'ai pas terminé. »

Mr Aveling ouvrit la bouche et la referma, tandis que Marx essoufflé s'adossait à sa chaise pour se remettre. Parler vite avait malmené ses poumons.

« Imaginez, je vous prie, messieurs, chère Emma, la façon dont les fourmis partent en guerre en rangs serrés, et combattent et tuent sans merci tout ce qui leur est étranger. Saviez-vous que ces ingénieux insectes capturent des esclaves ? Ils élèvent des pucerons comme vaches à lait. Auriez-vous l'intention, cher Dr Büchner, de recommander aussi à vos sociaux-démocrates allemands l'art de la guerre et l'esclavage ? Ou bien choisirez-vous seulement tel ou tel aspect de la vie des fourmis qui collerait avec votre construction intellectuelle ? »

Darwin se caressa la barbe, Marx le ventre. Il était content que le lèche-cul allemand ait pris un coup de poing dans la gueule, et de la part de son seigneur et maître. Il vida son verre d'un trait.

Thomas Goodwill déclara qu'il avait du mal à suivre les différents fils de la conversation, que les oreilles lui bourdonnaient, et que tout ça manquait de bonne humeur. Emma approuva, disant qu'elle en était désolée, qu'elle avait le même sentiment.

Marx eut une quinte de toux.

Emma demanda : « Êtes-vous souffrant ? Vous semblez pâle, et je vous entends souvent tousser.

— *Yes*. Ah, mon poumon, mon foie.

— J'espère que vous avez un bon médecin, et que vous n'avez pas la tuberculose ?

— Le même docteur que votre mari.

191

— Le Dr Beckett ? Vous avez… Vous saviez ça, chéri ?

— Le Dr Beckett y a fait allusion.

— Vous ne m'en avez rien dit.

— Cela m'a paru sans importance. »

Emma se tourna de nouveau vers Marx : « Le Dr Beckett a-t-il pu déjà vous aider ? Mon mari ne jure que par lui, et depuis qu'il l'a comme médecin il va nettement mieux. Auparavant…

— Emma, je t'en prie, ce n'est pas le sujet. Nous n'allons pas parler de maladies.

— Très juste, très juste, dit Mr Aveling qui vit son heure à nouveau venue. Moi, pour ma part, puis-je rappeler notre sujet ? Je voudrais, comme je l'ai dit, rendre compte du congrès, et parler d'un projet. Je suis sur le point d'éditer une collection qui… »

Il n'alla pas plus loin. Emma demanda à Marx s'il l'autorisait à lui faire apporter des médicaments contre la toux. Elle en avait plusieurs dans son armoire à pharmacie. Elle fit signe à Joseph.

Le Dr Büchner objecta qu'en tant que médecin il conseillait tout simplement à Marx de s'abstenir de parler. Cela atténuerait les quintes et calmerait l'irritation de la gorge.

Darwin ne dit mot. Goodwill bâilla. Aveling dépité consulta sa moustache. Marx sentait sa bile.

Au bout d'un moment la bonne entra, apportant trois petits flacons. Emma les examina et en choisit un.

« Me permettez-vous de vous recommander ce médicament, Mr Marx ? Je pense que dix gouttes devraient suffire. Donnez-moi votre verre à eau, je vous prie. »

Marx le lui tendit comme un enfant sage, mais il était blême de colère contre ce Büchner. Seulement, il n'avait pas la force d'exploser. Son front était moite. Emma compta les gouttes et tendit le verre à Marx. Il ne savait plus bien où il en était et il dit d'une voix étranglée : « Vous n'allez tout de même pas sauver un communiste de la mort ?

— Non, ce n'est pas ça. La vie et la mort, seul le Seigneur en décide. Je voudrais seulement soigner votre toux.

— Et si, au lieu du Seigneur, on parlait de maladie et de destin ? taquina Aveling.

— Je ne puis qu'approuver mon confrère. La force et la matière sont les seuls ressorts de la vie et du monde. Et non un esprit ou un dieu. L'âme est un produit du métabolisme, sans phosphore pas de pensée. Le cerveau lui-même n'est qu'une partie du corps », dit Büchner.

Goodwill regarda à la ronde, comme s'il voulait exprimer que jamais il n'avait été assis dans une tablée aussi pitoyable.

Büchner avait envoyé son ouvrage *Force et Matière*, qui avait connu entre-temps deux douzaines d'éditions, à Darwin depuis longtemps et avec une dédicace grandiloquente. Dans ce livre, le philosophe allemand considérait les questions de religion et de progrès humain comme réglées, en vertu de quoi il tenait, véritable philosophe populaire, un discours fracassant sur tout le continent.

Marx attendait l'effet des gouttes, pendant que Joseph servait les côtelettes d'agneau à la provençale. Büchner, tout à fait dans son élément, faisait un éloge dithyrambique de Darwin, pour avoir, après des siècles d'errements, remis le spéculatif à sa place et délivré les hommes de l'étau de la religion.

Darwin avait la tête qui ruminait. Il se sentait largement mal compris. La philosophie n'était pas son affaire ! Il avait consacré sa vie aux questions auxquelles on pouvait répondre. Les philosophes, eux, remplaçaient chaque fois de vieilles questions par de nouvelles.

De son côté, le révérend sentait que cette invasion de Down House lui portait au cœur. Il eut un renvoi aigre et s'en excusa poliment.

Aveling tenta une nouvelle percée : « Mr Darwin, j'ai l'intention de vous dédier mon livre. »

Darwin sembla ne pas entendre. En tout cas, il ne réagit pas, ce qu'Aveling ne supporta pas longtemps. Il combla le vide en expliquant que son *Darwin pour les étudiants* paraîtrait dans quelques semaines, dans la nouvelle collection athée qui porterait le nom de *Bibliothèque internationale de la science et de la libre pensée*. À son humble avis, ces livres étaient une affaire prometteuse, loin d'être limitée à l'Angleterre. Ce qu'il entendait moins financièrement que politiquement, au service des Lumières. Et si Mr Darwin en était d'accord, on lui dédierait même la collection entière.

Darwin prit tout son temps pour répondre. « Je ne vaux rien comme bouffeur de curés », dit-il d'un ton acerbe inhabituel, ce qui redonna vie à Goodwill, qui déjà depuis un moment étudiait les motifs décorant la nappe autour de son assiette.

« Dieu vous bénisse », laissa-t-il échapper. Puis à nouveau il se consacra au fin damas. Il s'était fixé pour tâche de placer son verre à vin exactement au centre d'un carré, tantôt celui de gauche et tantôt celui de droite. Le regard bien fixé sur ces structures

194

brodées, il défiait le vertige que lui donnait le nombre de langues parlées à cette table. Il songea, par Dieu, à la Tour de Babel, et il se demanda à quoi pourrait bien mener encore cette confusion des langues.

« Je ne songe pas un instant à apporter de l'eau à votre moulin, Mr Aveling. Je suis certes un partisan conséquent de la liberté de pensée. Néanmoins je crois que les attaques directes contre le christianisme n'ont guère d'effet. La meilleure manière de promouvoir la liberté de la pensée, c'est d'apporter progressivement la lumière dans la tête des hommes. Par le progrès scientifique. Loin de moi l'idée de faire de la propagande pour l'athéisme, c'est pourquoi je dis non à votre demande. »

Emma eut un regard très satisfait et demanda à Marx si les gouttes faisaient déjà effet. Il fit oui de la tête et resta silencieux.

« Pourquoi être si lâche ? demanda Aveling. Vous n'avez plus rien à perdre. Vous êtes un homme célèbre. Le monde vous écoute.

— Pourquoi être si agressif ? répliqua Darwin. D'ailleurs, si vous pensez que je suis athée, vous vous trompez.

— Qu'êtes-vous, alors ?

— Agnostique.

— Ce n'est jamais que le terme plus courtois.

— Je vous trouve bien fiérot, jeune homme. Peut-être n'avez-vous pas pensé l'affaire jusqu'au bout. Pour ma part, je me sens forcé de rechercher une cause première de notre monde. Et parce que je me pose cette question du commencement, je me qualifierais même de théiste. »

Là, le prêtre de Downe ne fut pas seul à s'étonner. Et Mr Aveling vit ses espoirs partir définitivement au fil de l'eau.

Enfoiré, pensa Marx, il dit ça uniquement pour ne pas fâcher sa femme, et il cria : « C'est l'homme qui a inventé ses dieux !

— Feuerbach », grogna Büchner en renonçant. Il avait à présent bien pire à digérer que sa prise de bec avec Marx. Devrait-il rapporter à la Fédération des athées allemands que le grand Darwin, qui avait récusé la croyance en un Créateur, à la fin de sa vie et en sa présence se qualifiait de théiste ?

La compagnie était dans une impasse.

Darwin dit alors : « Messieurs, j'en ai assez d'être réduit à celui qui a posé ce qu'on appelle la question des singes, et qui y a répondu d'une manière insultante pour l'homme. Et je répugne tout autant à être accusé par des dignitaires ecclésiastiques et applaudi par des gens de gauche pour avoir privé l'homme de Dieu.

— Mais c'est pourtant exactement ce que vous avez fait ! Vous voulez seulement ne pas en être tenu pour responsable. Encore que *priver*, à mon avis, ne soit pas le mot juste. Vous n'avez pas privé l'humanité, vous l'avez libérée. À mon avis.

— Mais je ne vous ai pas demandé votre avis. Au demeurant, vous confirmez précisément ce que je veux dire. Je vois chez les athées les mêmes méthodes que chez les cléricaux. Ils abrègent la discussion, laissent de côté ce qui est fâcheux, affirment des choses que personne ne peut savoir et prétendent convaincre les autres par leur zèle missionnaire. Au lieu de cela, que diriez-vous d'un peu d'humilité ? »

Le front de Marx était d'un blanc brillant, il avait soudain de tout petits yeux et il bâillait. Les joues de Thomas Goodwill, en revanche, brillaient d'un rouge sanguin. Et les petites veinules dont le fin réseau couvrait ses narines avaient une teinte plus bleue que d'habitude.

Emma posa son couvert et le reprit. Elle paraissait perdue dans ses pensées. Jamais encore elle n'avait entendu Charles parler si ouvertement de ce sujet épineux. Ce dîner était plus qu'une réunion autour d'une table avec des convives déplaisants. La tablée symbolisait la situation qu'avait dans la vie son vieux mari. Il était comme apatride entre les fronts. Le prêtre du petit village de Downe et elle d'un côté, trois athées revendicatifs de l'autre. Il avait abandonné depuis longtemps la position chrétienne, il ne voulait pas adopter la position athée.

Si Charles avait commenté sa situation, il l'aurait décrite plus sobrement. Et sans en être du tout mécontent, car, après s'être âprement débattu pendant des décennies, il avait trouvé sa place : dans le no man's land idéologique. Et avec lui, estimait-il, la science naturelle moderne, qui n'entendait plus être tributaire d'aucune religion.

« Je vois tout noir », balbutia Goodwill. Puis il y eut un grand choc. Le pasteur venait de tomber de sa chaise. Emma bondit en poussant un cri.

L'ecclésiastique gisait évanoui par terre. Il venait tout juste de goûter à la délicieuse crème au chocolat que Joseph avait servie comme dessert, avec les plus fins biscuits au beurre. Goodwill n'avait pas eu le temps d'avaler.

Le Dr Büchner fit son office de médecin, il chercha le pouls, ouvrit les yeux du patient, l'éclaira d'une bougie prélevée sur un chandelier, et lui tâta les joues. Puis il tourna le prêtre sur le côté, déboutonna son col, et Emma fit le nécessaire pour que son ami n'étouffât pas. Büchner sonna la fin de l'alerte en disant qu'il s'agissait d'une crise passagère de la circulation, sans doute le révérend avait-il un peu trop bu. Sur quoi Darwin eut un soupir de soulagement.

Il avait de l'estime pour Thomas Goodwill, bien que le révérend donnât sur toutes les questions de la vie une réponse autre que la sienne. Inversement, le prêtre avouait que l'atmosphère de Down House, en dépit de toutes les divergences, inspirait depuis des années ses prêches du dimanche. Même s'il tournait chaque fois les choses en leur contraire. Ainsi, le révérend saisissait au vol, pendant le repas, quelque curiosité, par exemple la forme étonnante du bec d'un pinson, ou une jolie particularité dans la famille des orchidées, il l'emportait dans son église et faisait savoir à ses paroissiens que chacun de ces détails mis au jour par la science moderne révélait de la plus merveilleuse façon le plan divin qui était derrière tout cela. Il louait le Créateur et se répandait en détails enjolivant les aspects formels d'une trompe d'insecte parfaitement adaptée au calice qu'il fallait. Qui voulait-on qui ait inventé la multicolore diversité sur cette terre, les adaptations minutieuses, liées à la beauté et à l'utilité réciproque, sinon le Seigneur tout-puissant ?

Oui, l'amitié entre ces deux hommes était – comment aurait-il pu en être autrement ? – depuis trente ans un défi. Ce qui chagrinait le pasteur, il faut bien le dire, c'était que l'œuvre hérétique de Darwin ait vu le jour, comme exprès, dans sa paroisse. Et ait été écrite, de surcroît, sous les yeux de la pieuse Mrs Darwin, l'une de ses ouailles les plus zélées. En fait, ce fut pour lui toute sa vie une énigme que ces deux-là, en dépit des profonds fossés qui les séparaient en matière de foi, se soient manifesté tant d'amour. Et qu'ils aient eu dix enfants. Que le prêtre, aussi bien, baptisa avec plaisir et auxquels – pour autant qu'ils aient survécu à leurs premières années – il enseigna le catéchisme.

« Sortons donc prendre un peu d'air frais avant que l'un de nous n'ait besoin d'un flacon de sels », dit Darwin. Soucieux qu'une miette des fins biscuits au beurre ne se soit prise dans sa barbe, il l'épousseta encore abondamment avant de se lever de table.

Marx approuva de la tête, visiblement soulagé d'échapper à la terrible confusion qui régnait sur le tapis de Perse.

Les deux hommes s'engagèrent dans l'allée de graviers qui allait de la maison dans le jardin, mais n'y firent que quelques mètres. Marx avançait tout doucement, tête baissée, fixant le sol et à pas maladroits, car il voyait encore plus mal la nuit que le jour.

De lourdes gouttes tombaient des arbres, et du gazon trempé montaient des nappes de brume. Il avait dû pleuvoir pendant le dîner. Un vent froid se levait, chassait les dernières sensations d'été et poussait devant lui les nuages en direction de l'est.

Debout côte à côte, ils regardèrent le ciel. À la recherche d'étoiles, Marx clignait de ses yeux malvoyants. Il pensa à Jenny, qui adorait les constellations et lui avait jadis souvent dit : « Ma petite bête noire, viens, allons nous promener dans le ciel. » Alors ils se cherchaient un endroit sur la rive de la Moselle et ils étaient contents.

Marx plaqua ses deux mains sur sa poitrine, comme pour vérifier si ses bronches étroites se dilataient un peu à cet air champêtre lavé de frais. Il l'aspirait prudemment. Le matin encore à Londres, comme il se rendait au congrès, il avait plu des flocons de suie.

À quelques mètres il y eut un bruissement.

« Hérisson ? demanda Marx.

— Il y en a toute une famille, qui habite sous notre haie. Elle sort tous les soirs vers cette heure-ci pour aller dîner », répondit Darwin.

Puis ils restèrent à nouveau silencieux. Au bout d'un bon moment, Darwin dit : « Il me semble que vous êtes un idéaliste, bien que je sache naturellement que vous tenez absolument à considérer le monde de manière matérialiste. Celui qui lutte pour un monde meilleur a tout de même besoin d'avoir d'abord une idée de la chose, n'est-ce pas ? »

À l'abri de l'obscurité, Marx marmonna quelque chose de difficilement compréhensible – à l'intonation, c'était une discrète protestation –, pour aussitôt se taire à nouveau.

Un chien aboyait au loin. Un autre répondit, et aussitôt ils engagèrent une conversation animée. Darwin se félicita que Polly ne s'en mêle pas, sans doute dormait-elle dans le bureau.

Marx était là debout, gris et immobile, comme transformé en statue. Il avait froid. D'habitude, il n'aurait pas tardé à se mettre en rogne, car tout ce qui avait trait à l'idéalisme devait être descendu en flammes. Il ne pouvait pas sentir les idéalistes. Il menait contre cette engeance un combat implacable, en particulier quand il en trouvait parmi les socialistes. Combien de fois il avait prêché qu'avec n'importe quel idéal, on n'avançait pas d'un saut de puce. Ce n'était pas pour rien qu'il avait remis la philosophie sur ses pieds et jeté dans les poubelles de l'Histoire ce damné hégélianisme. Son credo était que la conscience des hommes ne peut s'expliquer qu'à partir de leur être, et non leur être à partir de leur conscience. Récemment encore, il avait martelé à un jeune socialiste que chez Hegel et consorts c'était le fils qui accouchait de la mère.

C'était la raison pour laquelle Marx s'interdisait de se faire une image de la vie communiste. N'importe quel curieux qui s'en enquérait se faisait remettre à sa place. Seuls posaient une question pareille les idiots qui n'avaient rien compris à son socialisme scientifique. Car enfin une liberté ne pouvait être conçue d'avance. Il fallait d'abord que les situations changent, que toutes les chaînes soient rompues et que soient créées les conditions d'une vie bonne, alors tout le reste en procéderait de soi-même.

Mais Marx restait muet dans le jardin de Darwin. Il ne pestait pas comme à l'habitude et il ne prononçait pas le moindre mot.

Il se demandait s'il était pris d'indulgence sénile. Ou si Mrs Darwin s'était trompée en lui comptant ses gouttes contre la toux. En tout cas, il était trop fatigué pour discuter.

« Je soupçonne que votre vie n'est pas simple, dit Darwin au bout d'un long moment. Mais je crois que votre heure viendra. »

Marx laissa échapper un soupir.

La lune s'était levée. Elle envoyait sa lumière pâle sur un champ moissonné à l'horizon. Les peupliers du domaine voisin se dressaient dans la pénombre comme de grands balais et jetaient de longues ombres.

Tandis que les deux hommes se tenaient ainsi côte à côte, le vent forcit, il secoua les arbres, d'où tombèrent de plus en plus de gouttes qui tambourinaient en s'écrasant. Sans ce roulement de tambour, peut-être aurait-on pu entendre le bruissement de deux barbes.

Douloureuses affaires de cœur

Son livre sur les vers arriva le 10 octobre 1881 par la voiture postale. Charles s'était attendu à n'avoir un premier exemplaire en main que deux jours plus tard et, faute de préparation intérieure, il était à présent extraordinairement excité.

Comme toujours, il était descendu à neuf heures et demie de son bureau à la salle de séjour, afin de voir le courrier et, confortablement allongé sur le divan, de se faire lire par Emma les lettres personnelles. Comme toujours, il avait auparavant travaillé une heure et demie exactement, avait regardé au microscope jusqu'à ce que ses yeux pleurent, tandis que l'ammoniaque, où trempait une nouvelle génération de racines de fèves, répandait son odeur et tenait Polly à distance. Elle avait horreur de l'ammoniaque.

Et maintenant il se laissait aller, un peu pâlot, sur le divan, et ne disait mot. Dès qu'il était entré il avait vu le livre, *La Formation de la terre arable par l'activité des vers et considérations sur leur mode de vie*, et il avait été anéanti par la certitude que ce serait son dernier.

Vingt fois déjà Emma avait tiré des premières éditions du sac de courrier et les avait amoureusement disposées sur le petit guéridon en acajou. Le coupe-papier d'ivoire, qui ressemblait plus à une petite pelle qu'à un couteau, car il n'avait pas de pointe – mais n'en était pas moins si tranchant qu'il coupait impeccablement toute variété de papier –, Emma le posait alors sur le livre.

Elle sentait quelle sensation ce devait être de couper de sa main les pages qu'on avait mis des années à rédiger dans la souffrance. Depuis ses volumes sur le voyage avec le *Beagle*, écrits quand il était encore un jeune homme, jusqu'à *La Mobilité des plantes*, paru l'année précédente. Si elle avait compté les rééditions, qu'il corrigeait et complétait avec autant d'amour et de labeur, la liste eût été beaucoup plus longue.

Chaque fois, à peine Charles avait-il coupé quelques premières pages qu'il était pris de palpitations et de crampes à l'estomac. Quelquefois, il avait pleuré de bonheur. Ce qui incitait Polly – du moins depuis que la chienne faisait partie de la maisonnée – à lécher les mains de Charles avec tant d'application que c'en était décidément trop. Les yeux et les mains humides, il se voyait contraint de mettre un terme à l'affectueuse ivresse de la chienne pour pouvoir se ressaisir lui-même.

Mais ce 10 octobre, Charles était désemparé au point d'être incapable de prendre le coupe-papier. Le livre non coupé restait sur le guéridon, tandis que le soleil du matin cherchait à percer les nuages qui défilaient et que sa lumière changeante venait par éclairs jusque dans la pièce pour disparaître l'instant d'après.

Observant avec quelque souci cette irrésolution de Charles, Emma se mit à lui faire la lecture de quelques lettres. Le cérémoniel habituel. Elle avait une voix chaude et douce qui lui ferait du bien, et de fait il n'éleva pas d'objection. Emma avait compris dès le début de leur mariage que le maintien d'un horaire quotidien créerait de l'ordre et pourrait calmer l'inquiétude de Charles.

Les enfants également, et naturellement les domestiques, pouvaient réciter par cœur et à la minute près l'horaire de sa journée, et tous s'efforçaient de ne jamais le perturber. C'était au point que cette succession précise dispensait plus d'une fois les habitants de la maison Darwin de regarder l'heure. Si dans l'après-midi Charles se mouchait dans l'escalier, tout le monde savait qu'il était quatre heures et qu'après une petite heure de sieste il redescendait de sa chambre à coucher.

Ce jour d'octobre, Charles ne parvenait pas, en dépit du nombre de coussins disponibles, à trouver sur le divan une position qui lui convînt. Tantôt le soleil l'éblouissait, tantôt sa ceinture le serrait, et sa hanche lui faisait mal. Il tâtonnait pour mieux s'installer et n'écoutait pas vraiment Emma. Finalement il dit qu'il allait quelque peu modifier son horaire : il avait envie de faire une promenade. À ce mot, Polly bondit.

Charles jeta sa cape sur ses épaules, prit sa canne et fonça tête baissée vers le jardin. Joseph, surpris par ce départ impromptu, eut du mal à suivre. Il tendit le chapeau en rappelant qu'en octobre on prenait facilement froid. Puis il suivit des yeux le fugitif encore un moment. Avec son grand manteau noir, négligemment jeté sur ses épaules voûtées et flottant au vent, Darwin marchait vers le soleil d'automne déjà bas. On aurait dit une grande chauve-souris avec une canne.

Il prit le raccourci vers l'allée sablée et n'eut pas un regard pour les serres. Une fois arrivé dans l'allée, il réduisit son tempo et s'arrêta. Un écureuil bondit encore à temps, avec dans la bouche une noisette juste cueillie, jusqu'au prochain arbre qu'il escalada en vitesse. Polly le gratifia encore d'un jappement peu convaincu.

Charles prit appui sur sa canne, respirant avec peine. Il regarda fixement un endroit du sol où normalement il déposait un certain nombre de pierres. Après chaque tour dans l'allée sablée il en retirait une. Un truc inventé il y avait longtemps pour se discipliner dans ses promenades de santé. Pendant des années, il avait noté le nombre de pierres dans une liste, avec l'idée de constater des corrélations, voire des relations de cause à effet, entre les miles parcourus et la qualité de son sommeil d'une part, ou d'autre part ses problèmes de nausées.

Fixant ce petit morceau de terrain, Charles s'avoua que cette statistique n'avait pas été un succès. Il ôta brusquement son chapeau de sa tête. La fraîcheur du vent fit du bien à son crâne trempé de sueur. Au lieu de déposer des pierres, il farfouilla dans le sol avec la pointe de sa canne, tandis que la sueur ruisselait sur ses tempes. Polly le regarda nerveusement, grogna à l'adresse de la pointe de la canne et avança de quelques mètres en trottinant un peu au hasard, puis revint.

Il y avait eu des époques où le Dr Beckett tenait à ce qu'il fît dix tours par jour dans l'allée sablée. Et il y avait eu des années où le nombre de pierres ne correspondait pas du tout à la réalité. Quand ce souvenir lui revint, il sourit. C'était seulement beaucoup plus tard qu'il avait été au courant de ce jeu des enfants. Il consistait, à peine leur père distrait avait-il disparu au tournant suivant, à ajouter une pierre. Et ensuite, cachés derrière un buisson, à rigoler tout leur soûl en voyant leur père s'étonner, secouer la tête, et repartir à contrecœur pour un tour de plus. C'était surtout la petite Annie qui se délectait de ce mauvais tour.

Penser à sa fille lui flanqua un coup. De tous les enfants, c'est Annie qu'il avait aimée le plus tendrement. Elle avait le don de l'égayer même quand il était de l'humeur la plus noire. Si dans son travail il s'était enlisé jusqu'à douter d'en sortir jamais, elle parvenait en un rien de temps à le faire glousser de rire autant qu'elle-même. En même temps elle tortillait de ses deux index ses boucles blondes comme l'or. Dès qu'elle avait réussi à le faire sourire, elle nichait sa tête contre son cou et se mettait à tortiller entre ses doigts quelques cheveux à lui.

De sa mort prématurée, il ne s'était jamais remis. Il avait passé jour et nuit à son chevet à lui masser le ventre, et c'est là qu'il avait prié pour la dernière fois.

Jamais il n'allait sur sa tombe. Il continuait de craindre de perdre pied et de se laisser tomber, la face sur la pierre tombale. Il ne passait pas un jour sans penser à elle.

Nos deux promeneurs se remirent en marche, et l'écureuil sauta de branche en branche. Agacée, Polly le suivit des yeux jusqu'à ce qu'il arrive dans la cime d'un arbre et fasse des acrobaties sur une branche mince qui ployait dangereusement.

Le bruit de la canne sur le sol n'avait plus son rythme. La chienne, quelques mètres devant, dressa les oreilles. Puis le tintement clair fut remplacé par l'écrasement sourd des grains de sable, car Charles s'appuyait à chaque pas. Polly tourna la tête, indécise, et finit par revenir.

Il s'arrêta, desserra son châle, tira sur son col de chemise et l'ouvrit grand d'un coup. Il avait trop chaud. Mais l'instant d'après il frissonna de froid. Il remit son chapeau, resserra le châle autour de ses épaules et respira bouche ouverte.

D'en haut, l'écureuil l'observait. Charles le regarda à son tour. Puis son regard se perdit dans les couleurs d'automne des feuilles de hêtre. Et avec elles le temps se perdit lui aussi. Charles était à nouveau jeune, ses enfants surgirent, jouant entre les chênes, les bouleaux et les noisetiers.

Polly se mit à trotter nerveusement, avançant et revenant, tandis que Charles regardait les enfants qui déboulaient entre les arbres comme une petite horde et venaient l'un après l'autre taper de la main sur son genou comme s'ils jouaient à chat, et repartaient en courant.

Il avait bien aimé voir ses enfants faire les fous. Mais surtout, il fallait bien le dire, quand ils restaient un peu à distance pour faire du bruit et le laissaient réfléchir tranquille. Car l'allée sablée, plus encore que pour la santé, était faite pour y réfléchir. C'est là qu'il avait pensé à d'innombrables problèmes, là qu'il avait trouvé plus d'une solution.

Lorsque Charles avait fait aménager ce sentier, des décennies plus tôt, et l'avait fait border d'arbres et d'arbustes, il avait tenu à ce qu'il soit à bonne distance de la maison, assez loin pour qu'il y marche en paix, mais assez près pour que lui soient épargnées ces excursions qu'il détestait. Le temps passant, il avait développé une répugnance angoissée à tout éloignement de chez lui.

Il y avait eu des jours où déjà être privé de son lit le gênait fâcheusement, ainsi que son entourage. Les voyages, même les plus petits, le perturbaient et étaient évités autant que possible. En outre, Charles estimait que ses cinq années de périple en mer lui avaient valu suffisamment d'agitation. Il en avait débarqué avec un sac plein de questions. Des questions auxquelles, au début de son voyage, il avait eu des réponses. Mais d'océan en océan, elles s'étaient effritées comme de vieux biscuits de mer.

Polly lui tournait obstinément autour des jambes et lui tapait sur le tibia du bout de son museau. Cela fit rire Charles, et du coup elle s'arrêta net. La cape pendouillait sur les bras de son maître. L'air sentait la terre humide. Il haletait. Puis il secoua la tête et rit à nouveau.

Courbé sur sa canne, il fit quelques pas de plus, s'arrêta près d'un vieux poteau et s'y appuya de la main. La surface était mouillée de rosée et le bois pourri cédait. Une araignée avait, entre le poteau et un noisetier, tissé sa toile qui avait encore scintillé au soleil l'instant d'avant et maintenant reflétait le gris mat des nuages qui s'amassaient au-dessus de Downe et annonçaient la pluie.

« J'ai travaillé toute ma vie comme un cheval. Ou, si tu préfères, comme un âne. » Polly était désemparée et s'assit, le nez en l'air et les yeux grands ouverts. « Jamais je n'ai été heureux. Sauf en travaillant. » Polly ne savait trop si elle devait se lever ou plutôt attendre. « Est-ce que tu l'aurais cru, qu'ils finiraient tout de même par me rendre honneur ? » Polly inclina la tête de biais.

Charles voulait parler de l'université de Cambridge, qui l'avait fait, au moins vingt ans trop tard, docteur *honoris causa*. « Ah, Polly, comment ai-je pu te laisser à la maison un jour pareil ? Imagine que tu m'aies accompagné ! La queue bien droite, tu aurais trottiné à côté de moi. Naturellement, je t'aurais auparavant mis un ruban doré, noué à ton collier. Et le lendemain, le *Times* aurait écrit : "Darwin est apparu à la cérémonie avec son chien." »

Il se sentit un peu mieux, et les festivités se mirent à défiler devant lui comme une ronde d'images. Cette journée avait été, si sa mémoire ne le trompait pas, la plus glorieuse de sa vie. Comme ses genoux tremblaient, il décida de rester encore un peu près du poteau.

C'est une joie panique qui l'avait envahi lorsque était arrivé le message de Cambridge. À peine son fils aîné eut-il lu le télégramme qu'il se mit à essayer de persuader son père. On ferait tout pour le mettre en situation de recevoir en personne cet honneur. Car il y avait déjà beaucoup trop de distinctions qui lui avaient été décernées en son absence : la croix Pour le mérite du roi de Prusse ; l'admission dans le cercle éminent de l'Académie des sciences de Saint-Pétersbourg ; le doctorat *honoris causa* de Bonn. Mais Cambridge ? Là, il fallait qu'il y aille, peu importait comment. Telles avaient été les paroles de William. Comme il avait eu raison !

Et c'est comme ça qu'il monta encore une fois dans un train, pour aller là où, un demi-siècle plus tôt, il avait obtenu son diplôme de bachelor. Dans l'intention de devenir prêtre. Pasteur de campagne, pour être plus précis. Car déjà à l'époque il rêvait d'avoir un jardin gigantesque.

Appuyé sur le poteau et sur sa canne, il se demanda s'il avait remercié son fils. Il rattraperait ça dès que possible. Non seulement son idée de la locomotive avait été excellente, mais tout le voyage s'était passé à merveille. Et Dieu sait pourtant qu'il avait résisté ! Et le reste, ah oui, le reste avait été tout simplement grandiose.

Il appuya son poing sur sa poitrine, du côté du cœur, comme s'il pouvait décoincer quelque chose qui était bouché, tout au fond à l'intérieur. Il revoyait très clairement la loco et l'entendait souffler. Et puis le wagon mis à la disposition de la famille. Son cœur battait sauvagement, irrégulièrement.

Ils étaient montés dans cette voiture à dix miles de Downe, et ils n'en étaient descendus qu'à Cambridge. Ce qui n'avait été possible que parce qu'une locomotive louée spécialement pour ça avait détourné le wagon et lui avait fait traverser Londres pour l'accrocher à un train en direction de Cambridge. Même chose le soir, en sens inverse. Charles souriait, et Polly remuait la queue.

Cela avait coûté une fortune. Mais il avait pu aller et venir dans le wagon à l'abri des regards et rester maître de son excitation. À vrai dire, sans les tranquillisants que lui avait donnés le Dr Beckett pour le voyage, il n'aurait pas supporté ce supplice. Polly fit le tour de ses pieds et se rassit.

Charles tordit le nez. Il sentait encore l'odeur de l'infusion de plantes que les petites bonnes versaient au bout de sept minutes exactement et lui donnaient par portions dans un gobelet d'argent. Toutes les demi-heures il avait avalé par petites gorgées ce brouet malodorant. La main sur la canne tremblait. Il transpirait. Oui, la mixture avait fait son effet. De mile en mile il avait été un peu plus calme.

Polly gémit : qu'on s'attarde près de ce poteau pourri ne lui plaisait pas. Mais personne ne lui prêtait attention. Au lieu de cela, Charles écoutait les cloches, qui sonnaient depuis qu'il était arrivé, à l'heure dite, en compagnie de sa famille sur le campus de sa vieille université. Le bâtiment du Sénat était splendidement pavoisé. Et il s'avançait, flanqué du chancelier et du vice-chancelier, en direction de la salle des fêtes. Drapé dans une robe pourpre, sa tête chauve coiffée du mortier en velours noir avec cordon et pompon. Charles ôta son chapeau, les cheveux collaient sur sa tête. Il manquait d'air et son pouls était irrégulier. Polly s'approcha et posa sa gueule sur son pied.

Il vécut encore une fois comment, le cœur battant, il avait franchi la porte de la salle. Il fut salué par une fanfare de trompettes et par des cris et des sifflements d'enthousiasme qui dépassaient tout ce que ce vénérable amphithéâtre avait jamais connu. Ce ne furent qu'applaudissements, interjections, cris, piétinements, gesticulations. La salle était comble, les étudiants étaient assis partout, sur les rampes, sur les marches, même sur les statues et les rebords des fenêtres. Charles était en larmes. Polly s'approcha encore davantage.

La réception tumultueuse n'était pas seulement liée, il en convenait volontiers, à sa personne, mais aussi à un singe qui pendait du plafond au bout d'une corde. Quel spectacle ! Dans sa poitrine, les douleurs s'aggravaient. Il se pencha sur le poteau. Et revit l'image de l'assistant du chancelier, rouge de honte, grimpant sur une échelle apportée en hâte et décrochant la poupée en peluche. Charles croyait se souvenir que les professeurs de la faculté de théologie qui étaient présents avaient eu alors une petite moue. Ce cousinage velu continuait de leur répugner.

Charles avait froid à la tête, il remit le chapeau, ce que Polly prit pour un signal de départ. Elle se leva d'un bond, mais il resta immobile. Elle se rassit.

Le chancelier prit la parole pour faire l'éloge de ce que Darwin avait accompli. En dépit de sa poitrine oppressée, il ne pouvait rien y avoir de plus beau que d'écouter encore une fois ce bilan glorieux fait par une haute autorité.

Polly posa à nouveau sa gueule sur le pied de Charles, le gauche d'abord puis, dans le doute, le droit. Non sans jeter au passage un regard vers le haut. Mais Charles ignorait la chienne. En sueur, il passait sa vie en revue. Il était en train de faire citer encore une fois ses œuvres par le chancelier du haut de sa chaire, et tous ses favoris étaient nommés : les cirripèdes perceurs, les zébus indiens, le droséra insectivore, les légumineuses grimpantes, les coraux bâtisseurs et les lombrics fouisseurs.

Le chancelier ne manqua pas de mentionner que le nouveau docteur avait même été prêt, pour ses recherches, à devenir membre actif d'une association de colombophiles. Charles pensa à l'histoire du peignoir. Pauvre Emma ! Ça le serrait, dans le cœur. Le flot de louanges se tarit. Alors les étudiants commencèrent à hululer et à bondir de leurs sièges. Charles se frappa du poing la poitrine, il avait des douleurs comme des coups de poignard. Polly sauta contre lui en aboyant.

L'hymne national retentit, chanté par la chorale de l'université. La salle entière fit chorus. Charles n'entendait pas l'aboiement et pleurait. Ne s'était-il pas plaint, récemment, de ce que la musique ne l'atteignait plus, à la différence d'autrefois ? De ce que son âme était desséchée ? « Emma, ma chérie, avait-il chuchoté, sauf en science je suis depuis longtemps une feuille fanée. »

Charles ôta sa main du poteau, essuya ses larmes et décida de ne pas faire son tour de l'allée. Il revint sur ses pas. Le poids sur sa poitrine s'était atténué. Encore mal assuré sur ses jambes, il avança pas à pas. Polly au pied.

À peine furent-ils arrivés au gazon devant la maison que Polly, selon une vieille habitude, s'écarta pour aller faire le tour d'une pierre, sans trop s'en approcher. Elle montrait là une habileté qui était le fruit d'années d'exercice. Car sur cette meule de moulin, Charles était intraitable. Il s'agissait d'une tranche de granit précisément taillée et restée parfaitement ronde en dépit de son âge, et qui était posée dans l'herbe comme une roue perdue. Cette meule avait été taboue pour les enfants, plus tard pour ses petits-enfants et malheureusement aussi pour Polly, qui n'avait même pas le droit de la renifler.

Charles regarda vaguement Polly. Il ne la suivit pas. Le travail était achevé. Les résultats d'une recherche de quarante années étaient sur le guéridon en acajou. À l'époque il avait fait apporter cette meule par deux hommes du village depuis un vieux moulin à céréales et l'avait fait déposer là pour enregistrer, selon toutes les règles de l'art, comment elle s'enfonçait peu à peu dans le sol. Sous l'action de l'infatigable et lente activité des vers de terre.

Quand les enfants jouant dans le jardin faisaient le détour prescrit autour de la meule, c'était dans l'idée de ne pas déranger les vers qui, comme on le leur avait expliqué, habitaient là et y faisaient leur travail. William avait été inconsolable quand, à douze ans, il avait appris du jardinier qu'il y avait des vers qui vivaient sous toute la surface du gazon et que donc il en avait piétiné d'innombrables depuis des années. Il avait cru que leur lieu de résidence et d'action n'était que sous la meule, qu'il avait contournée en conséquence.

Charles avait maintenant révélé au public à quelle vitesse la meule s'enfonçait : de 2,2 millimètres par an, cette profondeur étant directement liée à l'activité des vers et ne dépendant nullement du poids de la pierre. Tout cela figurait dans le livre qui l'attendait dans la salle de séjour.

Soudain Polly bondit. Elle faillit enfreindre l'interdit en passant par-dessus la fameuse pierre, elle l'effleura des pattes arrière avec un bref jappement, mais ne se laissa pas détourner de son objectif et fonça sur Charles, qui vacillait et allait tomber. Il se cramponnait, les phalanges blanches, au pommeau de sa canne, il broncha encore, réussit néanmoins à gagner le chêne tout proche. Il s'y appuya, haletant. Le visage déformé par la douleur, les yeux écarquillés sous les sourcils touffus. De sa main gauche il tâtonnait pour déboutonner sa redingote. Il réussit au moins à dénouer son châle, qui alla voler sur l'herbe.

D'un bond Polly fut près de lui, lui donna un coup de museau sur le genou, s'empara du châle et fila en direction de la maison, la soie bleue traînant des deux côtés de sa gueule.

Charles trébucha du chêne jusqu'au hêtre, s'appuya à nouveau, et progressa d'arbre en arbre sur le gazon, en zigzag, comme un voilier tirant des bords par gros temps, le skipper luttant à la fois contre les vagues et l'avarie pour rejoindre le port.

Il y réussit, tout tremblant il atteignit la porte de la maison, d'où Emma surgit avec Polly, et il s'effondra entre ses bras.

On envoya chercher le Dr Beckett, qui pendant une demi-heure n'arriva pas. En vérité il fit aussi vite que possible, le temps que prenait la mauvaise route de Downe en calèche. Il alla tout droit vers son patient, qu'entre-temps on avait couché sur le divan du bureau, au rez-de-chaussée.

Deux bonnes de la maison se tenaient debout à la porte, excitées, prêtes à apporter ou emporter ceci ou cela. Charles était fou d'angoisse et se cramponnait au bras d'Emma qui, refoulant sa propre terreur, prenait sa voix apaisante et répétait toujours la même phrase, comme un moulin à prières : « Tout va s'arranger. Tout va s'arranger. » Elle lui parlait comme à un enfant malade, lui essuyait le front et passait les doigts dans sa chevelure blanche.

Le Dr Beckett ôta le bouchon d'un petit bocal de capsules et assura que l'amylnitrite allait agir rapidement, c'était le meilleur médicament employé aujourd'hui contre l'angine de poitrine.

Exposant le diagnostic, il ajouta que les coronaires de Darwin étaient rétrécies, certaines même obturées, à ce qu'on pouvait déduire des symptômes.

Elles allaient à présent se dilater rapidement sous l'effet du nitrite.

En expliquant que le résultat recherché était obtenu par recours à un léger effet d'explosion, il mit Emma dans tous ses états, alors qu'il éveilla la curiosité scientifique de Charles. Toutefois, celui-ci aurait préféré observer l'explosion dans une éprouvette, plutôt que d'y exposer ses artères.

Mais à peine son intérêt pour la formule chimique était-il éveillé qu'il fut pris d'une nouvelle angoisse. Est-ce que l'explosif inventé par Alfred Nobel n'était pas aussi un composé d'azote ? Il se rappelait qu'on avait récemment fêté le percement du tunnel ferroviaire du Saint-Gothard, effectué en employant cet explosif dont le nom ne lui revenait pas. Il eut soudain un voile noir devant les yeux.

Le Dr Beckett tapota ses joues pâles. À peine compréhensible, Darwin murmurait que le frère d'Alfred Nobel était mort tragiquement d'une explosion de ladite substance. En prononçant le mot « déchiqueté », il ferma les yeux, ce que Beckett ne laissa pas passer. Il lui intima l'ordre de garder les yeux ouverts. S'il y avait une chose dont ils n'avaient pas besoin, c'était un évanouissement dû à une angoisse imaginaire, pour ne pas dire à des divagations extravagantes. Après tout, il n'allait pas lui en administrer des kilos, de cette substance !

Le patient, chuchotant un « s'il vous plaît » insistant, espérait un dosage adapté à ses vieilles artères, qu'il voyait comme des tuyaux bien fragiles pour cet explosif.

Emma adressa au ciel une prière à voix haute, à laquelle Charles n'objecta rien. Il mordit la capsule, sentit le goût douceâtre du liquide et se laissa retomber sur son oreiller moite de sueur.

Soudain le visage de Charles prit des couleurs, à la grande joie du Dr Beckett. Avec une certaine fierté dans la voix, il déclara que le médicament avait déjà dilaté les vaisseaux, ce qu'on voyait à l'afflux de sang au niveau du visage, et qu'il était certain que la crise était passée.

Ensuite le docteur s'occupa d'une caisse en bois qu'il avait demandé à Joseph d'aller quérir dans la voiture. Elle contenait un appareil enveloppé de velours vert sombre. Il fallait d'abord le déballer et l'installer.

Il s'agissait d'une machine réagissant aux chocs et comportant diverses glissières en bois maintenues par de petites vis en cuivre, ainsi qu'un fin levier à la longue pointe et un rouleau de papier compliqué à installer, bref, il s'agissait du plus moderne enregistreur du pouls qui existât dans toute l'Angleterre. Le Dr Beckett l'avait fait venir de France il y avait quelques semaines.

Il n'était pas simple d'attacher l'appareil à l'avant-bras du patient de telle sorte qu'une petite plaque sensible se trouve directement à l'endroit de l'artère où l'on sentait le pouls. Il n'échappa pas à Emma que l'intérêt scientifique que Charles portait à l'appareil continuait d'améliorer son état.

Lorsque le Dr Beckett eut très délicatement serré le brassard de cuir, il libéra le petit levier de son attache métallique, et la prodigieuse machine se mit aussitôt, avec un léger couinement, à faire son office.

Alternant naturellement dilatation et contraction, l'artère communiquait ce mouvement à la petite plaque, qui à son tour actionnait le levier, de sorte que le travail de la paroi de l'artère s'inscrivait sous la forme d'une ligne sinueuse sur la bande de papier.

Ces espèces de montagnes russes tremblotantes ne promettaient, déjà optiquement, rien de bon. Fréquence cardiaque et tension artérielle se présentaient mal. Le regard rivé sur les tracés onduleux que produisait son corps, Charles allait à nouveau plus mal. Son front recommençait à se couvrir de perles de sueur qu'Emma essuyait en le tapotant avec un mouchoir.

Le Dr Beckett prescrivit des cataplasmes à la moutarde. Les bonnes connaissaient cette médication, car le docteur en était très partisan et convaincu de son efficacité pour d'autres maladies, de sorte qu'il y en avait toujours une réserve dans la maison.

Lorsqu'elles revinrent de la cuisine avec le cataplasme dans une bassine d'eau chaude, le médecin était en train de poser de sa main trois granules de *Nux vomica* sur la langue de Darwin, non sans faire remarquer que celle-ci était d'une couleur qui ne lui plaisait pas du tout.

Les deux filles posèrent la bassine à côté du divan et quittèrent la pièce, comme Emma le leur avait demandé. Elle entendait se charger elle-même du travail, pour ne pas choquer la pudeur de Charles. Emma lui enduisit de vaseline la poitrine et les aisselles pour que la moutarde forte ne lui cause pas d'irritations.

Pendant ces soins, le Dr Beckett prit congé et annonça qu'il repasserait dans la soirée. Il remit très soigneusement l'appareil dans sa caisse en bois, ferma la serrure et promit de revenir avec, pour prendre de nouvelles mesures.

Lorsqu'il revint le soir, Darwin était calmement couché. Il n'avait pas subi de nouvelle crise. Au contraire, il avait un peu dormi. Le Dr Beckett s'assit près de lui et expliqua que dorénavant il lui faudrait prendre ces capsules pour le cœur dès qu'il ressentirait une attaque d'angor. Il était en train de tirer les cachets de sa poche de veste lorsque Darwin dit : « Marx est venu ici. »

Le docteur fut tellement sidéré qu'il en resta bouche bée.

« Oui, imaginez-vous. Il est venu ici.

— Vous vous moquez de moi. Je ne peux pas le croire.

— Si, je vous assure. Son gendre, un certain Aveling, avec qui j'étais en contact à cause d'un livre, l'a amené à dîner. J'ignorais ce lien familial.

— Je ne comprends pas très bien. Puis-je savoir à quelle occasion vous invitiez à dîner ?

— Ces messieurs venaient du Congrès des libres penseurs, à Londres, dont il a été question dans le monde entier. Son président, un certain Büchner bien connu en Allemagne, tenait apparemment à faire ma connaissance. Croyez-moi, je ne savais pas quel beau-père viendrait s'ajouter. J'ai été tout aussi surpris que vous l'êtes à présent.

— Ce dîner, j'aurais bien aimé en être.

— Moi, j'aurais préféré ne pas y être. Croyez-moi, vous n'avez rien manqué. La soirée a été grotesque.

— Comment cela ?

— Eh bien… Les uns savaient mal l'anglais. Les autres, mal l'allemand. Pour finir, notre prêtre est tombé de sa chaise.

— Vous plaisantez.

— Hélas, non. Et puis, j'ai encore dit à Marx qu'il n'était pas un matérialiste, mais un idéaliste.

— J'espère que vous n'aurez tout de même pas…

220

« — Non, ne craignez rien. Je ne lui ai pas fait valoir qu'il est en vérité un Moïse masqué. Le pauvre homme était dans un trop mauvais état de santé. »

Darwin devint blême. Il régurgitait. Beckett bondit, appela Joseph, posa ses mains chaudes dans le dos de Darwin pour le calmer.

« Pourriez-vous ouvrir la fenêtre, je vous prie ? J'ai besoin d'air.

— Vous avez à nouveau ce poids sur la poitrine ? »

Charles souffla lourdement et fit oui.

« Essayez de respirer régulièrement. Je vous donne tout de suite une capsule. Mais il faut d'abord que votre estomac se calme. »

Emma entra en courant, suivie de Joseph, qui alla droit à un rideau derrière lequel il disparut. Il s'agissait d'un cabinet avec crachoir, torchons, serviettes et une grande carafe toujours pleine d'eau fraîche avec quelques feuilles de menthe. Le butler était chargé depuis toujours de veiller à ce que ce cabinet soit sans cesse parfaitement présentable. Car pour quelqu'un qui tenait à la discrétion et au silence, rien n'était plus désagréable à Charles que l'état désastreux de son estomac.

Emma regarda le docteur d'un air inquiet. Il haussa les épaules.

« Quand est-ce que cela cessera enfin ? Je ne peux plus supporter cet état de mon estomac. Plutôt mourir. »

Puis ce fut le hoquet habituel, et le Dr Beckett lui mit sa main sur le diaphragme.

Peu après, Darwin mordit sa capsule sans faire la moindre difficulté, se laissa aller en arrière et resta silencieux. Au bout de quelques minutes, ses joues reprirent un peu de couleur. Le Dr Beckett lui souhaita une bonne nuit. Ils se serrèrent longuement la main.

La mort et le pari

L'hiver était long. Et les vieux de Downe friction-
naient leurs articulations. Une neige humide continuait
de tomber. Comme au petit matin du 18 avril 1882,
lorsqu'un grincement suivi d'un craquement tira
Emma du sommeil. Elle se précipita à la fenêtre et
vit la plaie béante dans le tronc du chêne. Une grosse
branche aux nombreuses ramifications s'était brisée
sous sa charge. Des feuilles brunes, témoins attardés
d'un lointain été, gisaient à présent, froissées par les
paquets de neige, dans la boue grise.

Depuis des semaines, Emma espérait que le temps
s'améliorerait, car peut-être qu'un sursaut de la nature
pourrait ranimer un peu Charles. Mais l'herbe qui perçait la couche de neige du printemps ruisselait d'une
eau qui la rendait molle et lourde.

Le nez contre la vitre embuée par son haleine,
Emma adressa une prière au ciel. Elle ne savait pas
que Charles, à l'étage en dessous, était lui aussi à la
fenêtre.

Lorsque peu après elle descendit l'escalier, Polly sortait en boitillant du bureau pour gagner le salon. Elles

223

se saluèrent et franchirent la porte ensemble. Charles détacha son regard du chêne et dit :

« Bonjour, mesdames.

— Tu es réveillé depuis longtemps ?

— Je n'ai pas fermé l'œil de la nuit.

— Mon pauvre. Je suis sûre que tu te trompes. Tu t'es certainement assoupi par moments.

— Non. J'étais couché et bien éveillé. Et j'ai dû sans cesse me relever parce que, à plat, je n'arrivais pas à respirer.

— As-tu des douleurs au cœur ? » dit Emma en le serrant dans ses bras. Il était devenu tout mince.

« Cela fait des heures que je joue le fantôme dans toute la maison, je ne tiens pas en place, alors que je suis mort de fatigue. Les douleurs viennent par vagues. »

De ses doigts froids, il lui grattait doucement la nuque. « Peux-tu m'expliquer pourquoi les horloges, aujourd'hui, marchent avec cette lenteur désespérante ? Je suis descendu exprès pour voir si celle d'ici abattait les heures plus vite que celle de mon bureau. »

Emma sourit. C'est avec cette manière légère et en même temps triste de plaisanter qu'étant jeune homme il avait trouvé le chemin de son cœur.

« Tu as vu ce qui est arrivé dans le jardin ? Maintenant, même le chêne est invalide. Cette affreuse neige. Tu te rappelles comme il était petit, au milieu de la prairie, quand nous nous sommes installés ici il y a quarante ans – ou déjà quarante et un ? »

Sa pâleur de spectre était encore accentuée par la lumière laiteuse et froide qui, par la fenêtre, tombait de biais sur le visage de Charles. Emma posa les mains sur ses épaules et appuya la tête sur sa poitrine. Ils restèrent ainsi en silence, Polly assise à leurs pieds et gémissant doucement. Séparés uniquement par la vitre de la neige qui tombait, ils frissonnèrent tous les deux.

« Prenons le thé. Je vais dire à Joseph de nous en apporter. Avec quelques toasts. Je suppose qu'il est déjà debout. Et il faudrait qu'il veille à ce que l'une des filles fasse le feu dans la cheminée. »

Comme s'il n'avait rien entendu, Charles dit : « Emma, ma colombe, je crains de n'avoir plus la force de continuer à faire des recherches. Mais sans travail je ne suis pas heureux. Cette nuit j'ai compris que je me réjouissais d'avance du cimetière de Downe. Il m'apparaissait comme le plus délicieux séjour sur cette terre. »

De telles phrases consternaient Emma. Bien qu'elle eût noté depuis longtemps que les fèves foisonnaient sans que personne ne s'en souciât. Le dernier petit travail de Charles, il y avait quelques semaines, avait porté sur un insecte aquatique. Elle savait seulement que la petite bête était arrivée par la poste et que Charles, ravi de cette découverte d'un jeune homme, avait même entamé une petite correspondance avec lui.

L'après-midi, le heurtoir de fer résonna contre la porte d'entrée. Avec beaucoup d'énergie. Quatre fois. Signe indubitable que le visiteur était Francis Galton. Ce qu'il avait inauguré, fût-ce dans sa jeunesse, il n'y renonçait plus jamais. Il estimait qu'un homme se caractérise par ses petites manies.

À peine avait-il flanqué son manteau sur le bras de Joseph que déjà, de l'entrée, il lançait son salut à son cousin, qui était installé dans le fauteuil du salon, les pieds sur un tabouret capitonné et les jambes sous une petite couverture. Galton entra à grands pas, laissant la porte claquer derrière lui, pesta contre ce mois d'avril froid et pria Charles de rester assis, alors que celui-ci ne s'était nullement apprêté à se lever, mais plutôt à dire qu'il se sentait un peu faible. Galton tira un second fauteuil près du premier et s'y laissa tomber en gémissant.

« Tu n'as pas changé, vieille bourrique tapageuse, dit Charles.

— Toi, si, pauvre bourrique. Tu as la bouille pâlotte. On m'a dit que ta santé n'était pas au mieux. Alors j'ai voulu venir voir ça une bonne fois. En plus, tes lettres me manquent. »

Francis saisit chaleureusement la main de Charles. Puis il lui tendit un petit paquet et lui transmit le bon souvenir de Thomas Huxley. De ses doigts sans force, Charles s'escrima pour ôter les épaisseurs de papier d'emballage et le cordon solidement noué, et finit par en dégager le dernier numéro de *Nature*. Un sourire de fierté passa sur son visage lorsqu'il lut son nom.

« C'est une petite histoire tout à fait charmante, que tu as écrite là. Encore que ce soit un peu excessif de t'annoncer en première page pour un billet d'humeur », dit Francis, qui n'était jamais parvenu à se faire publier dans *Nature*, ni avec ses études sur l'exploitation des empreintes digitales au service de la criminologie, ni avec ses statistiques sur l'efficacité des prières. « Je dois t'informer, de la part de ton ami Huxley, que ton petit article l'a bien amusé, et les autres éditeurs de la revue aussi, et qu'ils étaient heureux d'avoir une nouvelle fois quelque chose de toi à imprimer. »

Joseph apporta le thé et des biscuits, les cousins le remercièrent et Charles feuilleta le cahier, s'arrêta sur son article. « Savais-tu que cette moule bivalve se fixe à la patte d'un insecte aquatique pour qu'il l'emporte en volant jusqu'au prochain étang ? Ce n'est pas là un petit détail.

— Non, sûrement, susurra Francis qui venait de se brûler la langue avec le thé en poussant un discret juron.

— Ce genre de passagers clandestins ne se trouvent du reste pas seulement au milieu de l'Angleterre. Est-ce que tu te souviens de mes recherches sur la façon dont les espèces se répandent d'un bout à l'autre du globe ?

— Du globe ? Non.

— Tu perds la mémoire, mon cher. Pourtant, à l'époque, j'avais tout mon laboratoire plein de bocaux et de coupelles pour savoir si les semences survivaient dans l'eau salée. Et combien de temps. La question décisive était : est-ce que les semences voyagent par-delà les mers et colonisent des îles ?

— Colonisent des îles ?

— Bien sûr qu'elles le font. Les plantes et les animaux voyagent. Voyagent seuls, voyagent en groupes, se font transporter.

— Ça met de l'animation.

— Comme tu dis. »

Ils restèrent silencieux, Charles avait besoin de respirer, Francis avalait son thé.

« Tu ne croirais pas comment ça puait, ici. Partout de l'eau saumâtre et putride. Et tu sais quoi ? Après avoir mariné pendant cinq mois, le poivre germait comme au premier jour. »

Francis tordait le nez. « Comme au premier jour. Étonnant. Charles, tu es vraiment pâle. Comment te sens-tu ?

— Laissons cela, Francis. Je suis plus près de la mort aujourd'hui qu'hier. »

Ils se turent pendant un plus long moment, tandis que le feu pétillait et craquait dans la cheminée. Et puis Galton reprit la parole :

« Charles, je voudrais que nous parlions de quelque chose. Tu m'as écrit, voilà quelques années, que tu craignais d'entrer dans l'Histoire comme le "chapelain du diable". Cette phrase m'est revenue, récemment. À l'époque, tu te sentais dénoncé par l'Église et tu en souffrais comme un chien. C'était le moment où les évêques tenaient des prêches haineux contre toi. Te rappelles-tu ce que je te répondais ?

— Non. Mais tu vas me le dire.

— Je te recommandais de faire le pari de Pascal, pour que ton âme retrouve la sérénité. Et ce pari je voudrais aujourd'hui encore une fois te persuader de le faire. Tu avais alors repoussé mon conseil sur un ton un peu hautain. Disant qu'après tout tu n'étais pas un politicien de la chambre basse, qui a besoin d'accepter des compromis douteux, juste pour être réélu. Oui, c'est ce que tu écrivais.

— J'ai écrit ça ?

— Mais oui.

— Et comment marche ce pari, précisément ?

— C'est toi qui perds la mémoire, mon cher. Le vieux Pascal s'adresse aux gens qui ne se laissent pas convaincre par des preuves de l'existence de Dieu. Donc des bourriques sceptiques, comme toi. Au lieu de manipuler des preuves qui ont toutes leurs faiblesses, on parie sur Dieu.

— Je ne comprends pas.

« — C'est très simple. Si tu crois en Dieu et que tu découvres qu'il existe, tu as gagné et tu vas au ciel. Si en revanche tu ne crois pas en Dieu et qu'il y en ait bien un, tu perds ton pari et tu vas en enfer. Et si tu crois en Dieu et qu'il apparaisse qu'il n'en existe pas, tu as certes perdu, mais en fait pas grand-chose. Donc, parie qu'il existe ! C'est dans tous les cas le meilleur choix. Car tu risques une petite mise pour un gain considérable : la félicité éternelle.

— Je ne suis pas joueur. Du moins pas dans ce domaine.

— C'est déraisonnable. Tu es et tu restes une tête de mule. Pauvre Emma.

— C'est Emma qui t'envoie ?

— Emma ? Non. Elle ne m'a pas envoyé, mais elle m'a informé. Et comme je suis ton cousin, naturellement je me fais du souci pour toi et j'ai sauté dans une voiture.

— Ah. Et qu'est-ce qui se passe si Dieu omniscient, en admettant qu'il existe, ne marche pas dans ce petit jeu ? » Charles avait du mal à respirer. « S'il préfère des sceptiques sincères à des gens qui spéculent sur des gains au jeu ? » À nouveau il fit une pause pour souffler. « Cela pourrait alors signifier que les ânes opportunistes comme toi, il les enverrait en enfer.

— En enfer ? Mais non. Je voulais te construire une passerelle. Car je vois qu'Emma se désespère, plus votre séparation approche. En outre, avec le temps je me suis rendu compte qu'on n'est pas obligé d'être toujours en quête de la grande, unique et totale vérité. Mieux vaut y aller à petits pas. »

En voulant ajouter un peu de sucre dans son thé, Charles en fit tomber de la cuillère d'argent et s'agaça de voir les minuscules cristaux se répandre dans les fentes de la petite table. Impatiemment, il tenta de souffler dessus, mais son souffle n'y suffisait pas. Il porta la main à son cœur. « Francis, je dois te demander de me laisser. J'ai besoin de calme. En sortant, pourrais-tu dire à Joseph de m'apporter une capsule ? Il saura ce que je veux dire. »

Francis se leva d'un bond. « Je suis désolé. Je ne voulais pas t'énerver. » Spontanément, le grand Galton s'inclina devant son cousin qui haletait. Il ne trouva rien de mieux à faire, dans l'instant. Pour un peu, il l'aurait serré dans ses bras. L'idée que leur correspondance entretenue depuis quarante ans allait s'achever le bouleversait. Il se redressa et le salua comme ils faisaient souvent étant enfants, en jouant à la guerre. Les larmes aux yeux et au pas de charge, il s'enfuit.

Lorsque Galton, un peu plus tard, remonta dans sa voiture et qu'Emma lui fit au revoir sur le pas de sa porte, le Dr Beckett allait au galop, les basques de sa redingote flottant au vent. Il préférait parfois son cheval à la calèche, en partie par sportivité, en partie pour gagner du temps. Il était très bon cavalier.

Trois jours auparavant, il avait décidé de laisser à Down House son enregistreur du pouls, car en ce moment aucun patient n'en avait un besoin aussi urgent que Darwin. En outre, ils étaient convenus tous les deux de noter des séries de mesures, en vue d'une exploitation scientifique. Darwin avait fait remarquer que toute sa vie il avait utilisé des animaux comme cobayes, pourquoi ne fournirait-il pas à présent lui-même des données utiles à la recherche ?

Le malaise cardiaque, grâce à la capsule, était passé, et Charles s'était assoupi.

Il était assis là, la bouche légèrement entrouverte, avec une expression paisible, lorsque le Dr Beckett entra et prit place dans le fauteuil qu'avait occupé Galton. Cette petite pause venait à point pour qu'il retrouve lui-même un peu de calme. Depuis des semaines il fonçait dans le froid humide, d'un patient à l'autre ; ce long hiver faisait des victimes.

Lorsque Darwin revint à lui, il se racla la gorge avec embarras et demanda :

« Il y a longtemps que vous êtes là ?

— Non, je viens juste d'arriver. Comment allez-vous ?

— Oh, que voulez-vous que je dise ? J'ai avalé tout à l'heure de votre dynamite, à présent cela va mieux. La nuit dernière a été longue, j'ai de moins en moins d'air, surtout couché. Et le chêne a cassé.

— Quel chêne ?

— Regardez dehors, là-bas dans le jardin. Il n'a plus supporté ce long hiver, lui non plus. »

Le Dr Beckett alla à la fenêtre, vit le triste spectacle et revint sans mot dire. Il se pencha sur la boîte en bois, tandis que Darwin tendait docilement son bras. L'espace d'un instant, l'invalidité séparant les deux hommes disparut : de part et d'autre de l'appareil bruyant, ils étaient deux confrères au service de la science.

Les valeurs mesurées étaient tellement désastreuses que le Dr Beckett prétexta une défaillance technique.

Tout d'un coup, dans le silence, Darwin dit : « Sans mort, pas d'évolution. »

Beckett approuva d'un hochement de tête, se leva et remit du bois sur le feu. Il avait remarqué que le bras de Darwin était froid.

« Prenez ce cœur, par exemple. » Darwin approchait prudemment la main du flanc gauche où se situait la douleur. « Ce muscle fragile de l'*Homo sapiens* demande des améliorations. Ces conduits étroits qui se bouchent et font mal, je considère que c'est un défaut de construction. » Il essayait de sourire.

« Contre ces douleurs, je vous ai apporté un nouveau petit flacon, de la morphine. En association avec les capsules, cela vous fera du bien. »

Ils refirent les mesures. Le résultat restait très mauvais. Le Dr Beckett le griffonna dans son bloc-notes, qu'il fourra dans sa poche-poitrine, et pendant qu'il mettait l'appareil de côté, Darwin dit : « La fin est proche, n'est-ce pas ? Pourtant, à ma grande surprise, je n'ai pas peur de mourir.

— Je suis heureux d'entendre ça. Ne croire à rien peut être un véritable réconfort. Alors que les pauvres chrétiens ne peuvent que craindre l'enfer ou le purgatoire. » Il remettait l'appareil dans sa boîte. « Avant, j'essayais souvent de convaincre mes patients qu'après la mort ils ne faisaient que se décomposer en atomes séparés, retrouvant ainsi l'état d'avant leur naissance. Mais vous, je n'ai pas besoin de vous expliquer ce genre de choses.

— Ah bon ? »

Cette réaction se perdit peut-être dans le grincement de la boîte que refermait au même moment le Dr Beckett. En se relevant, il dit : « Mon intention était d'ôter à mes patients leur peur de la mort. Savez-vous, au fait, que cela m'a valu d'être renvoyé de l'hôpital de façon peu honorable ? Le médecin-chef était un grand personnage de l'Église anglicane, il m'a flanqué dehors sans ménagement.

— Vous ne m'aviez jamais raconté ça. Mais tout a son bon côté. Si vous n'aviez pas été licencié, vous ne seriez pas près de moi en qualité de médecin de famille. Du reste, je ne suis pas athée. J'ai déjà dû l'expliquer à votre ami Marx. »

Le Dr Beckett plissa le nez, remontant ainsi comme d'habitude ses lunettes qui glissaient. Tout en regardant le feu, deux rides verticales sur le front, il demanda : « Quand on n'a plus besoin d'un Créateur, faut-il encore un Dieu ?

— Laissez-moi formuler la question autrement. Admettons qu'il y ait un Dieu, quel rôle joue-t-il alors dans l'évolution ? Est-ce qu'il ne se pourrait pas que Dieu se manifeste dans des lois de la nature, au lieu de miracles ? »

La conversation en resta là. Aussi parce que Darwin avait sans cesse les yeux qui se fermaient. À un moment, Polly se fit entendre en grognant brièvement. Darwin répondit en grognant aussi. Puis, au bout d'un long moment, il dit : « Je suis curieux de voir si, en mourant, j'aurai encore le droit de comprendre. »

Le Dr Beckett resta assis dans son fauteuil jusqu'à ce que la nuit tombe. Il reprit son cheval. Au bout de la rue, presque à l'église déjà, il le mit au pas. Il regarda en arrière et médita la question que Darwin lui avait posée au moment où il partait : « Vous ne faites tout de même pas partie des gens qui croient avoir réponse à tout ? »

Vers huit heures, Joseph desservit, après qu'on eut peu mangé, dans un silence pesant. Emma avait eu l'appétit coupé par sa crainte de la nuit à venir, et Charles avait refusé de rejoindre la salle à manger, disant qu'il ne supportait plus la tyrannie de ses flatulences. Que, juste après manger, la nourriture lui remontait en vrac contre le cœur. Emma avait renoncé à contredire ces analyses anatomiques, elle voyait à quel point il était faible et elle voulait éviter toute discussion.

Charles était donc resté assis dans le salon à la lueur du feu, Polly à ses pieds et la porte ouverte. Il avait souhaité pouvoir entendre les bavardages et le remue-ménage de la cuisine.

Emma décida d'aider Joseph à desservir – ce qui auparavant ne lui serait jamais venu à l'idée – et remporta à la cuisine un plat avec les filets d'agneau intacts, ce qui inquiéta le butler, qui connaissait son évidente étourderie : entre le fourneau et la table de cuisine, elle s'embrouilla et laissa déborder le lait qu'elle voulait faire chauffer pour Charles. La cuisinière fut heureuse de la voir quitter son territoire.

Emma parcourut le long couloir en jonglant avec le gobelet plein à ras bord et beaucoup trop chaud. Elle avait oublié le plateau, ce qui faillit la faire échouer. Elle arriva près de Charles en se brûlant les doigts et eut la satisfaction de le voir accepter le lait avec une bonne dose de brandy. Lorsqu'elle voulut l'accompagner jusqu'au premier comme les jours précédents, il refusa comme un enfant buté, il entendait rester en bas. Lorsqu'elle lui demanda si c'était à cause de l'escalier à monter, il resta muet.

Emma fit descendre oreillers et couvertures, tandis que Charles regagnait son bureau en traînant les pieds, sa chère couverture de cachemire sur les épaules et accompagné de Polly qui toucha plusieurs fois sa cheville droite tant elle le suivait de près. Elle s'allongea le long du divan et n'eut pas un regard pour son panier près de la cheminée. Après avoir donné son médicament à Charles, Emma lui posa encore trois granules sur la langue, comme le voulait le Dr Beckett. Il les laissa fondre et murmura pour lui-même qu'il avait vraiment beaucoup d'estime pour le Dr Beckett, mais qu'il prenait ces granules sans y croire un instant et uniquement pour lui faire plaisir.

Plusieurs fois dans la nuit, Emma entra sans bruit et rajouta du bois. Dormait-il ou ne voulait-il simplement pas parler, elle ne put s'en rendre compte. En revanche, Polly veillait. Le reflet du feu scintillait dans ses yeux, elle posait sa gueule toujours un peu en oblique sur ses pattes, et parfois elle soufflait.

Lorsque Emma revint le voir au petit matin, il était dans tous ses états. « Mon cœur saute ! Tout à l'heure il galopait encore. Puis brusquement il est devenu lent, et maintenant je ne le sens plus du tout. » Les doigts tremblants, il cherchait son pouls. Emma lui donna un petit baiser rapide et, en même temps, appuya son pouce sur la carotide, comme elle avait vu Beckett le faire déjà plusieurs fois. Elle fit apporter du salon la petite table sur laquelle ils jouaient d'habitude au backgammon, la fit placer à côté du divan, et commanda le petit déjeuner. Joseph avait du mal à trouver les mots qu'il fallait. Il parlait tantôt du long hiver, tantôt du printemps qui venait, tandis qu'Emma effritait un toast plus qu'elle ne le mangeait.

Les heures traînaient. Charles parlait peu. Emma comptait les gouttes et les granules, insistait pour qu'il boive suffisamment, et ne cessait de lui passer la main sur le front avec ce mélange de tendresse et de contrôle de la température que d'innombrables veilles au chevet de ses enfants lui avaient rendu si familier.

Elle lui frottait les doigts avec précaution quand ils lui paraissaient par trop vides de sang. Et il arrivait qu'un contact le fasse sursauter de peur, quand la morphine l'avait fait s'assoupir ou quand il avait l'impression de manquer d'air. Et une ou deux fois, il ronronna comme un vieux matou quand Emma lui massait le ventre.

Vers midi, il alla soudain mieux, ses joues avaient un peu de couleur et il plaisanta : il avait encore fait la nique à la mort. Peut-être que l'après-midi on pourrait se risquer à faire quelques pas dans le jardin. Il avait tellement envie d'air frais. Emma alla vite jusqu'à la fenêtre, l'ouvrit largement et crut le moment venu :

« Charley, tu n'imagines pas ce que j'ai appris avant-hier. Il s'agit de Mr Hammond. » Sa voix montait dans les aigus comme celle d'une jeune fille excitée. « Mr Hammond, tu sais bien, le forgeron aux six enfants, eh bien Mr Hammond était déjà mort, ou disons, presque mort. »

Charles la regardait d'un air interrogateur.

« Après une grippe, il a eu une grave pneumonie et il a dû aller à l'hôpital. À peine arrivé, il a perdu conscience, et au bout de quelques heures son cœur s'est arrêté et il a cessé de respirer. On l'a mis au funérarium, en attendant de le mettre en bière. »

Charles se demandait pourquoi, dans la situation où il était, elle lui racontait une histoire de mort.

« Dans cette chambre mortuaire, voilà qu'il a ouvert les yeux, on ne sait pas exactement quand, car il n'y avait personne auprès de lui, en tout cas il est revenu à la vie. »

Emma parlait de plus en plus vite. Elle savait qu'elle n'avait plus que cette dernière chance.

« Tu imagines l'émotion de la pauvre Mrs Hammond !
Elle apprend d'abord que son mari est mort, elle accourt
à l'hôpital, et voilà que son mari lui prend la main et
raconte un miracle. »

Charles respirait bruyamment et gardait les yeux
fermés.

« Il a raconté que son esprit n'habitait plus son
corps, mais flottait avec une extrême légèreté en un
endroit qu'il n'avait encore jamais vu. Dans un parfait silence s'y déplaçaient des êtres doux qui étaient
presque transparents. »

Emma fit une petite pause, mais en osant à peine
regarder Charles.

« Et imagine-toi qu'il y avait partout des fleurs qui
ouvraient toujours leur calice au moment précis où il
passait devant elles. Des oiseaux brillants chantaient
des mélodies célestes, et partout voletaient des papil-
lons. Et le plus beau, c'était que son cœur débordait
d'amour et de chaleur. » Emma retenait à peine ses
larmes. « Charley, j'ai toujours su que le paradis nous
attend. Mais maintenant, quelqu'un que nous connaissons personnellement y a été et en est revenu pour nous
en faire le récit. Tu as encore le temps de te convertir.
Fais cela aussi pour moi. Et pour nos enfants. »

Charles vit les taches rouges qui, du cou d'Emma,
s'étaient étendues jusqu'à ses joues.

« Voudrais-tu que je fasse appeler Thomas Goodwill ?
Il te bénirait. Et Dieu te pardonnerait tes péchés. »

Là, Charles fit signe que oui.

« J'ai fait prévenir les enfants, dit Emma avec soulagement. Ces prochains jours, nous serons tous ici
ensemble.

— Comme avant », dit Charles.

Le prêtre pénétra en silence dans le bureau vers deux heures, pria Emma de le laisser seul avec son ami, s'assit sur un tabouret à côté du divan, et attendit, car Darwin dormait.

Emma quitta la maison. Elle pataugea, dans les bottes de jardinage de Charles, qui étaient toujours près de la porte et qui lui étaient beaucoup trop grandes, pour traverser la prairie couverte de neige molle. Elle s'arrêta brièvement devant le chêne brisé, continua, trébucha sur la meule aux vers, qui lui fit perdre une botte. Pour un peu, elle se serait assise sur la meule, mais elle se ressaisit, renfila la botte en se tenant en équilibre sur un pied, et entreprit un tour dans l'allée sablée, ce qu'elle n'avait plus fait depuis des années.

De retour dans la maison, elle vit que la porte du bureau était toujours fermée. Elle attendit au salon. Les cheveux humides et un pied mouillé, elle se mit à contempler le feu dans la cheminée, en espérant.

Charles s'éveilla enfin. « Thomas, c'est bien que vous soyez venu. » Il tendit la main au prêtre, qui répondit sincèrement à son geste.

« Vous savez que sur certaines choses nous sommes d'opinions différentes et que cela restera sans doute le cas. Sauf si vous changez des vôtres. » Du creux de son oreiller, Darwin eut un regard malicieux et fut content de voir un sourire dans les yeux de Goodwill.

« Je voudrais uniquement prendre congé de vous en tant qu'ami. Comprenez-moi bien, je vous prie.

— Contre la bénédiction d'un ami, je suppose que vous n'aurez pas d'objection.

— Non. Ça, non. J'aimerais bien vous demander encore quelque chose, cher Thomas. Je promets que cela restera entre nous. Est-ce que vous n'avez pas un peu de mal à voir rôtir en enfer les incroyants comme moi ? À imaginer que des gens comme moi devront subir un châtiment éternel ? Moi-même je ne puis tout simplement pas concevoir que quelqu'un qui n'est pas méchant puisse souhaiter que la doctrine chrétienne soit vraie. Elle est abominable.

— Mais pourtant récemment, lors de cet ineffable dîner, vous vous êtes vous-même défini comme théiste, mon cher. Ne l'oubliez pas.

— Oh non, je ne l'ai pas oublié. J'étais sérieux. » Darwin dut respirer avant de continuer. « Quand je considère ma vie de ce point de vue, je note qu'effectivement je suis redevenu un peu plus pieux au fur et à mesure que j'ai compris certaines des lois de la nature. »

Il rejeta la couverture et défit le bouton du haut de sa chemise.

« La recherche sur la nature peut donc non seulement détruire des sentiments religieux au sens biblique, mais elle peut aussi en éveiller de nouveaux. »

Le feu menaçait de s'éteindre. Goodwill se leva, tisonna un peu les braises et rajouta quelques bûches. Lorsqu'il eut repris place sur le tabouret, il dit : « Alors décrivez-moi à quoi ressemble votre Dieu actuel.

— Il ne ressemble à rien. Il ne parle pas. Il n'entend pas. Si vous y tenez, il est incomparable. »

Goodwill hocha la tête en silence. À ce moment entra Emma, elle avait attendu près de trois quarts d'heure. Elle apportait deux bougies allumées et elle s'étonna que le révérend ne s'apprête manifestement pas à faire son devoir de prêtre. Il regardait le sol à ses pieds, et Charles regardait le plafond. Emma n'osa pas poser une question dans ce silence.

Tout d'un coup Charles sursauta et, les yeux écarquillés, demanda à Emma de souffler immédiatement les bougies, elles étaient posées trop près de sa tête et lui prenaient tout l'oxygène. Au même moment il se mit à se rouler de côté, à serrer le poing sur son cœur et à haleter affreusement. Emma essaya de le calmer. Il voulait qu'on l'assoie. En conjuguant leurs forces, Emma et Goodwill le redressèrent.

Brusquement il commença à régurgiter, il se mit à vomir et il faillit s'étouffer. Il n'avait pas la force de tenir son corps droit et il demanda des oreillers dans le dos. Emma les retapa et les fit tenir comme elle put. Puis il eut la tête soudain penchée en avant, cherchant de l'air, et il se remit à vomir. Le révérend priait.

Quand la crise fut passée, Charles avait l'air d'un fantôme. Toute chair semblait lui être tombée du visage, les pommettes pointaient sous le cuir de la peau, et les yeux étaient plus enfoncés que jamais. Ils avaient perdu leur lueur.

Emma lui donna de la morphine, lui tint la main et fit apporter de l'eau chaude par Joseph. Elle en remplit un gobelet contenant déjà du brandy. Plein de reconnaissance, Charles en but quelques gorgées. Rien n'était plus beau en ce monde que le recul d'une attaque aussi martiale. Très gêné, Goodwill était sorti le temps qu'Emma change le linge.

Après avoir mis à Charles une chemise propre, elle sortit voir Goodwill, qui entre-temps s'était assis au salon, les coudes sur les genoux et le visage dans les mains.

« Mon révérend, je vous prie de lui donner enfin les sacrements. Ce serait un moment favorable, car il va mieux. Et il est d'une humeur pacifique.

— Ah, Mrs Darwin, je le ferais très volontiers. Mais je n'entreprendrai rien contre sa volonté.

— Mais je lui ai raconté ce matin l'histoire de Mr Hammond. Là-dessus, il était prêt à vous recevoir en tant que prêtre. De quoi avez-vous donc parlé, pendant que j'étais dehors ? »

À ce moment, il y eut un grand bruit. Polly aboya. Emma se précipita vers le bureau, suivie par Goodwill. Joseph également avait entendu et il arriva aussi vite qu'il pouvait. Charles gisait par terre. À trois ils le hissèrent sur le divan. Il semblait perdu et voulut savoir ce qui s'était passé.

« Chéri, tu es tombé.

— Ah oui, j'ai essayé de souffler les bougies. Il me faut plus d'air ! »

Emma éteignit les bougies. Les douleurs revenaient, les doigts de Charles se cramponnaient à la couverture.

« Éteins les bougies, enfin ! J'étouffe.

— Il n'y a plus de bougies allumées, et la fenêtre est ouverte, regarde. »

Emma lui envoyait de l'air comme avec un éventail.

Puis il sombra dans l'obscurité, Emma lui claqua de l'eau froide sur le front avec un torchon et essaya les sels, qu'elle lui tint sous le nez. Il se réveilla et chuchota le nom d'Emma. À mi-voix il s'étonna que son cerveau soit comme de la bouillie, et il remarqua en même temps que sa langue était paralysée et qu'il ne pouvait plus avaler.

Emma fut heureuse de l'entendre parler, même indistinctement, et elle lui caressa le visage.

Il la regarda et tenta de dire quelque chose. Il dut prendre plusieurs fois son élan, on le comprenait à peine : « Emma, ma colombe, tu joues pour moi ? »

Courant presque, elle alla s'asseoir au piano, toutes portes ouvertes, et joua la cantate de Bach « *Les moutons peuvent paître en paix* », qu'il aimait tant. Au bout de quelques mesures elle fut prise de court, se trompa, s'arrêta et revint en hâte.

Dès le seuil elle vit sa main. Jamais il n'avait tenu la main de cette façon. Elle se jeta à son cou. Il ne répondit pas à son étreinte. Emma implora : « Réveille-toi, réveille-toi… » Mais Charles ne pouvait plus entendre des paroles humaines.

Elle enfouit son visage dans la couverture de Charles. Elle resta longtemps ainsi. Elle ne s'aperçut même pas que Goodwill priait, bénissait son ami et, au bout d'un moment, s'en allait.

Lorsque enfin elle se releva, c'était déjà le crépuscule. Elle alla jusqu'à la table de Charles et arrêta la pendule.

Les enfants arrivèrent dans le cours de la soirée. Il avait commencé de pleuvoir à verse, la cheminée tirait mal et les pièces étaient envahies de fumée. William, Henrietta et Francis s'étaient retrouvés et avaient pris la même calèche. Peu après suivirent Horace et Leonard. Elizabeth et George furent les derniers.

Henrietta et Elizabeth prièrent. Les fils restèrent silencieux. Le plus jeune, Horace, posa la tête sur le ventre de son père et ne put s'arrêter de pleurer. Il était désespéré d'être arrivé trop tard.

Le lendemain, la voiture postale apporta un sac plus grand et plus lourd que jamais. L'éditeur de Darwin avait collecté des centaines de lettres avant de les faire partir pour Downe. C'étaient les réactions de lecteurs ravis après leur lecture du livre sur les vers de terre.

Des milliers d'exemplaires étaient déjà vendus, des traductions en allemand, français et russe étaient déjà en route. *La Formation de la terre arable par l'activité des vers* incitait plus d'un amateur de jardins à s'enthousiasmer pour les prouesses de ces animaux, même au cours de dîners de gala.

William reçut le sac postal, regarda à l'intérieur, lut la lettre d'accompagnement de l'éditeur, porta le sac dans le bureau, le posa à côté de la table, le reprit, l'emporta au salon, ne lui trouva pas de place convenable, le ressortit, pour finalement le confier à Joseph d'un geste peu clair. Le butler, qui n'avait pas bien compris ce qu'avait murmuré William, porta le sac dans le bureau et le posa dans un coin. Puis il eut un regard pour Darwin, exposé dans son cercueil, et ressortit tête baissée aussi vite que possible. Non sans faire le signe de croix.

Quelques jours plus tard, Emma écrivit dans son journal :
« 19.4.1882, 4 h de l'après-midi, Charley mort »
et
« 20.4.1882, 7 h du matin, Polly morte ».

Dans les serres de l'Église

De mémoire de villageois, jamais il n'avait régné un tel silence à Downe. Les gens, ce matin-là, avaient interrompu leurs travaux. Ils étaient revenus des champs où ils labouraient et semaient plus tard que d'autres années, ils avaient quitté leurs ateliers et leurs étables, certains tenaient encore un marteau à la main ou s'appuyaient sur une pelle ; les mères étaient debout aux portillons des jardins, lissaient leurs tabliers et essuyaient des petits becs barbouillés.

Depuis un moment déjà, le bourgmestre de Downe, raide comme la justice avec au cou la chaîne de sa fonction, faisait les cent pas devant la mairie ; à présent il lançait des regards inquisiteurs vers les écoliers alignés en bon ordre.

Lorsque l'horloge de l'église sonna onze coups, il y avait plus de quatre cents personnes le long de la rue principale sinueuse. À la dernière minute apparut à sa porte, sous les regards méfiants de ses voisins, la femme du sacristain, bigote et voûtée, qui récurait le sol de l'église depuis des décennies et qui, dans sa lutte incessante contre tout ce qui était péché, avait déjà fait beaucoup de mal dans le village. Même elle ne voulait pas manquer cet instant. On faisait silence. On n'entendait qu'un caquètement de poule çà et là.

Puis il arriva. Six chevaux tiraient la bière, lentement et solennellement. Recouverts de drap noir. Charles Darwin avait entrepris son dernier voyage et, au cours de ce mardi matin gris, quittait Downe pour toujours. Suivi de près par la calèche de la famille.

Les hommes ôtèrent leurs casquettes. Les femmes se signèrent. Le jardinier de Darwin était adossé au mur du cimetière, ses épaules tombant en avant. Il tenait dans ses mains calleuses des orchidées blanches ; il était certain que Mr Darwin aurait préféré reposer ici dans le village à côté de son frère et de ses enfants morts jeunes. Lui-même, il aurait planté sur la tombe, lors de ses visites il aurait un peu retaillé les rosiers et aurait donné à Mr Darwin des nouvelles du monde des arbustes et des arbrisseaux.

Le forgeron aussi était dans la rue avec sa famille. Lorsque le cercueil passa devant eux, il tomba à genoux. Hammond avait appris combien son récit sur le paradis avait ému Mrs Darwin.

Le révérend Thomas Goodwill, qui ce matin avait prié plus longuement que d'habitude, se tenait immobile à la porte de l'église. C'est seulement lorsque les deux voitures furent passées devant lui et que le bruit des sabots s'atténua qu'il parut se réveiller et qu'avec retard il adressa sa bénédiction d'un geste distrait.

Les colombophiles de Downe eux aussi s'étaient réunis et faisaient leurs adieux à leur ami en lâchant solennellement l'un de leurs plus beaux pigeons. Il s'éleva vers le ciel couvert sous les yeux des villageois, avec un message d'adieu solidement roulé et fixé à la patte droite. Aucun des hommes ne pouvait se rappeler sur quelles phrases ils s'étaient mis d'accord la veille au soir, à l'auberge George & Dragon, en trinquant d'innombrables fois à Darwin. Ce qui était sûr, c'est qu'ils lui souhaitaient la paix éternelle. Sur le lieu exact où il connaîtrait cette félicité, on n'avait pas pu se mettre vraiment d'accord, car le problème du ciel, au cours de la soirée, avait fini par les dépasser. Est-ce que leur très cher membre, malgré tout ami très proche du pasteur, croyait du moins encore en Dieu, s'il ne croyait plus au ciel, là-dessus les opinions différaient.

Quelques paysans debout le long de la rue avaient l'air aussi consternés que s'ils avaient perdu l'un des leurs. Souvent Darwin leur avait posé, à la porte d'une étable, des questions qui les faisaient rire encore des jours après. Par exemple, quand leur cheval s'ébrouait et se sentait bien, est-ce qu'il dressait les oreilles ? Est-ce que leur chèvre souriait et, si oui, avec quels muscles ? Est-ce qu'ils avaient déjà remarqué qu'une vache pleurait quand ils lui prenaient son petit veau ? En dépit des moqueries qui faisaient ensuite le tour du village, il arrivait que l'interviewé, le lendemain, regarde sa vache en face d'un peu plus près, ou que, dans l'enclos, il fasse une petite pause pour savoir où en étaient les oreilles du cheval.

Conduit avec une sage lenteur, le corbillard exigeait près de la journée entière pour parcourir ses seize miles à travers les collines du Kent. À son arrivée à l'abbaye de Westminster, à sept heures et demie du soir, le glas sonnait. Transis de froid après ce long trajet où les averses de grésil avaient alterné avec le crachin, les fils portèrent le cercueil jusqu'à une chapelle latérale. Ils s'en voulurent presque de déposer leur

247

père sous cette voûte humide et froide. Avec l'aide d'un chapelain, ils allumèrent des cierges aux flammes vacillantes dans la chapelle pleine de courants d'air, et sans se dire un mot ils prirent le chemin de l'hôtel.

Le matin suivant, c'était le 26 avril 1882, des nappes de brouillard montaient mollement de la Tamise et se mêlaient à la fumée puant le charbon. Les Londoniens, comme souvent pendant ce printemps, remontaient le col de leur manteau et ne respiraient pas à fond. Comme ce monsieur qui faisait son chemin dans Abingdon Street et dont la silhouette, plus la calèche s'en approchait, révélait les contours d'un homme plus très jeune et plutôt massif. Quand la calèche fut à quelques mètres, la crinière d'un blanc éclatant se détacha sur le manteau noir, et sur son col une large barbe dont les mèches frisées pointaient comme de la vieille mousse dans le brouillard plein de suie. Le manteau n'était pas de la première jeunesse.

Le Dr Beckett fit arrêter sa calèche. « Mr Marx, bonjour. Où allez-vous ?

— Je suppose, à la même *comedy* où vous vous rendez aussi, si j'en juge par votre brassard noir.

— Montez donc. Je sais trop comme vous aimez vous promener dans le brouillard de Londres. Comment allez-vous ? Il y a longtemps que vous ne m'avez pas fait appeler. Je suppose que c'est bon signe ? »

Beckett ouvrit la portière.

« Je n'irai pas jusque-là. Je suis *sleepless*, je tousse beaucoup, et je vais partir.

— Partir ?

— Je pars cet après-midi pour Alger. *For long time*. Le soleil et la Méditerranée me feront du bien. »

Il monta sur le marchepied et y resta pour reprendre son souffle, puis se hissa en gémissant jusqu'à la banquette.

« Un docteur en qui j'ai confiance me l'a déjà recommandé voilà quelques mois.

— Je m'en réjouis, dit Beckett en souriant. Cela fera du bien à vos poumons. Et aussi à votre peau. Étendez-vous de temps à autre au soleil le torse nu. »

Marx était tassé sur son siège et sentait la fumée de cigare froide.

« Ma femme est morte il y a quatre mois, et je n'arrive pas à faire dégager *her things* et *letters*, alors je préfère dégager moi-même. *For a while*. »

Beckett présenta ses condoléances. Et pensa à Lenchen. Au même moment, Marx dit : « Et notre Lenchen, si robuste d'habitude, est malade aussi. »

Les deux hommes restèrent sans parler. Ce n'est qu'au bout d'un moment que le Dr Beckett osa changer de sujet :

« Puis-je vous demander pourquoi vous allez aux obsèques de Mr Darwin ?

— Un théâtre pareil, ça ne se voit pas tous les jours. » Marx s'animait. « Auriez-vous jamais pensé, docteur, que les Anglicans inhumeraient un hérétique dans leur sol de Westminster ? Voilà les *reasons* pour lesquelles, dans la patrie du capitalisme, on n'en arrive pas à la révolution. La bourgeoisie flirte avec la noblesse, les travailleurs couchent avec la bourgeoisie, et les scientifiques avec les anglicans. Ou les anglicans avec la science. Nous vivons là une leçon de *british politics* ! »

Marx tortillait une mèche de sa barbe, et ses bronches sifflaient la mélodie habituelle.

« Darwin lui-même a joué sur cette scène. Pendant des dizaines d'années, il a courbé l'échine devant la *Church* et devant son Emma.

— Peut-être devriez-vous tenir compte du fait que, toute sa vie, il a été quelqu'un qui cherchait.

— Bah ! C'était un opportuniste, et les opportunistes font leur chemin.

— Je vous en prie, modérez-vous. Mr Darwin n'aimait pas les conflits. Est-ce un défaut ? Tout le monde n'est pas doté de la même constitution psychique. Comment en venez-vous à cette opinion ?

— Je l'ai entendu, de mes propres oreilles.

— Ah bon ?

— Vous ne savez donc pas que j'ai été là-bas ?

— Non. »

Beckett préférait tricher. L'humeur hargneuse de Marx, ce matin, lui déplaisait. En outre, il était curieux de voir comment il allait raconter l'histoire.

« J'étais, en automne, au dîner à Down House. Mon gendre était invité et m'a emmené avec lui. Je me suis dit : *why not ?* Mais Darwin a tapé sur les nerfs de tout le monde avec ses *worms* et s'est défini comme agnostique. » Marx fit une grimace de dégoût et toussa. « Il a toujours su ce qu'il devait dire et ne pas dire. Sinon nous ne serions pas *today* en route pour l'Abbaye. »

Le Dr Beckett fut heureux que la calèche arrive à destination. À peine descendus, sans un mot de plus et avec des airs bougons, ils se perdirent de vue, car Beckett se dirigea droit vers la cohue sur le parvis et disparut dans la foule. Il y avait là une masse de calèches de maître à six sièges, des cabriolets de louage et des piétons. Plus d'un cheval s'énervait dans la bousculade, hennissait et lâchait du crottin.

De plus en plus de gens arrivant pour la cérémonie descendaient de leurs voitures et préféraient parcourir à pied les derniers mètres. Ils progressaient en files entre les véhicules, le regard vers leurs pieds et les robes relevées pour surtout ne pas se salir. L'odeur des chevaux mouillés venus de loin se mélangeait aux parfums des dames, de sorte que Beckett pressa encore davantage le pas. Ce matin, il avait l'estomac sensible.

Lorsqu'à onze heures précises les portes de Westminster Abbey s'ouvrirent, il y pénétra un flot de deux mille personnes. Le bourgmestre de Londres marcha solennellement vers sa place, accompagné des ambassadeurs de Russie, de Prusse, des États-Unis, d'Italie et de France. Des lords de la chambre haute se saluaient d'un signe de tête. Des évêques et des doyens se faisaient des politesses après avoir parsemé la presse de paroles conciliantes au cours des jours précédents. Des députés arrivaient de la Chambre des Communes. Des géologues, des botanistes, des paléontologues allaient vers les bancs réservés aux scientifiques d'Oxford, Cambridge, Édimbourg et quelques autres universités. Des juges parcouraient en hâte la longue nef, après avoir remis des séances urgentes. Des membres de la Royal Society saluaient des ministres, eux aussi en grand nombre. Seuls la reine et le Premier ministre brillaient par leur absence. Ce qui incita l'ambassadeur de Russie à chuchoter à celui de Prusse qu'on voyait bien là la véritable mesquinerie de la monarchie britannique. Victoria rendant hommage à Darwin, voilà qui eût été un signe !

Emma aussi était restée chez elle. Elle savait qu'elle n'aurait pas supporté cette fête tapageuse. Elle avait longtemps hésité avant d'être disposée à donner son accord à ces obsèques nationales. Comparer le silence du cimetière de Downe, que peu avant sa mort Charles rêvait de rejoindre, à la reconnaissance posthume maximale que l'Angleterre avait à lui décerner, ce n'avait pas été facile.

Emma savait la blessure profonde qu'avait laissée la reine Victoria en n'anoblissant pas Charles. Surtout quand elle songeait au nombre de Britanniques médiocres qui avaient le droit de s'appeler *Sir*. Finalement les enfants étaient tombés d'accord pour estimer que valait plus que toute autre chose l'honneur d'être admis parmi les morts les plus glorieux de la nation. D'autant que le doyen de l'Abbaye avait laissé espérer qu'on lui attribuerait une sépulture à côté de Sir Isaac Newton. Les enfants Darwin reçurent un appui énergique de Francis Galton, qui fut le premier à accumuler les arguments pour convaincre leur mère, et ensuite du prêtre de Downe.

Néanmoins, Emma restait partagée. L'idée que, dans l'Abbaye, bientôt des milliers et des milliers de gens piétineraient sur la tête de Charles la poursuivait jusque dans ses rêves.

À midi juste, les cloches sonnèrent et les bavards qui chuchotaient firent silence. L'Abbaye était comble jusqu'à la dernière place. La famille était réunie avec les amis les plus proches près du cercueil dans la chapelle latérale et, lorsque le chœur se mit à chanter – « Je suis la résurrection et la lumière » –, le cortège se mit en marche, l'évêque à sa tête. Derrière lui,

William en tant qu'aîné, qui conduisait les Darwin et les Wedgwood. Puis venait Joseph, qui se tenait à un mètre de distance.

Le cortège passa devant les sépultures de rois, de ducs et de poètes, et traversa le chœur éclairé de cierges, jusque devant l'autel.

Tandis que la famille et les porteurs du cercueil prenaient place dans les premiers rangs, l'évêque s'agenouilla solennellement devant le cercueil. Un fin sourire flotta un instant sur le visage de William.

Cette génuflexion ne laissa pas non plus indifférent le Dr Beckett. Comme il aurait aimé croire que l'âme des défunts flotte encore pendant quelques jours au-dessus du corps sans vie et que Darwin pouvait voir ce spectacle !

William avait froid. Dehors, la neige et la pluie alternaient sans cesse, et il lui semblait que les vieux murs soufflaient leur haleine glaciale spécialement sur sa tête. Il détestait les courants d'air. Surtout dans les situations où il ne pouvait pas facilement céder à son envie de se couvrir le crâne. À la maison, quand sa mère jouait la cantate de Bach « *Jésus que ma joie demeure* », il retirait par des mouvements discrets ses gants noirs et les posait soigneusement côte à côte sur son crâne chauve, car il craignait un rhume plus qu'il ne craignait la moquerie.

Enfin l'évêque se releva, se tourna vers la famille et, avant de commencer son prêche, ses yeux s'arrêtèrent sur le couvre-chef de William et y restèrent fixés, si bien que de plus en plus de gens le regardèrent à la dérobée. Le Dr Beckett s'efforça lui aussi de suivre discrètement le regard de l'évêque, et lorsqu'il eut réussi, il lui fallut se retenir pour ne pas éclater de rire. L'hypocondrie était donc héréditaire.

Puis il entendit l'évêque qualifier Darwin de « saint national ». Et dire : « Ces obsèques ont lieu parce que les plus sages de ses compatriotes l'ont voulu ainsi. Cela aurait été une faute que de céder aux voix qui attisent le conflit. Je veux dire le conflit entre la connaissance de la nature et la foi en Dieu. Mr Darwin n'était pas responsable de ce conflit. »

L'évêque avait trouvé un ton pompeux qui lui plaisait et il se laissa porter par ses paroles. « Ces obsèques au sein de notre Église anglicane sont la plus belle strophe de la réconciliation que chante ici et aujourd'hui le chœur réunissant la foi et la science. »

Il laissa son regard errer dans la nef, pour aussitôt revenir au crâne de William. « Au demeurant, je voudrais faire remarquer que les criailleries que poussent régulièrement les athées dès qu'est exposée une nouvelle loi physique, astronomique ou biologique, ne sont que fumée et se dissipent vite. En fait, les vérités ainsi mises en relief dans la biologie et la physique sont… » L'évêque marqua là une pause théâtrale. « … anodines. »

Sa main se tendit en direction de Newton. « Tout homme cultivé reconnaît dans les lois de la nature l'écriture de notre Dieu chrétien. C'est ainsi que Charles Robert Darwin accrut aussi le prestige de l'Angleterre dans le monde. Tout comme Sir Isaac Newton. Tous deux ont servi notre Créateur, en faisant découvrir aux hommes la beauté des lois de la nature. »

L'évêque était juste en train de s'incliner légèrement vers le cercueil, lorsque retentit une voix forte :

« Mensonge ! Tout cela n'est que mensonge ! Darwin ne croyait pas à un Créateur ! Il croyait au hasard aveugle ! Je proteste... » Il n'alla guère plus loin. On entendit encore des mots comme « hypocrite » et « scandale ».

Deux sacristains aux robes flottantes se précipitèrent vers le fond de la nef et s'efforcèrent de réduire au silence le jeune homme qui était sorti de son banc, et de l'emmener dehors. Ils le tirèrent par ses bras et ses vêtements. Le jeune homme se débattait, il réussit à se dégager et courut jusqu'au fond de la nef. Au portail ouest, il s'arrêta encore et cria : « Dieu est mort ! Vive Darwin ! »

« Bravo ! » cria une voix tonitruante, de derrière une colonne. Les gens se retournèrent et virent un homme à barbe blanche quitter son banc et se diriger lui aussi vers la grande porte. Joseph et le Dr Beckett étaient vraisemblablement les seuls à savoir de qui il s'agissait.

Plusieurs dames avaient sorti leurs flacons de sels. Dans la travée derrière le Dr Beckett, une femme tomba évanouie dans les bras de son mari, un juge très considéré.

Les deux sacristains échauffés se donnaient beaucoup de peine pour revenir vers l'autel d'un pas mesuré. L'évêque agita d'abord les mains nerveusement, puis eut un geste apaisant et déclara : « *Quod erat demonstrandum*. Des athées braillards. Que Dieu leur pardonne. » Puis il fit signe à l'organiste et joignit les mains en murmurant une prière.

Lorsque l'orgue se tut et que la situation fut à nouveau calme, du moins extérieurement, Francis Galton sortit tout rouge de son banc, alla jusqu'au cercueil, s'inclina dignement et lut la première Épître aux Corinthiens, chapitre 13 : « Quand je parlerais les langues des hommes et des anges, si je n'ai pas la charité, je suis un airain qui résonne ou une cymbale qui retentit. » Le vieux fier-à-bras était visiblement ému.

Enchaînèrent alors deux douzaines de petits choristes en aubes noir et blanc qui entonnèrent « *Heureux l'homme qui a trouvé la sagesse et l'homme qui obtient l'intelligence…* », versets du Livre des Proverbes, mis en musique en l'honneur de Darwin par l'organiste de l'Abbaye.

Ce choral emporta William loin de là. Tout d'un coup il était dans le jardin ensoleillé et chaud de Down House et guettait les bourdons mâles, pour aider son père dans son étude du *Bombus hortorum*, le bourdon des jardins. Pour un peu, il aurait tiré par la manche son frère Francis, assis à côté de lui sur le banc, pour lui demander s'il se rappelait encore comment, avec leurs frères et sœurs, ils montaient la garde sur les trajectoires des bourdons, à un mètre de distance les uns des autres, et comment chaque enfant devait rendre compte instantanément : « Ici un bourdon ! » William revoyait son père, assis sous un châtaignier, aux aguets et notant les passages dans ses listes de bourdons. Parfois il y avait un retard entre deux enfants, parce que les petites bêtes faisaient une pause et butinaient des fleurs. Ils avaient découvert ensemble que les bourdons mâles suivaient les mêmes itinéraires d'année en année et marquaient une pause de quelques secondes aux mêmes endroits, pour bourdonner.

Pour la première fois depuis la mort de son père, des larmes montèrent aux yeux de William. Sur le banc exposé aux courants d'air, il se demanda avec effroi qui pourrait bien poursuivre toutes les expériences entamées par Charles.

Après le choral des petits chanteurs, l'assemblée se leva pour observer une minute de silence, et William ôta ses gants de sur sa tête.

Sur un signe de l'évêque, les porteurs du cercueil l'éloignèrent de l'autel jusqu'à un endroit où les dalles de pierre avaient été retirées et où un tissu noir pendait en faisant un creux au-dessus d'une fosse.

À peine le cercueil fut-il descendu, avec des lis blancs, que commença l'interminable défilé des condoléances, tandis que le chœur chantait l'hymne funèbre de Händel : « *Son corps est enterré en paix, mais son nom vit éternellement.* »

Dehors, devant le portail, Francis Galton vint serrer la main du Dr Beckett. Disant qu'il savait tout le bien qu'il avait fait à son cousin malade et qu'il tenait à l'en remercier chaleureusement. Et accompagnant cela d'une poignée de main complétée par une pression affectueuse de la main gauche. À ce moment l'évêque se fraya un chemin, hochant la tête de tous côtés, jusqu'à la famille. Galton s'avança et s'inclina : « Éminence, votre prêche touchait juste. Désormais, est réuni ce qui va de pair. »

Avant que l'évêque ne puisse répondre, Beckett dit : « Veuillez m'excuser d'intervenir ainsi, mais l'accueil de Darwin dans la communauté chrétienne ne s'imposait pas. Vous auriez pu vous contenter de mettre, dans l'honneur, un terme à la petite guerre. Mr Darwin a sans le moindre doute sa place dans ce glorieux sanctuaire des plus grands des Britanniques. Mais à un homme qui ne peut plus se défendre, on ne devrait pas faire dire ce qu'il n'a pas dit. »

Galton eut une grimace plutôt aigre, tandis que l'évêque affichait un sourire tout sucre tout miel. Le Dr Beckett dit au revoir et, après un regard vers le ciel qui se levait, décida de rentrer à pied.

Tandis que les dernières nappes de brouillard se dissipaient, il flâna le long de la Tamise. Il regarda le soleil en clignant des yeux, il plissa le nez et s'aperçut qu'il n'avait pas ses lunettes ; alors il décida de laisser la silhouette de Londres dans le vague.

Dans les collines du Kent

Il piqua des éperons. Enfin le temps était devenu plus chaud. C'était dimanche, et le Dr Beckett voulait sentir l'odeur du printemps. Il quitta le chemin pierreux et partit à travers champs. Car ici, à quelques miles au sud-est de Londres, commençait le paysage à deux faces qu'il aimait tant. Rien que des collines et des vallons. Depuis des années déjà il avait pris l'habitude d'affronter ce paysage double en adoptant deux allures. Au trot il parcourait les *bottoms*, ces fonds de vallée plats datant de millions d'années parce que la montagne de calcaire crayeux s'était érodée ; au galop il attaquait puis dévalait les collines, pour parcourir au trot le vallon suivant. Naturellement, c'était Darwin qui avait éclairé Beckett sur les lourdes conséquences de l'érosion, alors que jusque-là il se souciait comme d'une guigne du remodelage du relief. Et récemment, il avait eu un petit sourire à la vue des falaises de Douvres en train de s'effriter.

Il frissonnait à l'idée que Darwin, dans son caveau humide, ne sentait plus un rayon de soleil. Ses obsèques dataient maintenant de plus d'une semaine. Et Marx était peut-être déjà à Alger ?

Aux petits signes délicats que lui adressait Beckett – rejetant très légèrement le torse en arrière – Alba ralentit. L'éminence offrait une vue magnifique. *Brrrr.* Beckett arrêta le cheval, lui tapota l'encolure, lui caressa la crinière et mit pied à terre. Le cheval blanc avait les flancs qui fumaient.

Ce n'était pas la première fois que Beckett faisait une pause sur ce banc, à l'ombre du noyer tordu par le vent. Sa lèvre supérieure avait un goût de sel, ce qui l'étonna, car il n'avait pas sué à ce point. Alors il se souvint de Polly. Il regarda où était le soleil et il tourna la tête vers le sud-ouest : il sentit qu'il prenait le vent de face. Exactement ce qu'avait dit Darwin. Polly avait léché une vitre d'une fenêtre, et Darwin avait expliqué à Beckett qu'elle faisait toujours cela quand un vent de sud-ouest déposait du sel de mer sur les vitres. Et il avait montré la direction de la Cornouaille, car c'était de là-bas que les tempêtes de l'Atlantique, parcourant la Manche, donnaient directement sur Downe.

Beckett pencha la tête en arrière et aspira l'air. Ses yeux erraient sur les prairies et lui faisaient croire que le vert fonçait de minute en minute. Il avait détesté cet hiver, qui pendant plus de six mois avait recouvert le pays d'un froid humide et mis fin à la vie de plusieurs de ses patients. Perdu dans ses pensées, il suivit les ombres des nuages : elles se promenaient sur les alignements de collines comme de gigantesques moutons.

Il donna une carotte à son cheval, et un morceau rond d'un pain qu'avait cuit Sarah. À sa dernière visite, elle lui avait remis un petit sac de lin plein de ces gâteaux d'avoine. Par gratitude, parce qu'il venait depuis des mois au chevet de sa grand-mère et l'assistait. C'est ainsi qu'elle s'était exprimée, en rougissant un peu. Alba mâchait, contente.

Le vent devenait cinglant. Beckett enfonça davantage sa bombe sur le front et décida de se remettre en route. Ils revinrent au chemin, qui conduisait à un hameau de maisons en briques. Sur l'étang nageait un couple de canards. De l'autre côté, une petite fille regardait avec curiosité. Il lui fit un signe. Elle répondit timidement.

Il passa, toujours en selle, devant un jardin potager aux plates-bandes entretenues avec amour. Un râteau était appuyé à la clôture, devant le portillon de guingois étaient posées deux paires de bottes, et Beckett fut pris de nostalgie.

En face de l'église il découvrit un pub et, sans hésiter, poussa Alba dans cette direction. L'aubergiste, un rouquin ébouriffé, lui serra aussi vigoureusement la main que s'il l'avait attendu depuis des heures. Beckett commanda une *pint*, répondit à peine au geste du patron l'invitant à s'asseoir au comptoir et alla vers le fauteuil en cuir rouge sombre qui était un peu à l'écart dans un coin sombre.

« Je ne voudrais surtout pas vous déranger, Sir, mais peut-être que cela vous amuserait de nous rejoindre dans la pièce à côté pour une petite partie de *cribbage* ? » En lui posant sa bière sur la petite table, il montrait la porte entrouverte. Beckett refusa en remerciant et but une gorgée.

Devait-il faire sa demande à Sarah ? Il but la moitié du verre. Et se promit de ne pas quitter cet établissement avant d'être sûr de sa réponse. Sarah était souvent assise au chevet de sa grand-maman, pour lui lire du Jane Austen ou du Charles Dickens. Beckett eut un sourire sarcastique quand il s'avisa qu'il partageait en deux moitiés le monde des belles. Il y avait des femmes qui étaient particulièrement jolies quand elles se taisaient, et d'autres qui ne devenaient jolies qu'à partir du moment où elles parlaient et gesticulaient. Il ne faisait aucun doute que Sarah était de ces dernières. Elle parlait avec les mains et les pieds, et elle avait les poignets les plus délicats qu'il ait jamais vus.

Beckett prit une bonne gorgée. Qu'est-ce qui parlait contre cette demande en mariage ? Eh bien oui, c'était évident. Mais n'y avait-il pas suffisamment de raisons de renoncer à sa liberté ? Il prit encore une gorgée. De la pièce voisine parvenaient les rires des joueurs. Alors il finit son verre d'un trait. Quelques minutes après, le patron s'esquiva de l'autre pièce et proposa une autre pinte. Beckett fit oui, et demanda un petit quelque chose à manger.

Il ne lui avait pas échappé que Sarah était un peu émue, chaque fois qu'il venait, du moins ses joues semblaient le lui dire. Et à la grand-mère il n'avait pas échappé qu'il aimait bien quand Sarah se levait et planait, pour ainsi dire, en sortant de la chambre. Oui, elle touchait à peine le sol. Beckett convenait que Sarah avait de la grâce, et que lui-même adorait ce côté délicat et fin. Ce mot *adorer* le fit sourire de contentement. Qui adore n'est pas loin d'aimer. Il avait un peu bu.

Tout en jouant avec le rond de sa bière, en le tournant dans un sens et dans l'autre, il se demanda s'il devrait faire la liste des avantages et des inconvénients que présentait un mariage. Cela ne ferait pas de mal d'introduire un peu de logique dans cette affaire. L'aubergiste posa sur la petite table une assiette

262

remarquablement usagée, avec un sandwich, et une pinte fraîche. Beckett remercia d'un hochement de tête distrait, et pensa qu'il aurait vraisemblablement eu le courage de demander conseil à Darwin. Car enfin, avec Emma, il avait manifestement fait un bon choix. Il leva son verre en l'honneur de Darwin. Et se sentit triste.

Ce que Beckett ne pouvait pas savoir, c'est que Darwin, dans une situation analogue, avait effectivement fait une liste à propos du mariage. Lui, qui avait de toute façon tendance à dresser des listes, s'était défendu contre le flou gélatineux des choses de l'amour en y opposant un « pour et contre » bien proprement exprimé. Darwin s'était senti moins livré aux séductions féminines et plus à la hauteur d'une décision à prendre, dès lors qu'il avait pu considérer ses raisons en bon ordre de marche. C'est pourquoi, en juillet 1838, il avait réuni tous ses arguments sur une feuille de papier bleu :

SE MARIER

Enfants (si Dieu veut).

Compagne fixe et amie dans l'âge, qui s'intéresse à vous.

En tout cas mieux qu'un chien. Foyer à soi et quelqu'un qui tient le ménage.

Charme de la musique et du bavardage féminin.

Ces choses bonnes pour la santé – mais terrible perte de temps !

NE PAS SE MARIER

Liberté d'aller où l'on veut.

Conversations avec hommes
intelligents dans clubs.

Pas obligé de visiter parents
et de se soumettre à chaque
détail.

Coût des enfants, soucis d'eux. Peut-être disputes.

Perte de temps.

Pas de lectures le soir.

On devient gras et paresseux.
Mon Dieu, c'est insupportable de s'imaginer
que toute sa vie on ne fera
que bosser comme une abeille ouvrière asexuée,
et rien d'autre. Non, non, ça ne va pas. Imagine, passer
toute la journée seul dans un immeuble de Londres sale
et enfumé. Compare avec l'image d'une chère et douce
femme sur un divan devant la cheminée avec des livres
et de la musique.

Se marier – se marier – se marier.

c.q.f.d.

Angoisse et responsabilité.

Moins d'argent pour les livres, etc.

Si beaucoup d'enfants, nécessité de gagner de l'argent
(or travailler beaucoup est très mauvais pour la santé).

Peut-être que ma femme n'aimera pas Londres,
alors c'est l'exil.
Pourtant, la tête haute, mon garçon ! Il y a beaucoup
d'esclaves heureux.

Beckett grignotait son sandwich. Il tira son bloc-notes de la poche intérieure de sa veste de cheval, dont il laissa ouverts les boutons du haut, car il supportait mal l'air étouffant où se mêlaient la fumée froide de la salle et celle qui provenait de la pièce voisine. Le roast-beef était dur et le pain était rassis. D'un coup il écarta l'idée de la liste, rempocha son bloc-notes, se leva d'un bond et vida son verre debout, alla au comptoir et agita la clochette pour arracher le patron à ses partenaires. Il paya en laissant un bon pourboire et fonça vers la porte.

En voyant le sandwich à moitié mangé, le patron secoua ses boucles rousses et ne regretta pas de ne pas avoir une nouvelle fois convié au *cribbage* ce client pressé, encore qu'un peu de compagnie n'aurait pas fait de mal à un gentleman aussi perturbé. Cet aubergiste n'était plus jeune et avait une certaine expérience des difficultés de ses clients. Comme il apparaissait après quelques pintes, ces difficultés étaient généralement liées aux femmes qu'avaient ces clients, ou aux femmes qu'ils n'avaient pas encore.

Alba fut contente de ne pas rester plus longtemps attachée devant le pub et l'exprima en soufflant. Dès que Beckett respira l'air frais, il eut les idées un peu plus claires et il pensa à Sarah, qui l'attendait avec un thé bien chaud. Il regretta sa seconde bière, et en resserrant la sangle de sa selle il eut le hoquet. Il pensa faire un tour à pied, mais ensuite il décida de partir à cheval. Souvent déjà, sur le dos d'Alba, il avait secoué et brassé tant de pensées en miettes qu'elles finissaient par former une image. Il visa l'étrier du pied gauche, il eut un peu de mal à lancer la jambe droite par-dessus la croupe et il dut s'accrocher plus que d'habitude pour trouver son assiette. Sarah savait-elle monter à cheval ? Pourquoi n'était-il jamais parti en promenade avec elle ? Cela lui parut bizarre de ne lui avoir jamais posé la question.

Pour se rendre maître de l'alcool dans sa tête, il fixait l'une après l'autre des pierres du mur du cimetière, qu'ils longeaient lentement, en passant devant le portail en fer forgé décoré d'anges. Il lui semblait que son cheval tanguait et balançait comme un chameau. Cela le fit penser à Marx, qui devait être en train de tousser à Alger. Ce malheureux jouet du destin se risquait-il à cheval dans le désert ? Beckett éprouvait pour lui de la pitié, en dépit de la rencontre rugueuse qu'ils avaient eue dans la calèche. Car voilà qu'à toutes les calamités qu'il avait subies dans sa vie s'était ajoutée la mort de sa femme, et Beckett ne doutait pas un instant que Marx en était très triste. Bien qu'il ne lui fût pas facile de pardonner à ce vert galant l'histoire de Lenchen. En vérité, sur les rapports de Marx avec les femmes, il n'y avait jamais vu très clair.

Pendant qu'Alba, avec lui sur son dos, trottait le long du mur, Beckett imaginait Marx exposant son torse au soleil comme il le lui avait recommandé. Et peut-être que la chaleur de la Méditerranée ne ferait pas du bien seulement à ses bronches, mais donnerait des formes plus avenantes à sa pensée et à ses écrits. Cela fit rire Beckett. Il n'y avait qu'à serrer un peu plus la vis et c'était l'être-Marx qui régirait la conscience-Marx, et le *Manifeste communiste* serait le résultat d'organes malmenés. Sans parler du tome I du *Capital*, qui encombrait une fois de plus sa table comme un vieux pain noir. Beckett trouva que Marx n'avait pas le droit de s'opposer à ce qu'on applique son matérialisme à lui-même, et il fut enthousiasmé par ses propres déductions. Jusqu'à ce qu'il se rende vaguement compte que cette logique ne résisterait sans doute pas à un examen froid et clair. À moins que… ?

Cheval et cavalier firent ainsi un demi-mile au trot, jusqu'à se trouver devant un manoir de propriétaire qui se dressait au bord du hameau et était flanqué de vastes granges couvertes de chaume. À la vue du jardin, il se demanda si Sarah préférerait vivre plutôt à la campagne, ou bien à Londres. Même ça, il n'en savait rien. Toutefois, elle adorait les jardins d'agrément pleins de fleurs. Cela, il l'avait remarqué.

Lorsque le régisseur apparut à la porte et se rendit aux écuries d'un pas pressé, Beckett s'avisa qu'il se tenait mal, il respira à fond et se mit au trot. À un embranchement qui se trouvait juste derrière le domaine, il se dirigea vers un petit bois de hêtres tout proche.

Comment serait la vie quotidienne avec Sarah ? L'aiderait-elle dans son cabinet ? Auraient-ils des enfants ? « Absolument ! » s'exclama-t-il sans le vouloir. Son fils, il l'appellerait Charles, dans le cas où Sarah serait d'accord, mais que voulait-on qu'elle ait contre Charles ? Sa fille vraisemblablement Julia. Ou Mary ? En aucun cas Edith ou Victoria.

Beckett grattouilla Alba derrière l'oreille et se mit à compter. Quel âge auraient ses enfants lorsque commencerait le nouveau siècle ? Ce serait dans même pas dix-huit ans. Il aurait bien aimé avoir la capacité de voir dans l'avenir. Marx avait-il raison ? Y aurait-il des pays communistes au XXe siècle ? Il n'y croyait pas. Non, l'idée révolutionnaire ferait long feu. « Pouf ! » laissa échapper Beckett, et Alba dressa les oreilles.

Le chemin entre les hêtres était humide, et Beckett fut heureux que le vent restât à l'extérieur. Sur le sol moelleux de la forêt, les sabots d'Alba s'entendaient moins et, sous les arbres aux feuilles encore petites qui laissaient passer le soleil, les anémones fleurissaient par milliers. Des îlots de primevères, de pulmonaires et des premières violettes tachaient le sol de jaune, de blanc et de bleu. C'était ce court moment du printemps où l'étage inférieur de la forêt était en pleine floraison, surpassant de beaucoup les prés au-dehors.

Beckett, la tête pleine de pensées qui tournoyaient comme des bourdons en folie, mit pied à terre. Marchant sur la mousse, il alla vers une clairière, s'arrêta en son milieu, offrit son visage au soleil et se mit à osciller du torse, en avant et en arrière, comme souvent quand il était indécis. Puis il se pencha et cueillit des violettes. Lorsqu'il redressa son long corps, il eut le vertige. Il ferma les yeux, se reprit, et retourna auprès d'Alba.

Le chemin sortait en tournant du petit bois de hêtres et menait en pente douce vers la campagne dégagée. Il aurait aimé cueillir encore le bleu du ciel, mais à présent il n'en avait plus le temps. Il donna des éperons à son cheval blanc.

Le mort pas mort

17 mars 1883.

Un splendide renard était à l'affût entre le tas de terre tout frais, où était encore plantée la pelle du fossoyeur, et la dalle voisine gris ardoise, lorsque Friedrich Engels et onze personnes en deuil – quatre portant le cercueil – tournèrent au coin de l'allée. Le renard courut quelques mètres, s'arrêta, regarda encore derrière lui de ses yeux étincelants. Puis il disparut. Seule sa queue touffue, rouge feu et pointe claire, émergea encore çà et là en s'agitant allègrement dans l'océan des tombes.

C'était un jour de mauvais temps, ce samedi où, au cimetière londonien de Highgate, Karl Marx allait être inhumé dans la tombe où quinze mois auparavant avait été enterrée son épouse Jenny.

Wilhelm Liebknecht et Aveling, le gendre de Marx, portaient chacun une couronne à rubans rouges qui flottaient au vent et dont les inscriptions étaient donc à peine déchiffrables en se tordant le cou. « *Un dernier au revoir : au fidèle ami du prolétariat !* » et « *Au grand socialiste, notre maître à tous* ».

Engels se découvrit, avança vers le cercueil et prit la parole, tandis que ses mains pétrissaient le bord de son chapeau.

« Chers amis qui êtes en deuil. » Engels fit une pause, comme s'il avait oublié son discours ; il avait un air pitoyable. Il se racla plusieurs fois la gorge. La voix enrouée, il reprit : « L'humanité a été amputée d'une tête. Et, à vrai dire, de la plus importante qu'elle avait au jour d'aujourd'hui. Le 14 mars, l'après-midi à trois heures moins un quart, le plus grand penseur vivant a cessé de penser. Laissé seul à peine deux minutes, nous l'avons trouvé dans son fauteuil calmement endormi – pour toujours. »

À nouveau Engels fit une pause. Sa lèvre inférieure tremblait. Il évitait de regarder Eleanor, la fille de Marx, qui pleurait en se tenant au bras de son mari au regard fixe et froid.

« Marx était avant tout un révolutionnaire. Collaborer à l'effondrement de la société capitaliste, contribuer à la libération du prolétariat, telle fut la vraie vocation de sa vie. La lutte était son élément. Et il a lutté avec une passion, une ténacité et un succès peu communs. »

Il eut un haut-le-corps, comme si tout d'un coup, chez lui aussi, la combativité l'emportait sur le deuil. « C'est pourquoi le défunt fut l'homme le plus aimé et le plus détesté de son époque. Le plus détesté par les oppresseurs et les exploiteurs, le plus aimé des opprimés et des exploités, pour autant qu'ils sont conscients de leur situation. » Il perdait le fil, et il fixa le cercueil.

Il lui fallut un moment avant de reprendre. Et il retomba dans le ton de la tristesse. « Combien de fois Karl a-t-il pu arpenter son cabinet de travail de la Maitland Park Road ? Je ne le sais pas. D'innombrables fois ! Surtout la nuit. Notre si chère Lenchen – il cherchait son regard –, Lenchen Demuth, qu'il faut remercier ici pour le dévouement avec lequel elle s'est sacrifiée, oui, Lenchen était bien placée pour connaître les inconvénients du travail physique de Marx, car la cuisine et sa petite chambre se trouvaient en dessous du bureau, et le lourd athlète qu'était notre Maure faisait trembler les solives du plafond. » Engels eut un sourire.

Eleanor hocha la tête et eut un regard vers sa sœur Laura, qui ne cessait de fixer le cercueil, la mine pétrifiée. Eleanor se rappelait combien elle et Laura aimaient ce tremblement du sol, qui se communiquait à leurs lits. Les petites filles adoraient l'idée que, dans la pièce à côté, tout en sauvant le monde du mal, leur père les berçait pour qu'elles s'endorment.

« Lenchen, sans toi, Maure et sa famille n'auraient pas pu survivre, depuis déjà des dizaines d'années. Tu apportais chaque jour un peu de bonheur et de chaleur dans la maison. »

Lenchen hochait la tête, tout émue. Elle ne s'était pas attendue à ce qu'on parle d'elle en ce lieu.

« J'ai eu l'honneur de participer fréquemment à cette déambulation. Nous nous servions un cognac, et nous marchions de la porte à la fenêtre et retour. Le trajet se limitait, je précise, à la surface du tapis rouge, qui avait déjà subi bien des déménagements. » Liebknecht avait l'air irrité, il attendait fiévreusement qu'Engels en vienne à l'essentiel, à la théorie du communisme, au lieu de se prendre les pieds dans un vieux tapis.

« En marchant, je rendais compte, du mieux que je pouvais, des chiffres actuels de la Bourse, et nous en tirions nos conséquences. Chers amis, qui d'entre vous n'a pas vu les trous creusés aux deux extrémités du tapis ? Parce que chaque fois que nous arrivions au bord, nous faisions demi-tour sur les talons ? »

Un sourire s'esquissa sur le visage de Beckett. Il n'avait jamais osé poser de question sur cette piste de course. Il écoutait Engels attentivement, car il n'avait encore qu'une vague idée du partenaire de Marx. Il savait seulement que c'était par lui que lui étaient réglés ses honoraires de médecin. Et qu'avec Marx il avait réglé la question du fils de Lenchen.

« Il n'est pas exagéré de considérer ces marches dans le bureau de Karl comme un symbole. Car bientôt les communistes marcheront dans les rues. » Un temps pour reprendre son souffle. « Quand Maure faisait marcher un visiteur à côté de lui, c'était la plus haute distinction qu'il avait à conférer, et celui qui était ainsi honoré s'acquittait de sa marche avec fierté. »

À cet endroit Liebknecht approuva de la tête, le discours se remettait à lui plaire davantage.

« Quand il marchait à deux, Maure se sentait moins seul. Pas seulement face à l'énormité de sa mission historique. Je veux parler aussi de la mélancolie contre laquelle ont à lutter de nombreux exilés. Arraché au pays natal, éloigné de sa langue, traqué par les espions prussiens. Et, n'oublions pas, exposé au climat désastreux de Londres, que le natif de la Moselle ne supportait tout simplement pas. »

La jeune Laura ne pouvait plus retenir ses larmes.

« Chers amis, je suis heureux qu'à son dernier jour nous ayons encore ouvert une jolie boîte d'excellents cigares cubains. Car la noirceur qui régulièrement l'accablait telle une bête perfide, Karl la combattait de préférence par les cigares. Respirant l'odeur du tabac,

Maure, quelques heures avant de mourir, fut une dernière fois content. »

Engels eut un regard d'excuse à l'intention du Dr Beckett.

« Mais ce ne furent pas seulement la maladie et l'exil qui le firent souffrir. La mort de Jenny lui a arraché ce qu'il avait de plus important et de plus cher. Il n'a plus jamais été comme avant. »

Engels regarda son papier, cela faisait un moment qu'il s'était écarté de son sujet. Peut-être n'aurait-il pas dû prendre un cognac. Sa voix devint plus forte lorsque, revenant à son texte de départ, il déclara :

« Comme Darwin a découvert la loi de l'évolution de la nature organique, Marx a découvert la loi de l'évolution de l'histoire humaine. C'est-à-dire qu'il a mis en lumière le fait que les humains ont avant toute chose besoin de manger, de boire, de se loger et de se vêtir, avant de pouvoir faire de la politique, de la science et de l'art. Que par conséquent le degré d'évolution économique d'un peuple constitue la base à partir de laquelle se sont développés l'État, le droit, l'art et même les conceptions religieuses. Et c'est à partir de cette base matérielle qu'ils doivent être expliqués – et non l'inverse, comme jusqu'à présent. »

Aveling approuvait de la tête et décida qu'il demanderait à Engels le manuscrit de ce discours. Il contenait des phrases qu'il pourrait utiliser pour son livre *Marx pour les étudiants*, qu'il n'avait toujours pas fini d'écrire. Liebknecht aussi faisait des yeux signalant son accord militant.

« La science naturelle de Darwin a tué Dieu. La science sociale de Marx a tué le capitalisme. Darwin

273

explique comment les espèces animales et végétales naissent dans la lutte pour la vie. Marx explique comment différentes espèces de société naissent dans la lutte des hommes pour exister. Le moulin manuel donne une société avec des féodaux, le moulin à vapeur une société avec des capitalistes industriels. » Sa voix était tonitruante.

Lenchen craignait que l'allocution ne se perde encore davantage dans la théorie, et elle laissa libre cours à ses pensées. Elle résolut de dire la vérité à son fils.

« Ce n'est pas un détail que la théorie de l'évolution ait définitivement prouvé que tous les hommes sont égaux puisque, qu'ils soient noirs, jaunes ou blancs, ils partagent les mêmes ancêtres. Ainsi, évolution et communisme se joignent pour constituer une base inébranlable pour une société sans esclaves et sans oppression. »

Eleanor avait un regard de défi et était plus convaincue que jamais que la révolution adviendrait bientôt.

« Non, nous ne sommes pas en deuil. Ce mort n'est pas mort. Il vit dans le cœur, il vit dans la tête du prolétariat. Notre cher Karl n'a pas eu le droit de vivre le succès de sa lutte. Mais ce succès viendra ! La postérité est confrontée à la grande tâche de conserver ses trésors. »

Engels savait quelle tâche de mammouth l'attendait dans les prochaines années. Qui d'autre voulait-on qui achève d'écrire les tomes II et III du *Capital* ?

« Ami mort et vivant ! Le chemin que tu nous as montré, nous le suivrons jusqu'au but. Sur ta tombe, nous en faisons le serment. »

Engels brandit le poing. Liebknecht, Eleanor et Aveling firent de même. À ce moment, le renard montra sa tête derrière une pierre tombale voisine. Laura l'avait aperçu et réagit avec une telle terreur que l'assemblée suivit ses regards. Liebknecht, mécontent que l'animal détourne l'attention du socialisme, tapa du pied et fit « ch ! » pour chasser ce curieux. Mais le renard ne s'en soucia pas.

« Pour conclure, je voudrais dire un poème que j'ai écrit vers vingt-cinq ans sur mon jeune ami Karl :

> *Qui chasse après la meute, aussi fou qu'impé-*
> *tueux ?*
> *C'est un noiraud de Trèves, violemment impé-*
> *rieux,*
> *Il va sans sautiller, bondit sur ses talons,*
> *Et en pleine fureur, tel qui à reculons*
> *Voudrait saisir le ciel et l'amener sur terre,*
> *Il tend bien haut ses bras comme vers l'adver-*
> *saire.*
> *Son poing méchant brandit sa rage irrémédiable,*
> *On le dirait saisi par dix milliers de diables. »*

Engels s'écarta de la fosse et allait reprendre sa place à côté de Liebknecht lorsque le Dr Beckett, debout à côté de Lenchen, le tira brusquement de côté par sa manche, manquant de le faire trébucher. S'excusant à mi-voix, le docteur montra du doigt sur le sol un ver de terre rose-rouge, sorti de la terre fraîchement remuée et qui s'apprêtait à explorer les environs.

Pendant que les quatre porteurs du cercueil le descendaient dans la fosse, Lenchen, jusque-là courageuse, se mit à pleurer. Le Dr Beckett lui mit son bras autour des épaules. Elle murmura alors, comme si elle en prenait conscience seulement maintenant : « Voilà que la mort a emporté aussi notre Maure sans patrie. » Lorsque Beckett lui tendit son mouchoir, elle vit l'alliance à son doigt et elle sourit.

ANNEXES

Karl Marx
(1818-1883)

Philosophe, révolutionnaire
et défenseur de la classe ouvrière

Naît le 5 mai 1818 à Trèves dans une famille juive qui, peu d'années après, se convertit au protestantisme. Selon la volonté de son père, il étudie à partir de 1835 d'abord le droit à Bonn, puis bientôt à Berlin, où il se réoriente vers la philosophie et l'histoire. En 1841 il obtient son doctorat de philosophie à l'université d'Iéna. En 1842, tandis qu'il est à Cologne rédacteur en chef de la *Gazette rhénane*, d'inspiration libérale, il fait la connaissance de Friedrich Engels, avec lequel il collabore étroitement à partir de 1844 et auquel il est lié d'amitié jusqu'à sa mort. En 1843 il épouse Jenny von Westphalen, issue de la noblesse. Le couple aura sept enfants, quatre meurent avant l'âge de dix ans. En 1848 paraît le *Manifeste du parti communiste*, qui s'achève sur le célèbre appel : « Prolétaires de tous les pays, unissez-vous ! » Son œuvre principale, *Le Capital*, tome I, paraît en 1867, les tomes II et III paraissent après sa mort, composés par Engels à partir de notes et de manuscrits. Exilé apatride, Marx meurt en 1883 à Londres, où il vivait depuis 1849. Il est inhumé au cimetière de Highgate dans la tombe où repose son épouse Jenny, morte en 1881 d'un cancer.

CHARLES ROBERT DARWIN
(1809-1882)

Naturaliste, fondateur de la théorie moderne de l'évolution

Naît le 12 février 1809 à Shrewsbury, il est fils du médecin connu Robert Darwin. Sa mère Susannah Wedgwood meurt jeune. Charles entame d'abord en 1825 des études de médecine à Édimbourg, les interrompt au bout de deux ans et part pour Cambridge afin d'étudier la théologie. Dès cette époque, son intérêt principal va à la nature. Il collectionne les insectes et fait des excursions géologiques. De 1831 à 1836 il parcourt le monde à bord du bateau hydrographique *Beagle* et collecte des milliers d'animaux, de plantes, de fossiles et de pierres – le matériau de son œuvre. Déjà au cours de ce périple mûrit en lui l'idée que les espèces évoluent. Dès son retour commence son irrésistible ascension comme naturaliste et auteur de nombreux livres. En 1839 il épouse sa cousine Emma Wedgwood, ils auront dix enfants, deux meurent peu après leur naissance, sa fille préférée Annie meurt à dix ans. En 1842 les Darwin se fixent dans le village de Downe, au sud-est de Londres. En 1859 paraît sa grande œuvre *Sur l'évolution des espèces*, par laquelle il fonde la théorie moderne de l'évolution. Darwin meurt en 1882 et est inhumé dans l'abbaye de Westminster.

FAITS ET FICTION

Un roman sur deux grands hommes du XIXe siècle, dotés de grandes barbes et d'une mauvaise santé : qu'y a-t-il de vrai dans cette histoire ? Qu'est-ce qui est inventé ?

La version courte de ma réponse est qu'il s'agissait pour moi de ne pas fausser la vérité historique et de recourir aux sources chaque fois que c'était possible et utile. J'ai tenté d'écrire un roman sur ce qui aurait été possible.

La version un peu plus longue de ma réponse, la voici : cela faisait longtemps – on peut dire des années – que je m'occupais à lire et à écrire sur Darwin, fascinée que j'étais par l'idée qu'un homme qui à l'origine voulait devenir pasteur supprimait par la suite le Créateur, par une sorte de dommage collatéral de son étude de la nature. Je trouvais que cette complexité coupable était un sujet passionnant. Je songeais donc moins à un roman sur la théorie de l'évolution qu'à aller voir dans la vie intérieure de Darwin.

Pour le connaître d'aussi près que possible, je commençai par lire ses lettres et ses notes. Comment était sa langue ? Comment développait-il ses pensées ?

Était-il courageux ou peureux ? À qui confiait-il ses soucis ? Dans sa correspondance – on en connaît environ quinze mille lettres – et dans ses célèbres blocs-notes, c'est tout un cosmos qui se révèle. Ses lettres, en particulier, m'ont aidée à lui donner vie comme personnage.

Je tombai par hasard, dans une biographie de Darwin, sur le fait, évoqué en passant, que Karl Marx avait envoyé en 1873 *Le Capital* à Darwin avec une très flatteuse dédicace. Et du coup je me rendis compte qu'ils avaient vécu à la même époque. Cette découverte m'électrisa. J'eus vite fait de trouver la lettre par laquelle Darwin remercia Marx. À peine avais-je lu ces lignes que Marx commença à s'infiltrer dans mon roman. Une recherche tout aussi rapide m'apprit que les deux n'avaient habité qu'à environ vingt miles l'un de l'autre. Grâce à Google Earth je laissai mon regard se promener depuis la Maitland Park Road jusqu'à Downe et je me demandai combien de temps ce trajet avait bien pu demander à une calèche, à un cheval, à un train (jusqu'à Beckenham).

Toutefois, la vraie question, qui ne me lâcha plus, était : ces deux héros de l'histoire du monde, qui écrivirent à la même époque et quasiment en voisins des œuvres si profondément novatrices, qu'avaient-ils à débattre entre eux ? S'étaient-ils peut-être même connus personnellement ? Et dans ce cas, qu'avaient-ils eu à se dire ?

Il fut bientôt clair qu'en dépit de leur proximité dans l'espace ils ne s'étaient jamais rencontrés. Mais Marx a lu avec un grand intérêt le livre de Darwin sur *L'Évolution des espèces* et il a aussitôt compris que ce qu'il lisait là changerait à jamais le regard sur le monde et sur l'homme. Darwin, en revanche, n'a pas lu *Le Capital* ni, à coup sûr, aucun autre texte de Marx. Fortuné et passablement conservateur, ce gentleman et naturaliste ne s'intéressait guère aux menées communistes. Au contraire, il accroissait son capital par d'intelligents investissements, par exemple dans la construction des chemins de fer. Et néanmoins il fit une place au *Capital* dans son bureau, où il se trouve encore aujourd'hui. Mais seules les cent quatre premières pages sont coupées.

Chez Marx aussi, pour l'histoire que je voulais raconter, m'intéressait moins l'édifice théorique que sa personne et sa vie d'exilé apatride. C'est pourquoi je lus avec grand profit la correspondance entre Marx et Engels, pour connaître de plus près l'homme Marx. Comment passait-il ses journées ? Que redoutait-il et qu'espérait-il ? Que dit sur lui sa langue ? Que signifiaient l'éternel manque d'argent, ses maladies incessantes et l'espionnage par les agents prussiens ? J'ai été surprise de voir comme il pouvait être souvent grossier, et quel homme coléreux, pestant et maudissant s'exprimait dans ses lettres. Bientôt ces expressions se sont infiltrées dans les dialogues du roman. Plus généralement, j'ai fait parler mes deux héros en m'inspirant de la langue qu'on trouve dans leurs lettres et leurs notes, et j'ai choisi des mots qu'ils employaient volontiers. Marx, par exemple, adorait « fameux » ou « chierie ».

Plus je me documentais, plus j'étais sidérée de constater que deux caractères à ce point différents, symbolisés par l'opposition évolution/révolution, avaient tant de traits communs. Lorsque je m'en suis avisée, j'ai commencé à dresser une liste qui n'a cessé

285

de s'allonger. Y figure, par exemple, qu'aussi bien Darwin que Marx ont perdu plusieurs enfants et qu'aucun des deux ne s'est jamais remis de la mort de son enfant préféré (Annie, la fille de Darwin, mourut en 1851, et le fils de Marx, Edgar dit « Mouche », en 1855) ; que tous deux souffraient de nausées, d'hypocondrie, de migraines, d'insomnies et de graves problèmes de peau. Que tous deux prenaient de l'opium. Tous deux avaient leur « piste » pour réfléchir en marchant. Sans oublier leurs têtes d'icônes, avec ces barbes foisonnantes. Mais surtout, que tous deux écrivirent des œuvres qui ne lâcheraient plus jamais les hommes. Et aussi que tous deux eurent à livrer de grandes batailles contre la religion et semblèrent s'en sentir coupables de façon analogue. Darwin avait été étudiant en théologie et c'est en jeune croyant qu'il s'embarqua sur le *Beagle* avec la Bible dans son sac ; Marx était issu d'une famille de rabbins et aurait fort bien pu être envisagé comme rabbin de Trèves. Mais à cause de l'antisémitisme, la famille de Karl se convertit au protestantisme. Essentiellement parce que le père, en tant que juif, n'aurait pas pu avoir un cabinet d'avocats.

Le conflit sur la foi entre Emma Darwin (1808-1896) et son époux fut une réalité. Elle croyait dur comme fer à une vie dans l'au-delà, et posa plus d'une fois à Darwin la célèbre question de Marguerite à Faust. À plusieurs reprises, avec sa fille Henrietta, elle a censuré, dans les livres de Darwin, des passages qui posaient problème du point de vue de la religion. Issue de la riche et célèbre dynastie des porcelainiers Wedgwood, c'était une femme cultivée qui jouait remarquablement bien du piano et, lors d'un séjour à Paris, avait pris des leçons avec Chopin.

Francis Galton (1822-1911), que je fais quelquefois entrer en scène, était un cousin de Darwin. En 1859, au moment où parut *L'Évolution des espèces*, il cherchait une formule mathématique définissant la tasse à thé idéale. L'étude statistique sur l'efficacité des prières, que je cite, il l'a réellement entreprise. Il ne craignit pas non plus d'écrire un essai sur *Le Découpage d'un gâteau rond selon des vérités scientifiques*. Mesurer ce qui est mesurable, telle était sa devise : c'était typiquement un enfant du XIXe siècle, où les sciences exactes firent leur entrée triomphale. En outre, il était très doué. Toutefois, Galton est aussi considéré comme le père de l'eugénisme. Il tira ses propres conséquences de la théorie de son cousin et transposa la proverbiale « survie du plus fort » à la société humaine, ce que Darwin lui-même ne fit jamais ainsi, ayant en tête la survie du « mieux adapté à son milieu ». Galton, en revanche, fit partie de ces théoriciens racistes qui préparèrent le terrain aux nazis.

Mais il existe bien une lettre de Darwin, du 26 juillet 1872, adressée au professeur de droit Heinrich Fick, à Zurich, où il défend le principe de la concurrence entre les hommes. Il écrit qu'il est critiquable que « tous les travailleurs – les bons et les mauvais, les forts et les faibles – soient censés travailler tous le même nombre d'heures et percevoir le même salaire ». Bien que la plupart des interprètes de Darwin soient d'accord pour affirmer qu'il s'est toujours refusé à appliquer sa théorie à des sujets sociaux et économiques, là il le fait expressément. Quand des syndicats ou des « sociétés coopératives dans lesquelles beaucoup mettent leur espoir » suppriment le principe de concurrence, d'après Darwin cela nuit au « progrès de l'humanité ». Dans cette lettre, le naturaliste prend nettement ses distances par rapport aux syndicats et à toute espèce de société socialiste.

Aveling aussi, qui tient de grands discours lors du dîner chez les Darwin, est un personnage historique. Edward Bibbins Aveling (1849-1898) fut effectivement le compagnon d'Eleanor, fille de Marx, mais seulement après la mort de Marx. J'ai antidaté leur liaison pour réunir mes invités à ce dîner. Aveling a réellement écrit *The Student's Darwin* et *The Student's Marx*, c'était un athée militant et un socialiste très actif. Dans le privé, on estimait que c'était un séducteur et un imposteur sans scrupule. Et il est évident qu'il a détruit Eleanor Marx en épousant secrètement, pendant qu'ils étaient ensemble, une actrice de vingt-deux ans. Les avis sont partagés sur le suicide d'Eleanor. Aveling lui aurait proposé un suicide à deux, mais une fois qu'elle eut avalé l'acide prussique fourni par lui, il aurait quitté la maison. Francis Wheen, biographe de Marx, écrit : « Certes il n'a jamais été accusé du meurtre, mais il ne fait aucun doute qu'il l'a tuée. »

Ludwig Büchner (1824-1899), frère de l'écrivain Georg Büchner, était un libre penseur militant, médecin, partisan enthousiaste de la théorie de Darwin et prédicateur en matière de matérialisme scientifique. L'âme et l'esprit n'étaient pour lui que matière. Son œuvre *Force et Matière*, que je le fais citer lors du dîner, était à l'époque un best-seller. Il fut effectivement invité à un lunch chez les Darwin à l'occasion d'un congrès de libres penseurs à Londres.

Lenchen Demuth (1820-1890) a tenu pendant des dizaines d'années le ménage de la famille Marx. Après la mort de Marx, elle fut recueillie par Friedrich Engels, dont elle tint la maison jusqu'à sa mort. Elle fut inhumée dans la tombe de Jenny et Karl Marx, ce qui correspond à leur longue vie commune, pleine de crises, d'exils et de fidélité – et d'une certaine façon aussi à leur ménage à trois. Car Marx eut de Lenchen Demuth un fils, Frederik (1851-1929), qu'il ne reconnut pas et qui grandit chez une mère adoptive grâce aux subsides d'Engels.

Friedrich Engels (1820-1895), fils d'un industriel du textile de Barmen (Rhénanie), dirigea pendant près de vingt ans une filature fondée par son père à Manchester. Bon gestionnaire, il vivait par ailleurs la vie de l'*upperclass*, avec chasses au renard et champagne, tout en étant socialiste et amant d'une Irlandaise fileuse de laine, Mary, qui partageait sa vie tout comme sa sœur Lizzy. Très appréciée, son enquête sur *La Situation de la classe ouvrière en Angleterre* le rendit célèbre dès 1845 en dénonçant implacablement la cupidité de la bourgeoisie et la paupérisation des travailleurs. Comme Marx n'avait jamais mis les pieds dans une usine, Engels était d'autant plus important comme fournisseur de faits concrets, et aussi en livrant en permanence à Marx des comptes rendus sur la Bourse, où il spéculait lui-même avec habileté. Engels formulait vite et d'une plume acérée, et bien qu'extérieurement il ait toujours semblé tenir le second rôle, il fut indispensable à Marx et à l'évolution de la doctrine communiste. D'innombrables articles publiés sous le nom de Marx ont été écrits ou réécrits par Engels. Avec son argent, que pour une part il détournait de l'entreprise paternelle, il entretint généreusement la famille Marx, et ce pendant des dizaines d'années.

Le Dr Beckett est un personnage fictif. Néanmoins, Darwin et Marx ont laissé, dans leurs lettres, leurs journaux et leurs notes, quantité de bulletins de santé dans lesquels j'ai pu puiser.

Thomas Goodwill est également inventé, même s'il y a de discrètes allusions à un pasteur du village de Downe. Il en va de même du jardinier, du butler Joseph ou de l'évêque dans l'abbaye de Westminster.

Même quand mes personnages sont nourris par des sources, ils agissent librement. Tout comme Polly, qui aboyait quand elle voulait.

Visiter Down House est passionnant pour quiconque s'intéresse à Darwin. Le bureau où il travaillait, la salle de séjour, le billard, les serres, tout se visite. Dans la salle à manger des Darwin, une grande table est dressée, avec de la porcelaine Wedgwood. On peut faire ses tours dans la célèbre allée sablée, et même la meule de moulin destinée aux vers est encore dans le jardin et continue à s'enfoncer lentement comme par le passé.

S'agissant de Marx, la recherche des traces est un peu plus difficile. À Londres, il ne reste plus grand-chose de lui à voir, même s'il y a des visites guidées qui conduisent devant ses divers domiciles ou au British Museum, où il a passé d'innombrables heures dans la salle de lecture et pris des milliers de pages de notes. Son dernier domicile dans la Maitland Park Road, dont je parle, a été démoli en 1958, car l'immeuble avait été atteint par des bombes lors de la dernière guerre. On peut se rendre sur sa tombe au cimetière de Highgate, mais ce n'est plus la tombe d'origine. La famille Marx (Jenny, Karl et Lenchen, auxquels s'étaient ajoutés Eleanor et un petit-fils) a été exhumée et transférée dans les années 1950. Sur ce nouvel emplacement, à cent mètres environ de l'ancien, se dresse à présent un grand monument.

Ilona Jerger, juin 2017

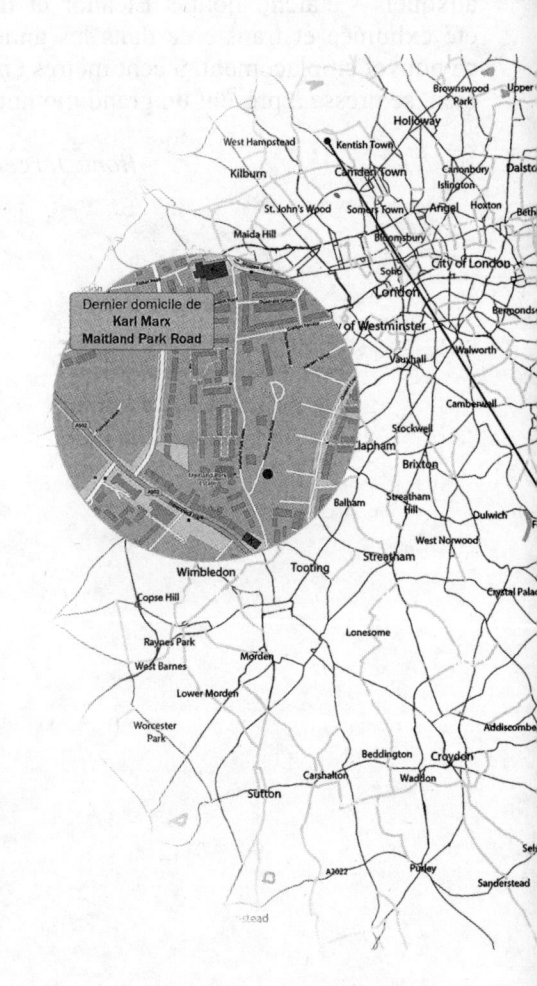

Dernier domicile de
Karl Marx
Maitland Park Road

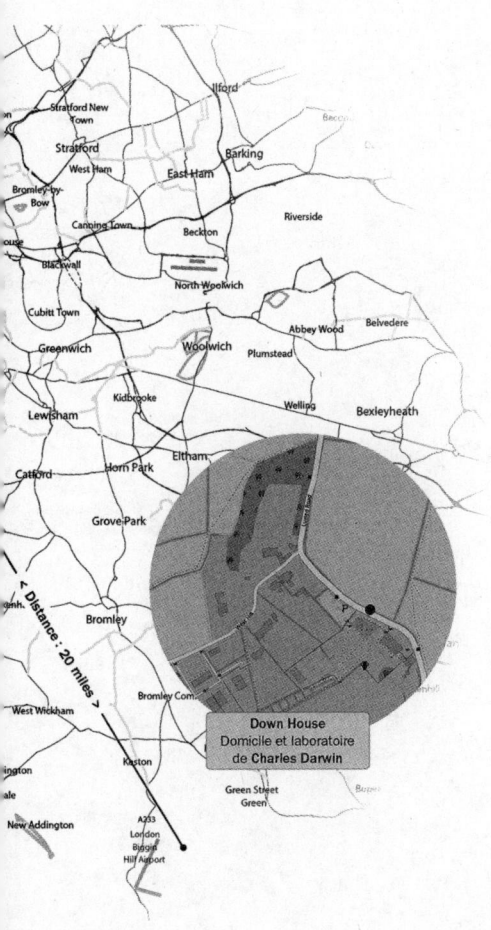

Down House
Domicile et laboratoire
de Charles Darwin

< Distance : 20 miles >

Remerciements

Lorsque j'ai commencé à réfléchir aux personnes que j'aimerais remercier, je me suis rendu compte du nombre de gens qui ont contribué à ce que ce livre existe maintenant. Il me semble presque impossible de rendre justice à tous. Je vais néanmoins essayer.

Je voudrais remercier :

mon agent Tilo Eckardt, de Mohrbooks, qui a posé au bon moment des questions rafraîchissantes ; Wolfgang Müller, qui m'a envoyée vers lui ; mon éditrice Wiebke Bolliger, pour notre coopération constamment facile et réussie ; ce qui vaut aussi pour Kristine Kress, qui sut toujours prêter l'oreille à mes questions.

Irene Rumler, ma première lectrice, qui d'un crayon délicat avait déjà commenté une ancienne version, qui accompagna en amie l'évolution ultérieure, et améliora encore plus d'une formulation dans la dernière version.

Ines Bruckschen, qui a été à mes côtés dans toutes les phases de l'écriture. Comme amie, collègue, et lectrice. Elle m'a encouragée chaque fois que j'étais inquiète. Jamais je n'oublierai nos tours dans la forêt de Perlach.

Cela vaut aussi pour Gisela Mehren. C'est elle, en plus, qui a dessiné la chienne Polly, qui du coin de l'écran surveilla la poursuite de l'histoire, me donnant parfois l'impression que, l'espace d'un instant, elle penchait la tête de côté.

Leo Pröstler, chez qui j'ai eu mes premières idées pour ce roman, dans son potager de la Forêt-Noire, accompagnée de ses questions pleines de curiosité. Il est une sorte de parrain de ce livre.

Katharina Ritter et Claus Strigel. Nos inventives conversations culinaires m'ont stimulée.

Marion Kohler, qui m'a surtout conseillée quand j'écrivais le résumé du livre, ce qui suscita des questions sur la construction du roman.

Willy Meyer, dont le mélange particulièrement vivant d'enthousiasme et de critique m'a fait avancer, même quand je ne recevais son feedback que sur ma messagerie.

L'éthologiste Jürgen Tautz, qui a relu le manuscrit pour qu'il n'y ait pas d'erreurs en biologie. Ce fut une joie d'être en contact avec lui. J'ai découvert qu'il possède l'une des premières éditions du livre de Darwin sur les vers de terre, achetée chez un bouquiniste de Stanford quand il y était à titre de postdoc.

Annie Kemkaran-Smith, de l'*English Heritage*, qui dès avant mon voyage de recherche en Angleterre répondit à mes questions : par exemple, à quoi ressemblait le coupe-papier de Darwin, ou si l'exemplaire du *Capital* était bien dans le bureau de Darwin et n'était pas coupé. Elle fit aussitôt prendre des photos et me les envoya.

Joel Rotenberg, qui savait si les anglicans récitent le bénédicité et comment, ou si les juifs croient à un paradis, et qui m'aida face à quelques mots anglais qui m'embarrassaient.

Un grand remerciement global est mérité par Doro Bitz-Volkmer, Irene Braunfels, Ingke Brodersen, Claudia Burg, Rüdiger Dammann, Horst Hamm, Annette Hoenes, Monika Goetsch, Rainer Grießhammer, Marcus Gruber, Karin Jung, Andrea Kästle, Inge Pröll, Martin Rasper : tous ont eu part, de diverses façons, à l'aboutissement de ce livre.

Un remerciement particulier s'adresse à Josef, qui m'a accompagnée avec patience et amour à travers les hauts et les bas de l'écriture et n'a jamais perdu la foi en cette histoire. Et à Benedikt et Vincent, qui ont si souvent fait entrer le soleil dans la maison.

TABLE DES MATIÈRES